역사가
기억하는
혁명의 물결

1700년부터 1800년까지

궈팡 편저 　 조유리 옮김

꾸벅

18세기는 전쟁으로 시작해서 전쟁으로 끝났다. 이 시기의 전쟁은 종교적 충돌과 왕권 다툼뿐만 아니라 민족의 독립과 해방을 위한 것이 더 많았다는 점에서 이전 세기들과는 차이가 있다. 미국의 독립 전쟁과 프랑스 대혁명으로 대서양을 사이에 둔 두 대륙에서 혁명의 불씨가 피어올랐고, 이 불씨는 순식간에 두 대륙을 혁명의 불꽃으로 뒤덮었다. 혁명과 전쟁은 18세기 전반을 아우르는 대표적인 키워드라고 할 수 있다.

당시 유럽에서는 급격한 변화가 일어나고 있었다. 강대국들의 흥망성쇠는 순리대로 흘러가는 자연의 법칙과 같아서 그 속에서 어떤 국가는 철저하게 내쳐지고, 또 어떤 국가는 화려하게 부상하기도 했다. 17세기에 유럽을 호령했던 스웨덴은 100년이라는 시간 동안 강대국에서 약소국으로 전락하는 내리막길을 걸었고, 반면에 러시아와 프로이센은 선대 군주들의 노력으로 유럽에서도 손꼽히는 강대국으로 성장했다. 그런가 하면 폴란드는 안타깝게도 유럽의 역사 무대에서 쓸쓸하게 퇴장했다.

빈번하고 격렬한 전쟁은 한 국가의 생존 능력과 기술을 시험하기도 한다. 유능하고 영리한 군주는 이를 통해 나라의 영토와 세력을 넓히고 동시에 역사에 자신의 이름을 남기는 명예를 얻게 되지만, 무능하고 나태한 군주는 국가와 백성에게 재앙을 가져오고 자신 역시 후세에 오명을 남기게 된다. 또한 강력한 중앙 정부가 없이는 어떤 나라도 전쟁의 시대에 살아남아 국가를 유지하기가 어려우며, 폴란드가 바로 그 예이다. 폴란드의 귀족들이 자신들의 사소한 기득권을 지키려고 아등바등하는 사이에 나라는 강대국들의 도마 위에 놓인 고깃덩어리 신세로 전락해버렸다.

  18세기는 루이 14세에서 표트르 대제, 그리고 마리아 테레지아 여제에서 예카테리나 2세까지 뛰어난 왕이 여럿 등장한 시기이기도 하다. 그들은 굴복을 모르는 야심가였고, 새로운 땅을 개척해 영토를 넓혔다. 하지만 그 과정에서 백성을 착취하는 횡포를 일삼기도 했다. 역사에 '왕'이라는 존재가 없었다면, 그토록 많은 전쟁이 일어나지는 않았을 것이다. 하지만 또 이렇게 재능과 지략이 뛰어난 왕들이 존재하지 않았다면, 역사가 지금처럼 아름답고 흥미진진할 수 있었을까? 이것이 바로 우리가 '그들'을 사랑하면서도 미워하고 미워하면서도 사랑할 수밖에 없는 이유일 것이다.

  18세기는 또한 계몽의 시대였다. 수많은 철학자가 이성의 빛으로 대중을 일깨웠으며, 당시 대중은 계몽 철학자들의 사상을 통해 무지와 미신에서 한 걸음씩 벗어났다. 프랑스 계몽 사상의 3대 철학자(샤를 몽테스키외, 볼테르, 장 자크 루소)에서 토머스 페인, 벤저민 프랭클린에 이르는 계몽 사상가들은 글로써 사람들의 마음의 문을 열고, 스스로 혁명의 기수가 되어 자유와 민주, 인권을 위해 몸을 던졌다.

  1799년에 나폴레옹이 프랑스 최고 권력자로 등극하면서 18세기는 마침내 종지부를 찍게 되었다. 그러나 혁명의 물결은 프랑스를 무너뜨리고 유럽을 덮쳤으며, 곧 전 세계로 퍼져 나갔다.

차례

제 1 장
18세기 초의 유럽

제 2 장
깨달음과 패권 다툼

제 3 장
혁명의 물결

제 1 장

18세기 초의 유럽

스페인 계승 전쟁

유럽의 18세기 역사는 유럽 여러 나라를 10년이 넘는 긴 시간 동안 소용돌이에 빠뜨린 스페인 계승 전쟁으로 막이 올랐다. 당시 이 전쟁의 발단이 된 스페인은 이미 화려하고 찬란했던 전성기를 지나온 후였고, 네덜란드와 프랑스, 오스트리아 등 새롭게 떠오른 강대국들이 무너져 가는 스페인의 영토를 나눠 먹으려고 호시탐탐 기회를 노리고 있었다. 유럽 사회에서 프랑스의 지위가 차츰 높아지자 유럽을 제패하려는 야심을 품고 있던 루이 14세 역시 스페인의 왕위 계승에 눈독을 들였다. 그러자 유럽의 여러 나라는 태양왕의 야심이 실현되는 것을 막기 위해 서로 단결하여 루이 14세에게 대항했다.

이빨 빠진 호랑이 스페인제국

스페인은 일찍이 유럽뿐만 아니라 바다를 건너 다른 대륙에도 거대한 제국을 건설할 만큼 세계 역사에 이름을 떨친 강대국이었다. 하지만 카를로스 2세가 스페인 왕위를 계승하면서 화려한 전성기를 누리던 스페인은 점점 몰락의 길을 걷기 시작했다.

카를로스 2세는 나라를 이끌어가기에는 부족한 왕이었다. 그는 근친혼의 영향으로 몸이 매우 허약했고 후사를 이을 수도 없었다. 그래서 주변 국가들은 서로 경쟁하며 스페인의 왕위 자리를 탐냈다. 왕위 계승 문제에 대한 각국의 이해관계를 너무나 잘 알고 있던 카를로스 2세는 괴로움으로 신음하며 정신착란 증세를 보이기도 했다. 그는 가끔 자신의 첫 번째 부인이 잠들어 있는 관을 찾아갔다. 부패한 시신을 바라보고 있으면 마음속에 무한한 애정이 피어나는 것을 느꼈고, 어떤 때에는 감정을 추스르지 못하고 관으로 달려가 부인의 시체를 끌어안기도 했다. 그의 이런 비상식적인 행동 때문에 사람들은 카를로스 2세를 미치광이로 오해하기도 했다.

카를로스 2세는 자신이 스페인의 몰락을 막을 수 없다는 것을 잘 알고 있었지만, 자신이 죽은 후에 나라가 외부 세력에 의해서 분열되는 것은 원치 않았다. 왕위가 누구에게 계승되든 당시의 스페인을 완전하게 보존하는 것이 카를로스 2세의 유일한 바람이었다. 그 시대의 왕위 계승 관례에 따르면 프랑스의 부르봉 왕가와 오스트리아의 합스부르크 왕가가 모두 스페인의 왕위를 계승할 권리가 있었다.

프랑스의 루이 14세와 오스트리아의 레오폴트 1세 모두 카를로스 2세의 누이를 아내로 맞이했기 때문이다.

카를로스 2세는 계승자를 선택하면서 무척이나 고심했다. 프랑스와 오스트리아 두 나라 중 어느 나라를 선택하든 그것은 사자에게 날개를 달아주는 격이었기 때문이다. 카를로스 2세는 결국 당시 열일곱 살이던 루이 14세의 손자 필리프 앙주 공작에게 왕위를 물려주기로 결정을 내리고 다음과 같은 유언을 남겼다.

첫째, 반드시 스페인제국을 완전하게 보존해야 한다.

둘째, 스페인 왕의 자리를 필리프 앙주 공작에게 물려준다.

셋째, 만일 필리프 앙주 공작이 왕위를 거절하면 오스트리아 레오폴트 1세의 아들인 카를 대공이 왕위를 잇는다.

1700년, 카를로스 2세는 자신이 남긴 유서 한 장 때문에 유럽 강대국들이 이후 11년 동안 대전쟁을 벌이리라고는 전혀 예상하지 못한 채 눈을 감았다.

▲ **카를로스 2세**(1661~1700)
스페인 왕 펠리페 4세의 아들이다. 그는 근친혼의 영향으로 여러 가지 유전병을 앓았다.

대對프랑스 동맹

루이 14세는 자신이 스페인제국에 눈독을 들이고 있는 와중에 카를로스 2세가 자신의 손자에게 왕위를 물려준다는 유언을 남기자 너무나 기뻤다. 그는 프랑스와 스페인 두 나라를 모두 자신의 손자에게 물려주어 유럽 대륙에서 유일무이한 강대국을 건설할 꿈을 꾸고 있었기 때문이다. 설령 두 나라가 하나로 합쳐질 수 없다고 해도, 당시 프랑스의 영향력은 이미 영국 해협에서 지브롤터 해협, 그

13

▲ 프랑스 루이 14세(1638~1715)
프랑스 부르봉 왕조 시대의 유명한 왕으로 '태양왕'으로 불린다. 또한 그는 유럽의 군주 중 재위 기간이 가장 긴 왕이기도 하다.

리고 밀라노에서 카리브 해까지 미쳤다.

루이 14세가 자신의 꿈이 곧 실현될 것으로 믿으며 속으로 기뻐할 때, 유럽 대륙에는 급격한 변화가 일어나기 시작하며 프랑스 세력에 반대하는 대프랑스 동맹이 실체를 드러냈다. 대프랑스 동맹의 선봉에 선 나라는 바로 프랑스와 바다를 사이에 둔 영국이었다. 영국과 프랑스는 오래전부터 앙숙 관계였고, 영국은 장차 자국에 큰 위협이 될 강력한 제국이 탄생하는 것을 경계했다. 대프랑스 동맹의 또 다른 축은 프랑스에 원한을 품은 오스트리아 왕실이었다. 그들의 목적은 카를로스 2세가 남긴 왕위를 빼앗는 것이었다. 영국은 오스트리아가 왕위를 가져가는 것은 돕기로 약속하며 한 가지 조건을 걸었다. 레오폴트의 왕자가 스페인의 왕위를 계승하면 영원히 오스트리아의 왕위를 포기해야 한다는 것이었다.

프랑스와 스페인이 힘을 합쳤다는 소식에 유럽의 많은 나라가 두려움이 떨며 영국과 오스트리아의 깃발 아래로 모여들었다. 사실 영국의 윌리엄 3세는 오래전부터 루이 14세와 원수지간으로 평생 프랑스와 대립하며 살았다. 1701년에 윌리엄 3세가 유럽 각국의 사절단을 초청하여 대프랑스 동맹의 이해관계에 대해 연설을 늘어놓았다. 그러자 그동안 우물쭈물 망설이던 국가들도 '1701년 대동맹'에 동참했다. 이렇게 해서 대프랑스 동맹에는 영국과 오스트리아 외에도 네덜란드, 포르투갈, 사부아공국, 브란덴부르크(Brandenburg) 및 독일의 여러 소국가와 이탈리아의 도시국가들이 참여했다. 그런가 하면 프랑스의 곁에는 카를로스 2세의 유언을 따르는 스페인이 있었다. 게다가 프랑스의 충직한 심복인 바이에른 선제후국[1]은 오래 전부터 오스트리아의 적국이었기 때문에 한 치의 망설임도 없이 프랑스 진영으로 합류했다.

　루이 14세는 스페인군과 합류한 후 바로 네덜란드로 진격했다. 그는 늘 네덜란드를 눈엣가시 같은 존재로 여겼기 때문에 가능한 한 빨리 네덜란드부터 꺾으려고 했다. 1701년에 대프랑스 동맹은 오스트리아 합스부르크 왕가의 카를 대공이 스페인 왕위의 합법적인 계승자가 되기 위해 오스트리아 왕위를 포기한다고 선포했다. 사실 이는 레오폴트 1세가 영국과 네덜란드의 신임을 얻기 위해 어쩔 수 없이 내놓은 타협안이었다. 하지만 그 후 1702년에 레오폴트 1세는 말을 바꿨다. 자신이 죽으면 합스부르크 왕가의 모든 영토에 대한 지배권을 반드시 카를 대공에게 물려준다는 것이었다. 레오폴트 1세 역시 루이 14세와 마찬가지로 강력한 제국을 건설하려는 야심이 있었고, 이 선언은 훗날 영국과 오스트리아 사이에 일어난 충돌의 원인이 되었다.

대프랑스 전쟁

　1702년 5월, 대프랑스 동맹이 정식으로 프랑스에 선전포고를 하면서 스페인 계승 전쟁의 막이 올랐다! 이 전쟁은 유럽의 주요 국가들과 그들의 식민지까지 참여했다는 점에서 역사상 첫 번째 세계 전쟁이라고 할 수 있다. 두 진영으로 나뉘어 서로 격렬하게 전투를 벌였지만, 사실 전쟁에 참여한 나라들은 모두 각기 다른 속내를 품고 있었다. 영국의 목적은 프랑스를 꺾고 자국의 식민지를 보호하는 것이었고, 오스트리아는 당시 스페인의 지배를 받던 네덜란드 영토를 차지하고 싶어했으며, 바이에른 선제후국은 오스트리아의 왕위를 노렸다. 네덜란드는 지리적으로 영국과 프랑스 사이에 끼어 항상 불안한 상태에 놓여 있었기 때문에 자신들의 안전을 보장받길 원했고, 독일의 소국가들은 각자 독립적인 지위를 지키고 싶어해 다소 중립적인 태도를 보였다.

---

1) 선제후국이란 중세에 독일에서 황제를 선출하는 선거권이 있는 제후가 다스린 나라를 일컬음

두 진영이 전쟁을 시작한 후 전투는 대부분 라인 강과 도나우 강 두 곳으로 집중되었다. 1702년 여름, 프랑스군이 계속해서 라인 강으로 몰려오자 영국의 말버러 공작 존 처칠은 영국-네덜란드 연합군을 이끌고 프랑스군을 무찔렀다. 이 전쟁에 참여한 영국군은 결코 병력이 많지 않았지만, 영국군을 이끈 말버러 공작은 천재적인 군사 능력을 타고난 인물이었다. 그리고 영국은 유럽 대륙의 각국에 대프랑스 전쟁을 위한 자금을 지원해주었다. 특히 독일의 여러 소국가는 이런 금전적 지원을 받아 강력한 군대를 양성했다.

프랑스군은 라인 강 일대에서 전진하기가 어려워지자 도나우 강 쪽에 군사력을 집중해서 맹렬한 기세로 오스트리아로 진군했다. 프랑스군과 바이에른 연합국이 오스트리아를 공격해 티롤(Tyrol) 지방을 점령하자 티롤의 지방 정부는 재빨리 이들에게 투항했다. 그리고 프랑스와 바이에른의 꼭두각시가 되어 식량과 가축을 바쳤다. 침략자들의 횡포와 정부의 비굴한 모습에 격분한 티롤 백성은 잇달아 봉기를 일으켜 침략자들을 공격했다.

티롤 백성이 일으킨 봉기는 이 전쟁의 판도에 커다란 영향을 미쳤다. 바이에른군은 티롤에서 쫓겨났고, 프랑스군의 공세에도 제동이 걸렸으며, 덕분에 빈(Wien)은 안정을 되찾았다. 그리고 가장 중요한 것은 이탈리아 전장과 도나우 강의 전장에서 서로 연락할 수 있게 되어 오이겐 공과 말버러 공작의 연합군이 반격할 조건이 마련되었다는 점이다.

하지만 말버러 공작의 군사적 야심은 가는 곳마다 네덜란드의 제약에 부딪혔다. 네덜란드 국경 지대에서 영국-네덜란드 연합군과 프랑스군이 대치할 당시, 말버러 공작은 국경 지대로 군사를 이끌고 가서 프랑스군과 직접 싸울 것을 여러 차례 주장했다. 그러나 네덜란드는 결코 그런 군사적 모험을 감행하려고 하지 않았다. 자칫 사소한 실수로 나라가 망할지도 모른다는 우려에서였다. 그러자 오스트리아 사절은 말버러 공작에게 주력 부대를 이끌고 도나우 강 일대로 가는 것을 제안했다. 이렇게 하면 말버러 공작은 그곳에서 자신의 능력을 마음껏 펼쳐보일 수 있고, 오스트리아 또한 혼자서 프랑스 군대와 맞서야 하는 부담을 덜 수 있기 때문이었다.

말버러 공작은 오스트리아 사절의 의견을 받아들여 군대를 이끌고 도나우 강으로 향했다. 사실 그의 계획은 도나우 강으로 가는 길을 우회해서 몰래 프랑스군의 뒤쪽으로 잠복해 들어가 기습하는 것이었다. 이 계획이 성공한다면 앞으로의 전세는 이미 정해진 것이나 다름없었다.

말버러의 승리

1704년 7월에 말버러는 군사들을 이끌고 바이에른 진영을 기습했다. 이 공격으로 바이에른의 전선이 무너지자 프랑스-바이에른 연합군은 아우크스부르크로 후퇴했다. 말버러는 바이에른 선제후국의 항복을 받아내기 위해 대대적인 소탕 작전을 명령했으나 그의 계획은 뜻대로 되지 않았다. 바이에른 선제후국은 투항하지 않았고, 오히려 그곳 백성이 거세게 저항했기 때문이다. 한 달 후, 말버러와 오이겐 공은 프랑스-바이에른 연합군을 포위했다. 양측의 병력은 비슷한 수준이었는데, 당시 프랑스-바이에른 연합군 내부에 불화가 일어났다. 프랑스의 탈라르 총사령관과 바이에른 측 사람들의 의견이 달랐던 것이다. 탈라르 총사령관은 진영 안에 참호를 파고 철저히 방어 준비를 해야 한다고 주장했고, 바이에른은 전면전을 원했다. 8월 13일 새벽, 영국-오스트리아 연합군이 서서히 포위망을 좁히기 시작했다. 오이겐 공이 프랑스-바이에른 연합군의 시선을 끄는 사이에 말버러는 그들의 진영 중앙을 공격했다. 프랑스-바이에른 연합군은 그 순간 진영이 무너지면서 뿔뿔이 흩어져 오합지졸이 되어버렸고, 프랑스군은 한밤중이 되어서야 간신히 포위망을 뚫고 달아났다. 양측은 이번 전쟁으로 커다란 손해를 입었다. 영국-오스트리아 연합군에서는 1만 1,000명이 사망했고, 프랑스군에서는 1만 3,000명이 사망하고 9,000명이 포로가 되었다.

말버러는 프랑스의 무패 신화를 깨며 전쟁을 승리로 이끌었고, 바이에른은 큰 피해를 보고 전쟁에서 물러났다. 동맹국이 하나 줄어든 프랑스는 이제 더욱 난처한 상황이 되었다. 바다에서는 영국 해군이 대승을 거두었다. 영국-네덜란드 연합군이 스페인의 함대를 초토화

▲ 존 처칠(1650~1722)은 제1대 말버러 공작으로 2차 세계대전 당시 영국 총리였던 윈스턴 처칠의 선조이기도 하다. 그는 스페인 계승 전쟁에서 영국-네덜란드 연합군의 최고사령관을 맡았으며, 평생 전투에서 패한 적이 없다. 그는 포위 작전 30차례를 수행하고 대규모 전투 4차례를 치렀다.

▲ 스페인 계승 전쟁 중 영국군과
　프랑스군이 전투를 벌이는 장면

했고, 영국은 스페인의 관문인 지브롤터 해협과 메노르카(Menorca) 섬까지 손에 넣으며 스페인 본토를 위협했다. 1705년에 말버러는 프랑스 본토에 대한 공격을 준비하기 시작했다. 이제 태양왕의 꿈은 물거품이 될 위기에 놓였고, 프랑스의 본토는 안전을 장담할 수 없게 되었다.

위트레흐트 조약(Treaty of Utrecht)

　육지와 바다에서 모두 패하자 유럽 대륙을 장악하려던 태양왕의 꿈도 이중으로 타격을 입었다. 게다가 프랑스의 국경에서도 전쟁의 불길이 번지고 있었다. 프랑스는 다행히 군대가 전멸하는 위기는 겪지 않았지만, 자국의 영토가 전에 없는 위협을 받게 되었다. 1706년에 대프랑스 동맹 연합군은 스페인을 공격해 루이 14세의 손자인 필리프 앙주 공작, 즉 펠리페 5세를 퇴위시키고, 레오폴트 1세의 아들인 카를 대공을 스페인의 주인으로 세웠다. 대프랑스 동맹 연합군의 기세가 하늘을 찌를 때, 뜻밖에 내부에서 분열이 발생했다. 영국은 프랑스를 견제한다는 목적을 이미 달성했고 다른 대륙에 있는 프랑스의 식민지까지 손에 넣었기 때문에 더 이상 다른 나라에 금전적 지원을 하고 싶지 않았다. 그리고 네덜란드는 본토의 안전을 보장받은 이상 또다시 전쟁을 치르고 싶지 않았다. 오스트리아만이 유일하게 전쟁에 적극적인 태도를 보였다. 오스트리아의 레오폴트 1세는 루이 14세의 왕좌를 노리고 있었던 것이다. 하지만 눈치 빠른 영국이 이런 오스트리아의 야심을 채워주기 위해 전쟁을 계속할 리 없었다. 이렇게 해서 전선에 있던 말버러의 작전 수행도 제한될 수밖에 없었다. 1707년에 프랑스는 스페인을 공격해서 스페인 영토 대부분을 점령하고, 필리프 앙주 공작을 다시 왕위에 세웠다. 그 후, 프랑스와 대프랑스 동맹의 전쟁은 대치 상태에 빠져들었다.

1711년에 신성로마제국의 황제 요제프 1세가 세상을 떠나자 레오폴트 1세의 아들 카를 대공이 그 뒤를 이어 카를 6세가 되었다. 이 뜻밖의 상황으로 스페인 계승 전쟁을 계속할 이유가 없었다. 카를 대공은 오스트리아 왕가의 모든 영토를 물려받았기 때문에 더는 스페인의 왕좌를 원하지 않았다. 결국, 대치 상태이던 양측은 위트레흐트에서 길고 어려운 협상을 벌인 끝에 각국의 관계에 대한 여러 가지 조약을 체결했다. 이 조약이 바로 위트레흐트 조약이다.

위트레흐트 조약은 유럽의 국제 관계 역사에서 볼 때 베스트팔렌

지브롤터 해협(Strait of Gibraltar)

지브롤터 해협은 지중해와 대서양의 접점으로 세계에서 가장 중요한 군사 요충지 16곳 중 하나이다. 해협에서 가장 좁은 곳은 모로코의 시레스 곶과 스페인의 마로키 곶 사이이며, 폭은 겨우 13km이다. 지브롤터 해협은 지중해를 관문으로, 영국은 스페인 계승 전쟁 당시 이곳을 장악하면서 지중해의 강국이 되었다. 전쟁 이후에도 영국은 계속 지브롤터 해협을 지배했고, 해협을 빼앗긴 스페인은 해상의 보호벽을 잃고 말았다. 스페인은 여러 차례 전쟁을 겪으면서도 지브롤터 해협을 되찾고자 애썼지만 매번 실패로 돌아갔고, 그 후 스페인은 걷잡을 수 없는 몰락의 길을 걷게 되었다.

▼ 영국군과 프랑스군의 전투 장면

조약[2] 못지않은 중요한 의미가 있다. 이 조약으로 유럽 각국에는 다음과 같은 변화가 생겼다. 네덜란드는 벨기에와 합쳐지며 전략적 중립 지대를 얻었다. 스페인의 지배를 받던 네덜란드 남부 영토는 오스트리아로 편입되었고, 오스트리아는 이를 통해 대서양 연안에 거점을 마련했다. 영국은 지브롤터 해협과 메노르카 섬을 차지하면서 지중해의 강국으로 우뚝 섰다. 또한 조약에 따라 프랑스로부터 뉴펀들랜드 섬 등 아메리카 대륙의 식민지를 넘겨받으며 손꼽히는 해상 강국으로 도약했다. 그리고 이탈리아의 사부아와 독일의 브란덴부르크는 왕국이 되었다. 유럽의 정치 판도에도 변화가 일어나 유럽 각국이 서로 견제하는 '세력 균형'을 형성했다. 영국은 어느 나라의 견제도 받지 않는 절대 권력을 이용해 자국의 해상 무역을 보호하고 국력을 키워갔다. 스페인은 비록 마지막에 나라가 나뉘는 위기를 겪었지만, 유럽에는 또 하나의 평화 협정이 탄생했다.

---

2) 독일 30년 전쟁을 끝마치기 위해 1648년에 체결된 평화 조약으로 가톨릭 제국으로서의 신성로마제국을 사실상 붕괴시키고 주권 국가들의 공동체인 근대 유럽의 정치 구조가 나타나는 계기가 되었음

스웨덴왕국의 쇠퇴

태양왕 루이 14세와 대프랑스 동맹 세력이 한창 격전을 치를 때, 북쪽의 발트 해에서는 또 다른 세기의 전쟁이 벌어졌다. 스웨덴과 신흥 강국인 러시아가 발트 해의 지배권을 차지하기 위해 격렬한 전투를 벌인 것이다. 라인 강과 도나우 강 일대는 위트레흐트 조약으로 평화를 되찾았지만, 발트 해는 여전히 전쟁의 소용돌이에 휘말려 있었다. 이 전쟁에서 패한 스웨덴은 발트 해에 대한 지배권 일부를 잃게 되었다. 그리고 승리한 러시아의 표트르 1세는 러시아 역대 군주들의 숙원이던 발트 해 연안을 차지하고, 이 지역을 유럽에 진출하기 위한 요충지로 삼았다.

북방 동맹의 결성

스웨덴은 17세기 중엽에 일어난 30년 전쟁으로 전성기를 맞았다. 유럽의 여러 나라가 쉴 새 없이 혼전을 벌이는 사이에 북쪽에 자리한 작은 나라 스웨덴이 유럽의 강국으로 떠오른 것이다. 스웨덴의 구스타프 2세는 용맹한 군대를 이끌고 전장을 호령했고, 한때 중유럽까지 세력을 확장했다. 30년 전쟁이 끝난 후 스웨덴은 유럽 사회의 중심축으로 부상했다. 그리고 발트 해를 둘러싼 지역까지 영토를 확장해서 발트 해를 스웨덴의 호수로 만들었다.

▼ 스웨덴 왕 칼 12세는 1697년에 열다섯의 나이로 왕에 올랐다. 그림은 칼 12세가 말을 타고 있는 모습이다.

구스타프 2세가 죽은 후, 유언에 따라 그의 아들이 아버지의 정예 군대를 물려받았다. 이 군대는 훈련이 잘 되어 있고 무기도 완벽하게 갖춰져 있어 나중에 스웨덴이 발트 해 연안을 장악하는 데 매우 중요한 역할을 했다. 이후 1697년에 스웨덴왕국의 칼 11세가 위암으로 세상을 떠나고 당시 열다섯 살이던 왕자가 왕위를 물려받았다. 그가 바로 칼 12세이다.

선대 군주들이 왕권을 강화하여 스웨덴 국내 귀족들이 어린 왕에게 반란을 일으킬 가능성은 없었으나, 나라 밖 상황은 달랐다. 우선 덴마크는 스칸디나비아 반도 남부의 스코네(Skåne)[3] 지방을 되찾고 싶어했고, 폴란드 역시 리보니아(Livonia) 지방을 돌려받길 원했다. 또 브란덴부르크는 스웨덴이 차지한 유럽 대륙의 일부 지역을 탐냈다. 덴마크 프레데릭 2세와 폴란드의 아우구스트 2세는 스웨덴의 새로운 왕이 나이가 어리고 아직 왕으로서의 지위를 안정적으로 다지지 못했다는 점을 약점 삼아 스웨덴에 반대하는 동맹을 결성하기로 계획했다.

당시 러시아는 서남쪽으로는 터키, 서쪽으로는 폴란드, 그리고 서북쪽으로는 스웨덴의 3국에 둘러싸여서 서유럽으로 통하는 왕래가 모두 중단된 상태였다. 그래서 표트르 1세는 유럽 여러 나라를 두루 돌며 러시아에서 일할 서유럽의 전문가들은 모집하고, 동맹을 맺을 가능성이 있는 나라들을 찾아다녔다. 그는 다른 유럽 나라들의 힘을 빌려서 자국과 국경을 맞댄 위의 3국이 러시아로 쳐들어오는 것을 막고, 아울러 발트 해 연안의 항구를 점령하려는 계획을 세우고 있었다.

비록 서유럽을 유람하면서 러시아에 힘이 되어줄 동맹국을 찾지는 못했지만, 표트르 1세는 당시 발트 해 연안 지역에서 변화가 일어나고 있다는 사실을 느꼈다. 그래서 이후 적극적으로 덴마크와 폴란드 등 국가와 관계를 맺었다. 그리고 러시아, 덴마크, 폴란드 3국이 비록 각자 다른 이익을 추구한다고 해도, 스웨덴 세력에 반대하는 문제에서는 의견이 일치한다는 점을 이용하여 1699년에 반스웨덴 조약인 '북방 동맹'을 결성하기에 이르렀다.

북방 동맹의 짧은 운명

1699년에 스웨덴의 칼 12세는 야외에서 사냥하던 중 덴마크 등 북방 동맹 국가들의 선전포고를 들었다. 그러나 열일곱 살의 소년 국왕은 조금도 당황하는 기색을 보이지 않고, 마침내 자신의 능력을 마음껏 펼칠 기회가 왔다고 생각했다. 실제로 전쟁이 시작되자 칼 12세는 천재적인 군사적 재능을 유감없이 발휘했다. 선전포고를 받은 후, 칼 12세는 바로 군사를 배치하고 각국의 군대를 무찌를 전략을 세웠다. 그리고 덴마크가 선전포고를 한 것을 구실로 먼저 덴마크를 공격했다. 수세에 몰린 덴마크의 프레데릭 2세는 어쩔 수 없이

---

3) 스웨덴의 남쪽 지방

전쟁에서 물러났다. 이렇게 해서 트라이앵글을 이룬 3국의 북방 동맹은 폴란드와 러시아 두 나라만 남았다.

1700년에 폴란드의 아우구스트 2세가 폴란드-작센군을 이끌고 리보니아를 침공해 리가(Riga) 지방을 습격하려고 했으나, 실패로 돌아갔다. 그래서 러시아의 표트르 1세는 두 곳과 한꺼번에 전쟁을 치르지 않도록 터키와 휴전 협정을 맺고, 발트 해에 군사력을 집중했다. 1700년 8월 30일에 표트르 1세가 스웨덴에 선전포고를 했을 때, 덴마크는 이미 스웨덴과 조약을 맺고 전쟁에서 물러난 상태였다. 결국 반스웨덴 체제의 북방 동맹은 해체되었고, 전쟁은 스웨덴과 러시아 두 나라의 힘겨루기가 되었다. 그로부터 9년 후에 덴마크가 다시 북방 전쟁에 참여했다.

나르바에서 폴타바까지

표트르 1세는 1700년 9월 2일에 러시아군을 이끌고 스웨덴의 요새 나르바로 출발했다. 그리고 4일 후 나르바 요새를 공격하라고 명령했다. 2,000명이 채 안 되는 스웨덴군은 요새를 지키며 4만 명에 달하는 러시아군의 맹렬한 공격을 막아냈

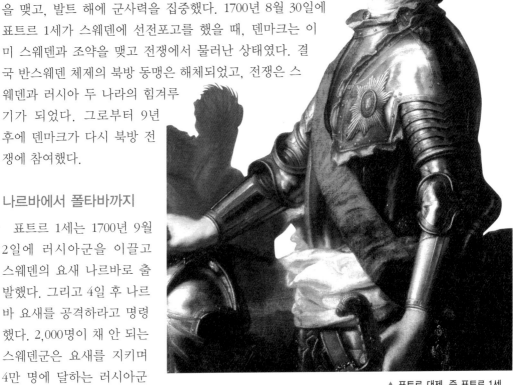

▲ 표트르 대제, 즉 표트르 1세

다. 러시아군은 나르바 요새 주변에 참호를 파고 울타리를 세워서 스웨덴 지원군이 요새 안으로 들어가지 못하게 했다. 그러자 칼 12세는 나르바 요새에 있는 군사들을 구하기 위해 총성이 빗발치는 전쟁터로 급히 달려가 스웨덴군 8,000명에게 정면 공격을 명령했다. 이때 러시아군은 병력이 스웨덴군의 몇 배나 되었지만, 칼 12세가 이끄는 스웨덴군이 공격하자 제대로 싸워보지도 않고 허겁지겁 도망쳤다. 결국, 러시아군 수만 명이 포로로 잡혔다. 칼 12세는 포로로 잡힌 러시아군에게 먹일 식량이 부족하자 러시아군 장교를 제외한

포로를 모두 풀어주었다. 첫 전투에서 얻은 승리로 칼 12세는 더욱 큰 자신감을 얻었고 이후 러시아를 안중에 두지 않았다. 한편, 나르바에서 큰 패배를 당하고 돌아온 표트르 1세는 러시아군과 스웨덴군의 차이를 실감했다. 그리하여 이를 계기로 러시아 군대를 개혁하고 현대화하는 데 더욱 박차를 가하기 시작했다.

스웨덴에 반기를 들던 북방 동맹은 칼 12세와 스웨덴군 앞에서 모두 추풍낙엽처럼 쓰러져 갔다. 이러한 승리의 여세를 몰아서 패전국들과 스웨덴에 유리한 평화 협정을 맺을 수도 있었으나, 칼 12세는 협정보다는 전쟁을 택했다. 그는 먼저 폴란드로 진군해서 아우구스트 2세를 공격하기로 했다. 스웨덴군은 폴란드에서 잇달아 승전보를 울렸다. 그러자 1706년에 폴란드의 아우구스트 2세는 마침내 칼 12세와 조약을 맺고 전쟁에서 물러났다. 칼 12세는 그 후 폴란드에서 몇 개월 동안 휴식하며 군대를 정비했다. 그리고 망설임 없이 다시 군대를 이끌고 러시아로 향했다.

칼 12세가 폴란드를 공격하는 사이에 표트르 1세는 스웨덴과 러시

▼ 나르바 전투

1700년에 러시아의 표트르 대제와 당시 열여덟 살이던 칼 12세가 군대를 이끌고 나르바에서 전투를 벌였다. 이 전투에서 러시아군은 크게 패했고, 스웨덴군의 전투력이 빛을 발했다.

아의 국경에 자리한 일부 군사 요충지를 점령했다. 그러나 이런 작은 승리로는 전세를 뒤집기에 역부족이었다. 이때 폴란드를 제압한 칼 12세는 표트르 1세에게 빼앗긴 요새를 되찾는 것보다 러시아의 심장부인 모스크바를 공격해서 적군의 뿌리를 뽑아버리는 편이 낫겠다고 생각했다.

스웨덴과의 전투에서 여러 차례 패한 표트르 1세는 어쩔 수 없이 전략을 바꾸었다. 그는 러시아의 넓은 영토를 이용해서 시간을 버는 작전을 세우고, 칼 12세를 러시아 영토에 끌어들여서 무찌를 기회를 엿보기로 했다. 1707년에 칼 12세는 스웨덴군 4만 5,000명을 이끌고 러시아에 침입했다. 하지만 막상 러시아 영토 안으로 들어서자 그는 곳곳에 위험이 도사리는 러시아를 마주하고 불안함을 느꼈다. 왜냐하면 만일 표트르 1세가 스웨덴군의 이동 경로에 식량이나 땔감 등 이용할 만한 것을 전혀 남겨두지 않는 초토화 작전을 펼친다면, 칼 12세는 러시아 땅에서 결코 어떤 보급품도 얻을 수 없을 것이기 때문이다. 불행히도, 스웨덴의 보급 부대는 칼 12세의 예상대로 러시아군의 공격을 받아 막심한 피해를 보았다. 칼 12세는 하루라도 빨리 러시아군과 전투를 벌이길 원했지만, 표트르 1세는 급할 것 없다는 태도로 주위를 맴돌며 스웨덴군을 지치게 했다. 1708년 겨울은 스웨덴군에 너무나 혹독했다. 러시아 평원의 매서운 겨울 칼바람은 스웨덴 병사들의 얼굴을 날카롭게 스쳐갔고, 수많은 병사가 얼어 죽거나 동상에 걸렸다. 게다가 러시아군이 계속해서 갑자기 나타나 교란 작전을 펴거나 기습공격을 해 스웨덴군은 겨울을 보내기가 더욱 힘들었다.

하지만 칼 12세는 위기에 빠져서도 절대 기죽지 않았다. 그는 여전히 표트르 1세를 이길 수 있다고 믿었다. 혹독한 겨울이 지나고 봄이 찾아오자 칼 12세는 폴타바 성을 포위했다. 이때 그에게는 군사 2만 명만이 남아 있었다. 그리고 그들의 앞에는 완벽하게 무장한 러시아군 5만 명이 버티고 있었다. 약 10년에 걸친 개혁으로 러시아군의 전투력은 과거와 비교할 수 없을 정도로 향상되었고, 무기도 한층 강력해졌다. 칼 12세가 포위 공격을 시작한 지 3개월이 지나도록 성은 함락되지 않았고, 러시아는 끊임없이 지원군을 보냈다. 1709년 6월, 스웨덴과 러시아는 폴타바 전투를 벌였다. 칼 12세는 안타깝게도 이 전투에서 발에 총을 맞아 자리에서 일어나지 못했고 계속 고열에 시달렸다. 그래서 그는 칼 구스타브 렌셸드(Carl Gustav Rehnskiöld)와 아담 루드비히 레벤하우트(Adam Ludwig Lewenhaupt)에게 스웨덴군의 지휘권을 넘겼다. 하지만 두 장군의 의견이 서로 충돌하면서 지도부의 지휘력이 약해지고 스웨덴군은 흔들리기 시작했다. 보병 중 3분의 1은 전쟁터에 가지도 못해서 러시아군의 공격을 받아 전멸했고, 나머지 3분의 2는 자신들의 몇 배에 달하는 수의 러시아군과 대치했다. 그 과정에서 스웨덴군은 기병과 보병의 협력이 제대로 이루어지지 않아 여러 차례 전투에서 패했다.

1709년 6월 27일에 마침내 폴타바 전투가 끝났다. 스웨덴군은 이 전투로 막심한 손해를 입었고, 병사 1만 5,000명이 겨우 살아남아 러시아에서 철수했다. 칼 12세가 러시아와의 전쟁에서 패했다는 소식은 유럽 대륙으로 빠르게 퍼져 나갔다. 이 소식을 들은 덴마크, 폴란드는 다시 한 번 반스웨덴 체제의 북방 동맹에 참여했다. 그리고 영국과 네덜란드, 터키 등은 러시아가 지나치게 강해지고 스웨덴이 갑자기 약해져서 세력의 균형이 깨지는 것을 막고자 이 전쟁에 발을 들여놓기 시작했다. 폴타바 전투는 칼 12세에게 또 다른 전환점이 되었을 뿐만 아니라 스웨덴이 전성기를 지나 내리막길을 걷는 시작점이 되었다.

돈키호테 전투

폴타바 전투에서 패한 칼 12세는 남은 군대를 이끌고 터키로 철수했다. 러시아와 전쟁을 벌이기 전에, 칼 12세는 터키에 사람을 보내서 이번 전쟁에 함께하면 좋겠다고 의사를 전했다. 그러나 표트르 1세가 이미 터키와 휴전 협정을 맺은 상태였기에 칼 12세의 계획은 이루어지지 않았다. 폴타바 전투에서 패하고 나서도 칼 12세는 야망을 포기하지 않고 언젠가는 유럽의 '북극곰' 러시아를 해치울 수 있다고 믿었다. 그리고 자신을 머무르게 해주는 터키를 곤경에 빠뜨릴 수 있다는 것을 알면서도 러시아에 대한 공격을 멈추지 않았다.

칼 12세는 스웨덴에서 멀리 떨어진 터키에 있었지만 여전히 스웨덴의 국내 정치세력을 장악하고 있었다. 스웨덴 왕실 고문들은 칼 12세의 군사 작전을 지원하기 위해 국방위원회를 조직하여 병력 보충과 신병 훈련, 군량 비축, 스웨덴 국경의 안전을 담당하게 했다. 이 시기에 덴마크가 스웨덴을 공격해왔지만 실패하고 돌아갔다. 그

▲ 1709년 7월에 폴타바 전투가 끝
난 후, 스웨덴 군사들이 러시아
차르(tsar)[4] 표트르 대제에게 무
기를 바치고 투항하고 있다.

래서 칼 12세는 계속해서 동쪽에서 펼쳐지는 러시아와의 전투에 집
중할 수 있었다. 칼 12세는 폴란드의 스타니스와프 1세, 타타르족의
칸(Khan)[5]과 협상을 벌여 터키를 이번 러시아 공격에 끌어들이기로
합의했다. 1710년부터 1711년까지 터키는 3차례에 걸쳐 러시아를
공격했고, 그중 한 차례는 표트르 1세를 포위하기도 했다. 칼 12세
는 자신의 꿈이 곧 이루어지리라 생각하며 한껏 들떴다. 하지만 결
과는 그렇지 않았다. 표트르 1세가 재빨리 터키에 사람을 보내 화해
를 제안했고, 터키도 칼 12세의 야망을 위해서 자국이 군사적 손해
를 보는 것을 원하지 않았기에 이를 받아들였다. 이 무렵, 칼 12세의
수하에 있던 망누스 스텐보크(Magnus Stenbock) 장군은 대군을 이
끌고 발트 해를 넘어 독일로 갔다. 그는 터키군과 합세해서 표트르

4) 러시아 황제를 이르는 말
5) 대략 5세기 초 이후 몽골 고원에 세워진 여러 유목 국가의 군주를 가리키는 칭호

1세를 공격하려고 했으나 터키군은 이미 철수한 상태였다. 엎친 데 덮친 격으로 덴마크 해군에 의해 후방 보급선까지 끊기면서 1713년에 전군이 몰살되었다.

1713년에 유럽은 드디어 스페인 계승 전쟁의 수렁에서 빠져나왔다. 이에 따라 영국과 네덜란드 등 다른 국가들의 관심은 심상치 않은 분위기를 보이는 발트 해로 쏠렸다. 유럽의 많은 나라는 발트 해의 세력 균형이 깨지는 것을 원하지 않았지만, 계승 전쟁이 끝난 후 스웨덴의 칼 12세는 더 이상 발트 해의 군주가 아니라 위기에 빠진 영웅일 뿐이었다. 1713년에 터키 내부에서 반란이 일어났다. 터키의 귀족들은 이를 모두 칼 12세 때문에 일어난 일이라고 생각했고 칼 12세가 냉혈한의 미치광이이자 터키에서 일어난 반란의 화근이라고 여겼다. 결국, 터키인들은 칼 12세의 숙소에 불을 질렀다. 칼 12세는 다행히도 타오르는 불길 속에서 빠져나와 목숨을 건졌지만, 터키에 크게 실망하고 귀국길에 올랐다.

1714년 겨울, 칼 12세는 돈키호테처럼 변장하고 비쩍 마른 말을 탄 채 수행 부대를 거느리고 몰래 스웨덴으로 돌아왔다. 비록 폴타바 전투에서 패했지만 스웨덴 내에서 칼 12세의 명망과 위엄은 전혀 흔들리지 않았다. 스웨덴 백성은 여전히 자신들의 왕을 존경했고, 귀족들은 감히 반란을 일으킬 생각을 하지 못했다. 그러나 십 년이 넘게 전쟁을 계속한 결과, 스웨덴의 생산과 무역이 감소하고 동부 국경 지역이 러시아에 점령당해 일부 요새가 적의 손에 넘어가는 등 국내 상황이 악화되었다. 칼 12세가 계속해서 전쟁을 벌일 수 있었던 힘의 원천은 바로 스웨덴 백성의 인내심이었다. 그 덕분에 칼 12세는 계속해서 군량을 얻고 병사를 모집하면서 전쟁을 준비할 수 있었다.

니스타드 조약(Treaty of Nystad) 체결

1718년 11월 칼 12세는 전방을 시찰하던 중 총에 맞고 현장에서 바로 사망했다. 이 사건에 대해 당시 칼 12세에게는 왕위를 이을 아들이 없었기 때문에 그의 제부인 프리드리히가 스웨덴 왕위를 얻기 위해 사람을 죽여 암살했다는 말이 전해진다. 하지만 스웨덴 백성들에게 칼 12세의 죽음은 사실 좋은 소식에 가까웠다. 왜냐하면 인구가 채 100만 명도 되지 않은 나라가 20년 동안 전쟁을 계속했기 때문에 백성들의 상황은 열악해졌고, 전쟁에 반대하는 목소리도 높아졌다. 그리고 이제 백성들은 평화와 안정된 생활을 원했다.

칼 12세가 사망한 후에도 표트르 1세는 스웨덴에 대한 공격을 계속하려 했고, 덴마크 역시 그 틈을 타 외래순(Oresund) 해협을 손에 넣으려 했다. 그러나 유럽의 다른 국가들은 표트르가 지나치게 큰 힘을 갖게 되는 것에 반발해서 전쟁을 중재하기 위해 나섰다. 결국 스웨덴은 러시아와 니스타드 조약을 맺고 지지부진하게 이어져 오던 북방 전쟁을 끝맺게 되었다.

이 조약으로 유럽을 향한 스웨덴제국의 세력다툼도 마침표를 찍게 되었다. 그 후 스웨덴제국은 분할되었고, 세력도 기존의 영토 내로 축소되었다. 표트르 1세는 소원대로 발트 해 해협의 항구를 차지했고, 연안 지역을 점령하며 발트 해의 새로운 주인으로 떠올랐다.

프로이센왕국

'프로이센'이라는 단어를 들으면 사람들은 대개 비스마르크와 융커(Junker)[6]를 연상한다. 그리고 누군가는 히틀러를 떠올릴 수도 있을 것이다. 한때 전 세계를 주름잡던 프로이센은 18세기가 되어서야 국가로 인정받았지만, 그 후 빠르게 유럽의 중심 세력으로 발돋움했다.

▼ 프리드리히 빌헬름 1세(1688~1740)
프로이센 왕국의 왕으로, 프리드리히 1세의 아들이며 프리드리히 대제(프리드리히 2세)의 아버지이다.

프로이센의 건국

프로이센은 북해와 발트 해, 그리고 알프스 산맥 사이에 자리한 독일의 한 지역이다. 이곳은 지형이 평탄하고 하류가 교차하여 교통이 매우 편리하다. 그래서 오랫동안 이곳을 차지하기 위한 부족, 민족 간의 다툼이 끊이지 않았고, 이 때문에 프로이센은 하나의 국가로 합쳐지지 못했다.

12세기 이후 신성로마제국은 이미 유명무실한 존재가 되었고, 이 광활한 지역에는 셀 수 없이 많은 영지[7]와 자치 도시가 생겨났다. 심지어 어느 귀족 가문은 영지와 하인들까지 합치면 자급자족할 수 있는 작은 나라로 볼 수 있을 정도였다. 프랑스와 영국, 네덜란드가 강력한 나라를 형성해갈 때, 독일의 소귀족들은 세력다툼에만 빠져 있었다. 이 소귀족 가운데 호엔촐레른 가문은 수백 년에 걸친 노력을 통해서 비록 완전하지는 않지만 형체를 갖춘 하나의 연합체를 만들었다. 그리고 정략결혼을 이용해 점차 세력을 넓혀갔다.

1415년에 호엔촐레른 가문은 신성로마제국의 선제후가 되었다. 그러나 가문이 다스리는 영지는 여전히 한 국가로 인정받지 못했다. 1701년에 스페인 계승 전쟁이 발발하자, 프로이센 선제후였던 프리드리히 1세는 신성로마제국의 황제와 담판을 벌여서 전쟁에 참여하는 대가로 프로이센 국왕이라는 칭호를 요구했다. 프리드리히 1세는 결

---
6) 원래는 '젊은 주인(도련님)'이라는 뜻으로 아직 주인의 지위에 오르지 않은 귀족의 아들을 가리킨다. 이들은 프로이센에서 고급 관리와 장교의 지위를 독점했다.
7) 봉건 사회에서 영주가 소유한 토지

국 소원을 이루었고, 이후 프로이센은 한 국가로서 세계 무대에 등장했다. 이렇게 국가라는 칭호를 얻었으나 프로이센 내부는 결코 하나로 합쳐지지 못했다. 프로이센 왕은 내부에서 각기 다른 이름으로 불렸다. 예를 들자면, 브란덴부르크에서 볼 때 프로이센 국왕은 선제후에 불과했고, 포모제(Pomorze)에서 볼 때는 공작이었으며, 클레베스마르크(Cleves-Mark)에서 볼 때는 그저 백작일 뿐이었다. 그래서 '프로이센 왕'은 그저 외교 용어로 더 많이 사용되었다. 프로이센이 내부를 하나로 모아 강력한 나라로 성장하려면 반드시 힘 있는 중앙정부가 필요했다. 그래서 프로이센에서는 각 지역의 행정권과 재정권 등을 중앙정부로 집중시키는 작업이 시작되었다.

▲ 프리드리히 빌헬름 1세의 동상
독일 뒤셀도르프 마르크트 광장에 서 있다.

중앙집권화

스페인 계승 전쟁이 막을 내린 1713년, 프리드리히 1세가 눈을 감은 후 그의 아들 프리드리히 빌헬름 1세가 뒤를 이어 왕위에 올랐다. 그때부터 프로이센은 본격적인 중앙집권을 시작했다. 프리드리히 빌헬름 1세는 매우 성실한 왕이었다. 전해지는 바로는 그는 옷소매가 닳을까봐 팔에 토시를 한 채 몇 시간씩 서재에서 각종 공문을 처리했다고 한다.

프로이센의 각 지역은 모두 다른 행정 기구와 자치권이 있었기 때문에 국왕의 명령을 똑같이 집행하기가 어려웠다. 그래서 프리드리히 빌헬름 1세는 각 지역 귀족들의 권리를 침해하지 않는다는 전제

조건하에 자신의 명령을 따르는 관리 부서를 마련했다. 그리고 이 부서가 각 지역에서 자신의 명령을 신속하게 집행하도록 했다. 프리드리히 빌헬름 1세는 프로이센의 넓은 영토를 17개 행정 구역으로 나누고, 각 지역에 관리 20~30명을 배치해서 각기 다른 사무를 맡겼다. 관리들은 각기 농업 행정, 지역 관리, 황실의 농장 관리 등을 담당했다. 월급은 적은 편이었지만, 그들은 '프로이센왕국을 위해 봉사한다'는 신념으로 열심히 일했다. 그들은 대부분 가난한 귀족 집안의 자제로 관리로서의 기본적인 소양을 갖추었다. 그리고 장래에 행정 구역의 장관으로 승진할 것을 희망하며 청렴하고 절도 있는 생활을 했다.

프리드리히 빌헬름 1세가 거느린 이 관리들은 모두 국왕에게 충직한 신하 역할을 했다. 그들은 묵묵히 국왕의 명령과 공문을 전달하고 집행하는 일만 수행했으며, 또 서로 감시하면서 권력이 한 곳으로 집중되어 국왕의 권위가 위협받는 일이 없도록 조심했다. 이들을 통해서 프로이센은 귀족들의 권력을 감시하고 행정 효율을 높여 국가의 개혁과 발전을 가속화하기 위한 기반을 마련할 수 있었다.

프리드리히 빌헬름 1세는 행정 관리 부서를 개설하는 동시에 국가의 재산을 늘리기 위해 회계와 세무 관리 부서를 조직하는 것도 잊지 않았다. 프로이센은 지역마다 세금 제도가 달랐기 때문에 그는 국가가 거둬들이는 세금을 늘리기 위해서 세금 제도 개혁을 단행하기로 했다. 당시 도시가 발전하고 상품 무역이 증가함에 따라 도시는 새로운 부의 집결지가 되었다. 그래서 프리드리히 빌헬름 1세는 물품세[8]를 올렸다. 물품세에는 토지세와 근로소득세, 인두세[9] 등이 포함되지만, 주요 징수 대상은 식품과 술 등의 상품이었다. 도시의 발전에 힘입어 물품세는 프로이센의 중요한 재정 수입원이 되었다.

빠르고 능률적인 세수 제도는 국가의 효율적인 재정 확보를 보장할 수 있다. 그러나 역시 나라를 발전시키려면 세금을 많이 걷는 데 집중하는 것보다는 경제를 발전시키는 것이 더 중요했다. 그런 면에서 프로이센은 공업과 상업, 농업의 발전이 매우 필요했다. 당시 프로이센은 중상 정책을 펼치고 있었다. 중상 정책이란 수출을 늘리고 수입은 줄여서 국가의 금과 은 비축량을 늘리는 것이다. 또 이는 프

---

8) 물품에 대하여 부과하는 국세. 간접세의 일종인 소비세
9) 일정 연령 이상의 주민 한 명당 일률적으로 부과하는 세금을 말하며, 우리나라의 주민세가 이와 유사함

로이센의 공업과 상업의 발전을 촉진한다는 중요한 의미가 있었다. 프리드리히 빌헬름 1세는 프로이센의 공업과 상업을 보호하고 장려하기 위해 해외 기술자를 다수 모집하고, 동시에 각종 금지령을 발표하고, 베와 무명 등 상품의 수입을 제한했다.

프리드리히 빌헬름 1세는 한 차례 중앙집권 과정을 통해서 재정권과 행정권을 모두 장악했다. 그리고 이를 바탕으로 프로이센에서 강력한 직업 군인을 양성할 수 있는 넉넉한 군비를 마련할 수 있었다. 이런 개혁을 통해 프로이센 백성은 차츰 나라의 규율을 준수하는 습관을 익히게 되었다. 오늘날 독일인의 특징으로 이야기되는 신중한 성격과 규칙적인 생활태도는 아마 프리드리히 빌헬름 1세의 이 개혁과 관련이 있을 것으로 추측할 수 있다.

지주＋장군＝왕

신중하고 부지런했던 프리드리히 빌헬름 1세는 항상 단 한 가지 목적을 위해서 일했다. 그것은 바로 강력한 군대를 만들어서 프로이센을 보호하는 것이었다. 17세기 유럽에서는 용병이라 불리는 직업 군인이 성행했다. 많은 나라가 자국 백성이 아닌 다른 지방에서 돈을 주고 사 온 용병을 앞세워 전쟁을 치렀다. 하지만 용병은 돈을 위해 움직이는 사람들이었기 때문에 함부로 믿을 수가 없었다. 그래서 18세기가 되자 각 나라는 자국 백성으로 구성한 군대를 양성하기 시작했다. 프리드리히 빌헬름 1세는 프로이센 귀족들이 누리던 기존의 특권을 침해하고 싶지 않았지만 그들도 반드시 군 복무를 수행해야 했기 때문에 귀족들에게는 매년 일정한 배상금을 내고 병역을 면제받도록 했다. 하지만 자국 군대가 필요해지자 그는 대담한 개혁안을 내놓았다. 바로 모든 귀족 자제를 군대에 보내서 '융커', 즉 하급 장교로 복무하게 하는 것이었다. 이 개혁 방안이 발표되자 귀족들은 징병제와 다를 것이 없다며 한바탕 소란을 피웠다. 그러나 프리드리히 빌헬름 1세는 조금도 흔들리지 않고 자신의 정책을 밀고 나갔다. 그는 군 복무가 귀족의 의무라고 생각했고, 젊은 장교들을 자세히 살펴볼 수 있도록《제후백서》에 그들의 생활을 기록했다. 이러한 군대 제도를 통해서 군관들은 명예를 쌓고 단체 협력을 익힐 수 있었고, 결과적으로 프로이센 군관들은 유럽 여러 나라의 모범이 되었다.

개혁을 통해 엄격한 규율 속에서 잘 훈련된 장교들이 배출되자 프리드리히 빌헬름 1세는 더 많은 병력을 원했다. 그래서 그는 사회적으로 가난한 농민과 수공업자 중에서 병사를 모집하기로 했다. 먼저 전국을 약 5,000호 정도가 포함되는 몇 개 구역으로 나누고, 각 구역에서 병사를 충원했다. 이는 사실상 군대와 백성을 하나로 합치는 새로운 군민합일軍民合一 체제로, 훗날 병역 의무제를 발전시키는 견인차 역할을 했다.

하지만 귀족들은 이런 군대 제도에 강한 불만을 나타냈다. 왜냐하면 프로이센은 원래 인구가 적어서 젊은 농민을 모두 군대에 보내면 귀족들의 땅에서 농사지을 사람이 부족하기 때문이었다. 따라서 프리드리히 빌헬름 1세는 건장한 청년 노동력을 모두 군대에만 집중할 수는 없었다. 그래서 어쩔 수 없이 다른 나라에서 청년을 모집해 프로이센 군대에 편입시키는 방안을 마련했다. 당시 외국에서 군인 모집을 담당한 장교만 해도 1,000명이 넘었으니, 프로이센에서 모집한 외국 병사의 수는 그야말로 상상 이상이었을 것이다.

프리드리히 빌헬름 1세는 키가 큰 군인을 선호했다. 그래서 사람을 파견해서 외국에서 키가 큰 청년들을 모집해 장신 부대를 조직하기도 했다. 그리고 병사들이 달아나는 것을 막기 위해 프로이센 군대는 엄격한 규율을 정했고, 병사들은 훈련을 받으면서 이러한 규율을 준수하는 자세를 몸에 익혔다. 이런 과정을 거쳐 프로이센의 군대는 어떤 공격에도 무너지지 않는 최강의 군대가 되었고, 이후에 벌어진 7년 전쟁에서 그 진가를 발휘했다.

큰 규모의 군대를 관리하려면 적지 않은 유지비가 필요했다. 그래서 프리드리히 빌헬름 1세는 세금 외에도 자기 소유의 황실 영지에서 수입을 늘리기 위해 노력했다. 그는 예전부터 시행해오던 장기 임대 제도를 바꾸고, 몇 년 간격으로 조세 기준을 새로 책정했다. 이러한 과정을 통해서 그의 황실 영지에서 얻는 토지 수입이 크게 늘어났다.

프리드리히 빌헬름 1세는 프로이센 군대의 사령관이자 프로이센에서 가장 큰 지주였다. 프로이센의 한 해 재정 수입은 700만 탈러(Taler)[10]정도였는데, 이 중 500만 탈러는 군비로 사용되고 나머지는 왕실 유지비와 관리들의 월급으로 나갔다. 프리드리히 빌헬름 1세는 1740년에 병으로 세상을 떠나면서 아들에게 넉넉한 유산과 함께 8만

10) 유럽에서 15세기에서 19세기까지 통용된 은화

▲ 독일 뷔르츠부르크 주교 궁전
의 전경

1720년부터 시작하여 1744년에
완공되었으며, 독일 남부 바로
크 양식의 걸작으로 유럽에서
가장 아름다운 궁전 중 하나로
꼽힌다.

명에 이르는 최정예 상비군과 예비역 군대를 물려주었다. 이 부대는
유럽 어느 나라에도 뒤지지 않는 최강의 군대였다.

　프리드리히 빌헬름 1세가 27년 동안 많은 노력을 기울인 결과 프
로이센은 예전의 모습에서 완전히 새로운 모습으로 탈바꿈하여 강
대국의 면모를 갖추었다. 그리고 이제 그들 앞에는 정예 부대가 그
동안 갈고 닦은 실력을 펼칠 전쟁터가 기다리고 있었다.

표트르 1세의 개혁

이성理性을 중심으로 한 계몽 운동이 유럽 대륙을 휩쓸기 시작한 17세기에 각국은 세력을 키우기 위해 격렬한 각축전을 벌였다. 그런데 이 시기에 러시아는 여전히 빈곤하고 낙후된 빙하기를 벗어나지 못하고 있었다. 그래서 표트르 1세는 러시아에 존재하는 기존의 구식 족쇄를 모두 없애버렸다. 그러자 서양을 비추던 이성의 빛이 러시아 하늘을 뒤덮은 무지無知의 안개를 뚫고 들어오기 시작했다. 이제 서양을 학습하는 것은 표트르 1세의 개혁에 가장 중요한 목표가 되었다.

서양을 배우자

1672년 6월 9일, 모스크바 교회당의 종이 일제히 울렸다. 당시 차르이던 알렉세이 미하일로비치, 즉 알렉세이 1세의 아들이 태어난 것을 알리는 종소리였다. 안타깝게도, 이 아이가 네 살이 되었을 때 알렉세이 1세는 숨을 거두었고, 이후 궁에서는 한바탕 권력 다툼이 벌어졌다. 아이는 아무도 믿을 수 없는 살벌한 분위기의 궁 안에서 자라 어느덧 성인이 되었고, 1696년에 러시아 차르의 자리에 올랐다. 그가 바로 표트르 1세이다.

17세기에 러시아는 태평양과 북극해에 인접했고 넓은 시베리아 벌판과 비옥한 토지, 그리고 풍부한 자연 자원을 갖추고 있었다. 하지만 이렇게 좋은 조건에도 불구하고 러시아는 낙후하고 폐쇄적이었으며, 유럽의 한구석에서 나라를 이어가는 것에 만족하며 살아갈 뿐이었다. 러시아에는 외국으로 통하는 항구도 없고, 번듯한 군대와 학교도 없었으며, 심지어 고위 관리와 귀족도 대부분 문맹이었다. 이성의 빛이 서유럽 대륙을 밝게 비추고 유럽 국가들이 현대 사회로 넘어가기 위해 힘쓸 무렵,

▼ 이 그림은 1907년에 러시아 현실주의 화가 발렌틴 세로프가 그린 회화 작품 〈표트르 1세〉의 일부분이다. 표트르 1세가 직접 사절단을 거느리고 유럽으로 떠나는 모습이 그려졌다.

유럽에서 가장 광활한 영토와 많은 인구를 가진 러시아는 여전히 중세에 머물러 있었다. 그래서 왕위에 오른 표트르 1세는 러시아를 개혁하여 유럽 다른 나라들의 발전을 따라잡고 현대 국가로 발돋움하겠다고 다짐했다.

1697년 3월, 표트르는 장기간 유럽 여행을 떠나기로 했다. 이 여행은 훗날 러시아의 발전에 큰 영향을 미쳤다. 표트르는 유럽에서 접한 기술 중에서도 군사 기술에 매우 깊이 감명했고, 이를 바탕으로 머릿속에 개혁의 청사진을 하나씩 그려갔다.

표트르는 '표트르 미하일로프'라는 가명으로 신분을 위장하고 유럽을 돌아다녔다. 스웨덴의 리가에 이어 동프로이센, 네덜란드 암스테르담과 헤이그, 영국 런던, 오스트리아와 폴란드 등지를 연이어 방문했다. 그는 몸으로 직접 체험하며 유럽의 방방곡곡을 모두 살펴보았다. 이 기간에 그는 동프로이센에서 폭탄 제조법을 배우고, 네덜란드의 사르담(sardam)에서는 조선 공장에서 목공으로 일했으며, 암스테르담에서는 군함 제조에 참여했다. 또 영국에서는 해군에 지원하기도 했고, 네덜란드에서는 동인도회사에 들어가 함장을 맡기도 했다.

이러한 현지 견학을 통해서 표트르는 유럽의 발전 상황을 이해하고 러시아의 낙후와 쇠퇴를 반성했다. 유럽과 러시아의 현저한 수준 차이는 표트르의 야심을 자극했다. 그리하여 표트르 1세는 러시아가 시대의 변화에 발맞추어 나아갈 수 있도록 이미 현대화에 나선 유럽 강대국들을 본받기로 했다. 그렇게 하지 않는다면 러시아는 앞으로 세상과 단절된 채 몰락의 길을 걸을 수밖에 없었다.

표트르의 '수염세'

당시 러시아에는 남자들이 수염을 길게 기르는 관습이 있었다. 수염을 하느님이 내려 준 선물이라고 여겼기 때문에 성년이 되면 수염을 깎지 않고 길렀다. 수염이 없는 남자는 사람들에게 놀림을 받았고, 수염을 자른다는 것은 대역죄나 마찬가지였다. 그러나 유럽 여행을 마치고 돌아온 표트르는 길게 늘어뜨린 수염을 참을 수가 없었다. 그의 눈에 러시아 남자들의 수염은 낙후하고 보수적인 러시아의 상징일 뿐이었다.

1698년에 러시아 대신들이 긴 여행을 마치고 돌아온 그를 만나러

▲ 17세기 러시아에 개혁 운동이 한창일 때, 표트르 1세가 한 러시아인의 수염을 자르고 있다. 이 모습에서는 러시아를 낡은 전통에서 벗어나게 하려던 표트르 1세의 노력을 엿볼 수 있다.

찾아갔을 때, 표트르 1세는 갑자기 가위를 들고 대신들의 수염을 싹둑 잘라버렸다. 대신들은 미처 피할 새도 없이 위엄의 상징이던 턱수염을 잃고 말았다. 그런데 이것으로 끝이 아니었다. 얼마 지나지 않아 표트르 1세는 러시아의 온 백성에게 수염을 자르라는 명령을 내렸다. 그는 수염을 자르는 것이 러시아인의 의무이고, 이 의무를 이행하지 않으면 '수염세'를 반드시 내야 한다고 규정했다. 백성은 수염이 없어지면 표트르 1세가 가위를 놓을 것이라고 여겼으나 그것은 오산이었다. 왕은 이번에는 귀족의 폭이 넓은 웃옷과 긴 소매에 가위를 가져다 댔다. 표트르 1세는 많은 귀족이 모인 연회에서 가위를 들고 귀족들의 넓은 소매를 차례차례 잘랐다. 그리고 귀족은 물론 백성도 옷차림을 바꿀 것을 명령하고 전국 방방곡곡에 벽보를 붙였다. 이에 따르면 남자는 짧은 소매의 상의와 무릎까지 오는 반바지를 입고 실크 모자를 쓰고 장화나 가죽 구두를 신어야 했으며, 여자는 러시아의 전통 의상인 긴 치마 대신 짧게 자른 치마를 입고 단정한 모자를 쓰고 서양식 가죽 구두를 신어야 했다.

표트르의 명에 따라 수염을 자르고 복장을 바꾼 후 러시아인은 점차 서유럽인과 사고방식이 비슷해졌고 서유럽 사회에 대해 연구하기 시작했다. 그들은 이제 더는 현실에 안주하려고 하지 않았고, 서양의 함선과 총포, 그리고 굉음을 내뿜는 기계들에 눈을 돌렸다.

군사 개혁

표트르는 군사 개혁을 단행했다. 그는 병력을 늘리기 위해 1700년에 전국적으로 징병제를 시행했고, 빈부 격차나 신분에 상관없이 모든 계층에 병역의 의무가 있다고 규정했다. 53차례 징병으로 수십만에 이르는 러시아 청년들이 군인이 되었다. 그 밖에도 자신의 직속 장교들을 육성하고, 귀족 자제들을 서유럽으로 보내서 앞선 군사 기술과 이론을 배우게 했다. 또 서유럽의 군사 전문가를 초빙해서 군사 고문으로 삼고, 러시아에 서유럽의 군사 사상을 전파하게 했다. 아울러 국내에 사관학교를 여러 군데 세우고 중급 및 하급 군관과 각 분야의 전문가를 길러냈다. 그렇게 몇 년이 흐르자 그동안의 훈련과 교육을 통해 표트르 1세가 양성한 군대는 전투력이 매우 높아졌다.

▲ 표트르 1세의 청동 기마상

표트르는 전쟁에서 승리하려면 현대식 무기뿐만 아니라 여러 제도와 산업이 함께 뒷받침해야 한다는 것을 깨달았다. 당시 러시아 군대는 스웨덴이나 프로이센과 비교했을 때 규율이 느슨한 편이었다. 그래서 표트르는 먼저 군대 규율의 초안을 잡고 강력한 규율을 정립하여 병사와 장교들을 단속했다. 이런 과정을 거쳐서 1716년에 '군사법규'가 만들어졌다. 그 밖에도 표트르는 여러 종류의 무기 공장을 건설하고, 그곳에서 총포와 군함을 생산해 군대의 설비 수준을 향상시켰다. 당시 러시아에 주재하던 영국 외교관은 러시아가 만든 군함을 보고 그 기술 수준이 서유럽의 어느 나라에도 뒤지지 않는다는 사실에 매우 놀랐다.

표트르의 개혁으로 러시아 군대는 예전의 낙후된 모습에서 벗어나 새롭게 탈바꿈했다. 그런 한편, 표트르 이전의 차르들은 모두 다른 나라와 교류할 수 있는 통로를 만들고 싶어했지만 그 꿈은 매번 허사로 돌아갔다. 표트르가 집권한 초반에 러시아는 여전히 은둔형의 내륙 국가였고, 해상 무역은 거의 다른 나라들이 장악하고 있었다. 이에 표트르는 러시아의 발전을 위해 서유럽과 연결되는 통로를 찾겠다고 결심하고, 남쪽의 이웃나라 터키와 힘을 합쳐서 발트 해를 지배하던 스웨덴을 꺾기 위해 전력을 집중했다. 21년 동안 이어진 북방 전쟁이 끝난 후, 표트르는 러시아의 오랜 숙원을 이루고 소원대로 발트 해 연안의 항구를 얻었다. 그리고 러시아는 북방 전쟁의 소용돌이를 겪으며 스웨덴을 제치고 북방의 군사 대국으로 자리를 잡았다.

새로운 수도의 건설

표트르 대제, 즉 표트르 1세의 개혁이 큰 효과를 거두었지만, 여전히 그의 개혁을 반대하는 목소리가 작지 않았다. 표트르가 개혁을 추진하면서 귀족의 특권을 일부 빼앗았기 때문에 그들의 불만을 산 것이었다. 이렇게 개혁 과정에 반대의 목소리가 끊이지 않았지만, 표트르 대제는 조금도 흔들리지 않았고 오히려 귀족 세력을 완전히 없애려 했다.

당시 모스크바는 귀족들의 근거지였다. 그래서 표트르는 개혁 정책을 순조롭게 펼치기 위해 수도를 옮기기로 했다. 북방 전쟁 초기에 러시아군이 스웨덴의 뇌테보리(Nöteborg)[11] 요새를 함락했을 때, 표트르는 바다로 둘러싸인 핀란드 만을 보고 감탄했다. 아마 그때 표트르는 마음속으로 수도 이전에 대한 계획을 세웠을 것이다. 몇 차례 귀족 반란을 진압한 후 표트르는 설계사를 초빙해서 새로운 수도를 만들기 시작했다.

저지대의 질퍽거리는 땅에 새로운 도시를 짓는 일은 생각만큼 쉽지 않았다. 그러나 표트르는 새로운 수도를 짓겠다는 생각이 확고했

▼ 러시아 상트페테르부르크를 그린 18세기 중엽의 유화 작품

네바 강의 왼쪽은 동궁이고, 오른쪽은 과학관이다. 표트르 대제는 1703년에 상트페테르부르크를 건설하면서 엄청나게 많은 노동자를 모집했는데, 그중 수만 명이 건설 과정에서 목숨을 잃었다. 표트르 대제는 새로운 수도에 인구를 채우기 위해 수도를 옮기는 것에 찬성하지 않는 귀족과 일반 백성을 이주시켜 상트페테르부르크에 정착하게 했다.

11) 현재 러시아의 페트로크레포스트(Petrokrepost)

기 때문에 이런 어려움에도 전혀 위축되지 않았다. 1703년 5월 16일에 도시의 건설이 정식으로 시작되었고, 도시 이름은 상트페테르부르크(Saint Petersburg)로 정해졌다. 그 후 수만 명이 이 건축 현장에서 땀을 흘렸고, 전국 각지에서 석재가 모두 새로운 수도로 옮겨졌다. 표트르도 직접 도시 건설에 참여했다. 몇 년에 걸친 노력과 작업으로 마침내 새로운 도시가 사람들의 앞에 모습을 드러냈다. 넓은 네바 강이 도시를 관통하여 흐르고, 새로운 수도는 마치 물 위에 지어진 수상 도시 같았으며, 높이 솟은 교회와 웅장한 궁전은 아름다움의 극치를 보여주었다. 그 밖에도 상트페테르부르크는 그 자체로 천혜의 군항이어서 이후 러시아 해군의 근거지가 되었다. 그 후 1711년에서 1714년까지 표트르 대제는 직접 이주 명단을 작성했다. 그리고 사람을 보내서 모스크의 일부 귀족과 상인들에게 기한에 늦지 않게 상트페테르부르크로 이주해올 것을 독촉했다.

'상트페테르부르크'라는 지명을 찬찬히 들여다보면, 그 안에 여러 가지 깊은 의미가 담겨 있다. 그리고 이름을 통해서 그 지방의 문화적 함의와 역사적 사명을 알 수 있다. '상트'는 신성하다는 뜻이며, '페테르'는《성경》에 나오는 예수의 제자 이름의 러시아어 표기이다. 그리고 '부르크'는 도시를 의미한다. 상트페테르부르크는 러시아를 서유럽과 연결해주는 문이자, 고대 로마제국의 위엄을 다시 이루고자 하는 웅대한 포부를 나타내기도 한다.

'서양을 배우자'는 표트르 대제가 시행한 개혁 정치의 지도 사상이었다. 그는 서유럽 스타일의 새로운 수도를 건설하고 싶어했고, 서유럽의 문화와 이성적인 사고방식을 배워 러시아를 변화시키길 원했다. 그는 당시 러시아에서 사용하던 복잡한 키릴 문자를 간결하고 쉬운 문자로 바꾸었으며, 학교와 박물관, 공원, 극장 등을 세웠다. 또 표트르 대제 시대에 러시아 최초의 신문인〈베도모스티(Vedomosti)〉가 발행되었고, 그가 직접 편집을 맡기도 했다. 그리고 표트르 대제는 셀 수 없이 많은 '제1'을 만들어냈다. 러시아를 세계 제1의 국가로 만들고 싶었기 때문이다. 러시아는 표트르 대제의 통치 시기에 발전의 기본 틀을 마련하는 동시에 강대국의 대열에 올라서려는 꿈을 품었다. 이후 수 세기 동안 러시아인들은 이 꿈을 이루기 위해 끊임없이 정복 전쟁을 일으켜 영토를 확장했다.

영국 동인도회사의 인도 식민 지배

영국 여왕은 극동 지방과 인도에 대한 무역을 확대하기 위해 런던 상인들에게 특별 허가를 내려 무역 단체를 설립했다. 이 무역 단체가 바로 영국 동인도회사이다. 영국 동인도회사는 처음에는 영국 상인들의 외국 판매처와 화물 보관소로 이용되다가 나중에는 영국의 정치에 참여하면서 영국 제국주의의 상징이 되었다. 그리고 영국의 인도 식민 지배 과정에서 핵심 역할을 했다.

영국 동인도회사

1600년에 영국 여왕 엘리자베스 1세는 런던의 상인들에게 특별 허가를 내려 동인도회사를 설립했다. 이는 나중에 생겨난 다른 나라의 '동인도회사'와 구분하기 위해 '영국 동인도회사'로 불리기도 한다. 비슷한 시기에 네덜란드와 포르투갈, 스웨덴, 신성로마제국 등도 이미 동인도회사를 설립했고, 영국의 동인도회사는 이런 서유럽 여러 나라의 동인도회사 중 하나였다. 이 회사들이 서로 치열하게 경쟁한 결과, 영국 동인도회사는 인도에서의 무역 특권을 차지하고 더불어 페르시아 만과 동남아시아, 그리고 동아시아까지 상업 활동 영역을 넓혔다.

▼ 영국 동인도회사의 창고

동인도회사는 설립 당시에는 규모가 작았고 주로 영국 상인들의 외국 판매처와 화물 보관소로 이용되었으며, 별다른 권력이 없었다. 당시 인도의 무굴제국은 악바르(Akbar) 대제와 그 후계자의 통치로 전성기를 맞았고 동인도회사는 인도 연안에 무역 거점을 몇 군데 확보했을 뿐이었다.

이후 무굴제국이 쇠퇴하자 동인도회사는 인도에 기반을 마련할 기회를 얻고 이때부터 끊임없이 세력을 확대하기 시작했다. 1689년에 영국 명예혁명[12]의 결과로 왕위에 오른 윌리엄 3세는 또 다른 '영국대동인도무역회사'에 인도에서 무역할 수 있는 특별 허가장을 내주었다. 이

---

12) 1688년에 영국에서 피를 흘리지 않고 전제 왕정을 입헌 군주제로 평화롭게 바꾸는 데 성공한 시민 혁명

때, 1600년에 설립된 동인도회사 역시 여전히 유효했기 때문에 영국에는 2개의 동인도회사가 존재하게 되었다. 이로 말미암아 이후 불필요한 분쟁이 많이 일어났다. 결국에는 1702년에 영국 정부의 중재로 두 동인도회사가 하나로 합쳐졌고, 이로써 영국 동인도회사의 경쟁력은 훨씬 강해졌다.

1707년에 무굴제국의 아우랑제브 황제가 병으로 세상을 떠나면서 무굴제국은 암흑기에 접어들었다. 각 지역의 제후들은 땅을 나누어 지배하고, 스스로 왕이 되기도 했다. 이 시기에 황제는 그저 이름만 있을 뿐 실질적인 권력은 전혀 없었다. 무굴제국의 쇠퇴는 동인도회사가 발전할 좋은 기회를 제공해주었고, 18세기 전기는 동인도회사가 가장 번창한 시기였다.

인디안 드림

동인도회사는 인도 무역을 독점했다. 영국 상인들에게 동인도회사는 적은 돈으로 폭리를 얻을 수 있는 사업이었다. 무역 독점권을 보호하기 위해 동인도회사는 매년 영국 정부에 십만 파운드 이상 뇌물을 바쳤다. 이렇게 해서 윌리엄 3세가 매년 받은 돈이 수만 파운드에 달했다고 한다. 인도의 동인도회사 직원들은 모두 엄청난 돈을 벌었고, 영국의 가난한 젊은이들은 돈을 벌기 위해 인도로 떠나는 배에 몸을 실었다.

동인도회사가 벌어들이는 엄청난 이윤은 많은 영국인의 부러움과 시기, 그리고 원망을 샀다. 사람들은 동인도회사가 지금처럼 자리를 잡은 데에는 영국 해군과 육군의 도움이 컸으니, 그들이 나라에 '보호비'를 내야 한다고 생각했다. 그래서 1744년부터 동인도회사는 매년 나라에 40만 파운드를 세금으로 냈다.

동인도회사의 규모가 커지자 영국 정부는 회사 관리에 어려움을 느꼈다. 동인도회사는 이미 한 나라에 견줄 만한 수입을 벌어들였고, 영국 정부는 한 회사가 대영제국의 전체 이익에 위협이 되는 상황을 용납할 수 없었다. 영국 정부는 동인도회사에 대한 제재를 강화하기 위해 그곳에 관리를 파견했다. 1786년에 영국 정부는 콘월리스 총독을 인도에 파견해 동인도회사 내에서 이루어지는 사적인 부정 행위와 밀거래를 감독하게 했다. 영리하고 강직한 콘월리스 총독은 거의 모든 직원이 회사의 공금을 횡령하고 있다는 것을 발견했다. 그러나 사실 이런 일들은 모두 예상했던 것이었다. 그 영국 사내들이 동인도회사를 통해 인도에 온 것은 부자가 되려는 목적이었으니, 그들이 돈 벌 수단을 놓칠 리 없었다.

영토 확장

현대의 회사들은 무기, 학살과 특별한 관계가 없지만, 300년 전의 회사는 단순한 무역 단체가 아닌 하나의 무장 단체였다. 당시 동인도회사는 무력을 이용해 인도인들을 고통 속에 몰아넣고 셀 수 없이 많은 재물을 빼앗아갔다.

1698년에 동인도회사는 무굴제국 정부를 통해 갠지스 강 입구의 캘커타 지역을 사들였다. 당시 인도인들은 이 별 볼일 없는 작은 마을이 얼마나 커다란 상업적 가치가 있는지 알지 못했다. 하지만 그들이 별 볼일 없다고 여긴 이 작은 마을은 넓은 땅과 비옥한 토지, 그리고 하류가 교차하는 편리한 교통 요건을 갖추었고, 곧 영국의 유용한 상품 집결지가 되었다. 캘커타는 동인도회사의 보물 창고였고, 인도에서 생산된 각종 상품이 모두 캘커타를 통해서 유럽 대륙으로 운반되었다. 그리고 동인도회사는 그 과정에서 거액의 이윤을 남겼다.

동인도회사는 캘커타를 거점으로 여러 군데에 군사 기지를 건설해 사병을 양성하는 등 마치 그 지역의 제후인 듯 행세했다. 그들은 수백 곳에 무역 창고를 짓고, 벵골에서 터무니없이 과도한 세금을 징수할 뿐만 아니라 무력을 이용해서 인도인의 권리를 빼앗는 등 횡포를 일삼았다. 이에 벵골의 나와브[13]인 시라지 웃다울라(Siraj

▼ 동인도회사의 군대가 저항하는 인도인들을 학살하고 있다.

---

13) 인도 무굴 왕조 때의 지방장관 관직명

44

Ud Daulah)는 크게 분노하여 군대를 보내서 이 '악덕기업'을 캘커타에서 쫓아내겠다고 결심했다. 그러나 영국군 지휘관 로버트 클라이브가 먼저 시라지와 지방 귀족 간의 갈등을 이용해 반란을 선동했고, 그 결과 시라지는 나라 안팎에서 공격을 받아 세력이 약해졌다. 그 틈을 타 클라이브는 군사 3,000명으로 시라지의 5만 군대를 격파했다. 시라지 휘하의 패잔병들은 모두 사형되었고, 동인도회사는 이후 캘커타에서 세력을 더욱 공고히 했다.

유럽에서 일어난 7년 전쟁의 불길은 인도에까지 번졌다. 7년 전쟁이 벌어지는 동안, 동인도회사는 군대를 모집하고 전쟁을 개시하며 사법 재판을 할 수 있는 권리를 손에 넣었다. 아울러 영국 정부의 지원을 등에 업은 동인도 회사는 더욱 막강한 권력을 갖추었다. 클라이브는 인도 나와브 간의 갈등을 십분 이용하고 아낌없이 뇌물을 바쳐가면서 인도 장교들의 사이를 이간질했다. 그 결과 인도의 각 나

▼ 영국이 인도를 식민 지배하는 동안 인도인들은 끊임없이 저항했다. 1857년에 칸푸르의 주민들이 영국의 지배에 반대하는 투쟁을 벌여 영국인 200여 명을 살해했다. 그러자 영국군이 이에 복수한다는 명목으로 학살을 저질러 칸푸르를 피로 물들였다. 그림은 학살이 일어난 칸푸르에 있던 한 건물의 모습이다.

와브는 서로 전쟁을 벌였고, 영국은 중간에서 어부지리를 얻었다.

1765년에 클라이브는 전쟁과 음모를 통해 무굴제국의 황제에게서 벵골, 오리사, 비하르 세 지역의 지배권을 얻어냈다. 그는 신하로서의 예의를 갖추기 위해 황제에게 공물을 바쳤지만, 사실 당시에 동인도회사는 이 세 지방의 실질적인 통치자나 마찬가지였다. 이는 영국 지배자들의 노련한 수법의 하나였다. 즉, 무굴제국의 황제는 비록 이미 예전의 지위를 상실했으나 여전히 백성에게 영향력을 행사하므로 최소한의 대접을 해준 것이다. 클라이브가 황제에게서 이 세 지역에 대한 지배권을 얻자 동인도회사 내부의 인도 직원들도 이를 지지했고, 이를 통해서 인도 각 지역 나와브의 질투를 막을 수 있다. 이렇게 해서 동인도회사는 인도에서 더욱 편안하게 영업할 수 있었고, 클라이브도 이에 매우 만족했다. 당시 동인도회사가 매년 인도에서 벌어들인 순이익은 165만 파운드에 달했다.

그러나 좋은 시절은 오래가지 않았다. 동인도회사는 내부 직원들의 횡령으로 관리비가 치솟으면서 재정난에 빠졌다. 그런데도 회사 직원들은 여전히 중간에서 사리사욕을 챙기며 윤택한 생활을 누렸다. 이에 1767년에 영국 의회는 동인도회사관리법을 통과시키고, 캘커타의 나와브를 총독으로 임명하여 캘커타와 오리사, 비하르 세 지역의 민정 업무를 담당하게 했다. 또한 동인도회사에 대한 관리를 강화하기 위해 총독과 감사관을 파견했다. 그러나 동인도회사의 부패와 횡포는 줄어들 기미를 보이지 않았고, 정부에서 파견한 총독과 감사관은 동인도회사의 독단적인 행동에 불만을 표시했다. 그리하여 결국 인도에는 동인도회사의 관리자와 영국에서 파견한 총독이 담당하는 두 개의 행정 관리 체제가 형성되었다.

동인도회사의 퇴장

1770년에 인도의 벵골 지역에 유례없이 큰 흉년이 찾아와 지역 주민 3분의 1이 굶어 죽었다. 이러한 상황에서도 동인도회사는 토지세를 깎아주기는커녕 악랄한 방법으로 세금을 거둬들였다. 동인도회사의 폭력적인 세금 징수는 인도 식민지를 관리하는 영국 정부의 정책에도 영향을 미쳤다. 1784년에 영국의 윌리엄 피트[14] 수상은 동인

---

14) 대피트로 불리는 윌리엄 피트의 차남으로 소피트로 불림

도회사의 무차별적인 세금 징수를 제한하는 법령을 공표하고, "인도에서 행하는 토지 정복과 세금 확대 정책은 영국 정부의 이익과 명예 및 목표와 맞지 않는다."라는 내용의 경고를 보냈다.

그 후 인도에서 벌어지는 영토 확장 사업은 주로 영국 정부가 관리했고, 19세기 초에 영국 정부는 동인도회사의 무역 독점권을 회수했다. 그리고 1857년에 동인도회사는 마침내 영국 정부로부터 영업 정지 명령을 받고 세계 무대에서 사라졌다.

동인도회사는 서유럽의 식민주의자들이 영토를 넓혀가던 시대의 흐름 중 하나였다. 동인도회사는 이름은 회사였지만 사실 상업적 권력을 가지고 영토 정복 활동도 수행했으며, 영국이 인도를 식민 지배하는 타당한 명분을 제공했다. 동인도회사는 인도에서 재물을 약탈했을 뿐 아니라 인도의 사회와 경제 구조를 무너뜨려 인도 전체를 식민주의의 수렁으로 빠뜨렸다. 마르크스는 영국의 식민 지배에 대해 이렇게 말했다. "영국인이 식민 지배를 하면서 인도에 가져온 재난은 인도가 과거에 겪은 모든 재난과 비교할 때 본질적으로는 다른 편이지만 그 심각성은 몇 배에 달할 것이다."

끝없는 욕심

동인도회사는 무역과 무력을 모두 이용하여 인도에서 재물을 빼앗아 갔다. 1757년에 영국 클레이브 지휘관이 벵골의 국고를 점령했다. 국고의 문을 활짝 열었을 때, 영국군 장교와 병사들은 그 안에 가득 쌓인 금은보화를 보고 넋이 나가서 외쳤다. "훔쳐라!" 영국은 이런 방법으로 인도에서 엄청난 양의 재물을 약탈해갔다. 영국군이 다녀간 후 벵골의 국고는 싹 씻겨 나간 듯 먼지 하나 남지 않았고, 식민주의자들의 양손에는 재물이 넘쳐났다. 훗날 클라이브는 영국 의회에서 이 약탈과정을 진술할 때, 매우 후회하며 말했다. "저는 20만 파운드밖에 훔치지 않았습니다. 그때 조금 더 훔쳤어야 했는데…."

잔인한 노예 무역

인류의 기원에 대한 역사학자와 인류학자의 견해에는 큰 차이가 있다. 하지만 이와 상관없이 대부분 사람은 인류의 조상이 아프리카에서 기원했다고 알고 있다. 아마 이 문제에 대한 논쟁은 앞으로도 계속될 것이다. 그러나 흑인들의 고향은 고민할 필요도 없이 당연히 아프리카이다. 오늘날 흑인은 전 세계에 분포하며, 그들의 선조는 노예 무역이라는 비참한 역사의 물결 속에서 아프리카를 떠나 온 세계를 떠돌았다.

아메리카 대륙으로

노예 무역은 오래전부터 시작되었으며, 역사상 18세기에 대서양에서 특히 성황을 이루었다. 대서양을 사이에 둔 아메리카와 아프리카 두 대륙에서 일어난 노예 무역으로 수많은 아프리카 흑인이 고향을 떠나 머나먼 아메리카 대륙으로 갔다. 그리고 그곳에서 아메리카

▼ 북아메리카 식민지의 노예들이
  농장에서 일하고 있다.

대륙의 역사를 바꾸는 데 가장 중요한 노동력을 바쳤다. 그러므로 그들이야말로 새로운 대륙의 건설에 일등공신이나 다름없다. 아프리카 흑인들의 노동이 없었다면 아메리카 대륙을 개척하는 일은 상상할 수도 없었을 것이다. 하지만 아프리카 흑인들은 자신의 의지로 이민 수속을 밟아서 아메리카로 간 것이 아니었다. 그들은 서유럽 식민주의자들이 자행한 무자비한 노예 무역에 희생양이 되어 허허벌판이던 아메리카 대륙으로 팔려갔다.

15세기에 유럽은 대항해 시대를 열었다. 1492년에 크리스토퍼 콜럼버스(Christopher Columbus)가 신대륙, 즉 아메리카 대륙을 발견하면서 세계 역사는 새로운 시대를 맞이했다. 그리고 이후 아메리카 대륙은 유럽의 식민지가 되었다. 아메리카 대륙은 광활하고 토지가 비옥했지만 유럽인들은 이곳을 어떻게 개발해서 이익을 얻어야 할지 막막했다. 신대륙에는 경제를 발전시키는 핵심 요소의 하나인 노동력이 매우 부족했기 때문이다.

유럽에 대항해 시대가 시작된 이후 대서양은 유럽과 아프리카, 그리고 아메리카를 잇는 사통팔달의 요지가 되었다. 유럽인의 눈에 아메리카와 아프리카는 모두 신대륙이자 아직 인간의 손이 닿지 않은 보물 창고였다. 그래서 그들은 이 신대륙에서 어떻게 보물을 캐내야 할지 고심했다. 한편, 유럽인이 아메리카 대륙에 발을 들인 이후 원주민들은 전염병에 시달렸다. 유럽인들이 발을 들이면서 아메리카 대륙에 천연두 바이러스가 퍼진 것이다. 게다가 유럽인은 원주민들을 무참히 살해했다. 이로 말미암아 아메리카 인디언은 종족 유지에 큰 위기를 맞았다. 이렇다 보니, 살아남은 이들도 유럽인을 위해 일하고 싶어하지 않았다. 그래서 유럽인은 다른 지역에서 노동력을 찾기 시작했다. 이윽고 그들은 신체가 건장한 아프리카 흑인이 아메리카의 열대 기후를 견딜 수 있는 노동력으로 가장 적합하다는 사실을 알게 되었다.

흑인 노예

아프리카, 특히 서아프리카에서는 유럽인이 오기 전부터 노예 매매가 성행했다. 아프리카 군주들은 노예를 얻기 위해서 자주 전쟁을 일으켰다. 그 후 유럽인이 아프리카에 들어오자 현지의 노예 상인들은 무기나 럼주 등 아프리카에서 구하기 어려운 물건을 얻기 위해

▲ 노예 상인들은 아프리카에서 잔
인한 노예 무역을 벌였다.

그들이 노예를 구하는 데 협력했다. 노예 상인들은 유럽인에게서 얻은 무기로 더 많은 흑인을 노예로 팔아넘겼다.

유럽인은 남자 흑인 노예를 원했다. 그리고 그중에서도 열 살에서 스물네 살 사이의 젊고 건강한 청년을 선호했다. 그래서 아메리카 대륙으로 끌려간 노예는 대부분 남자였다. 이것은 아프리카의 사회 구조와도 관련이 있었다. 당시 아프리카 대륙의 많은 나라는 모계 사회였다. 모계 사회에서는 여자가 사회 지도자일 뿐만 아니라 중요한 노동력을 담당했다. 그래서 아프리카인들은 여자보다 상대적으로 덜 중요한 역할을 하는 남자들을 노예 상인에게 넘겼던 것이다.

18세기까지 미국의 열대 우림 지역에 사탕수수 농장이 속속 들어섰다. 농장 주인들은 흑인 노예들을 극한까지 밀어붙이며 일을 시켰다. 사탕수수 재배는 노동집약형 산업[15]이기 때문에 강하고 끈기 있는 노동력이 필요했다. 그런 면에서 보면 아프리카 흑인들이 가장 적합했다. 대서양의 노예 무역이 성황을 이루기 시작하면서 이와 함께 매년 아프리카로 무기 수십만 자루가 흘러들어 갔다. 노예 상인들은 이 무기를 이용해 아프리카 각 지역에서 끊임없이 노예 약탈 전쟁을 벌였고, 납치 사건도 빈번하게 발생했다. 그리고 이 과정에서 수많은 흑인이 아메리카의 사탕수수 재배 농장으로 팔려갔다. 당시 사탕수수의 달콤함에 푹 빠진 유럽인들은 아마 먼 아메리카 대륙의 사탕수수 농장에서 흑인 노예들이 겪어야 했던 인생의 쓴맛을 알지 못했을 것이다.

---

15) 생산에 투입되는 생산 요소 중 노동의 비율이 다른 생산 요소보다 높은 산업

노예 무역 경쟁

아메리카 대륙의 사탕수수 농장이 큰 수익을 올리자 농장주들은 더 많은 흑인 노예를 원하기 시작했다. 그래서 그들은 노예 상인들에게 높은 가격을 주고 노예를 사들였다. 이에 노예 상인들은 더 많은 돈을 벌기 위해 아프리카 해안가에서 흑인들을 마구 잡아들였다. 이런 '노예 사냥'은 위험하지만 큰 수익을 얻을 수 있는 사업이었다.

아프리카 해안선은 곧게 뻗어 있지만 지형이 복잡한 편이고, 전염병이 퍼져도 효과적인 치료약이 없었다. 그래서 유럽인은 아프리카 내륙 깊숙이 들어갈 엄두를 내지 못한 채 해안가를 둘러보기만 할 뿐 노예를 사냥하는 일은 그 지역 중개 상인들에게 맡겼다. 중개 상인들은 통나무 배를 타고 유럽인에게서 받은 무기를 이용해 아프리카 내륙에서 노예를 사냥했다. 해안가 일대에는 중개 상인들이 잡아온 흑인들을 모아두는 노예 거래소가 있었다. 그곳에 일정한 인원이 모이면 한 번에 유럽의 노예 상인들에게 팔아넘겼다.

유럽 각국 정부는 노예 무역을 매우 중요시하며 자국 경제의 일부분으로 여겼다. 또 잡아들인 노예는 반드시 자신들의 농장으로 보내고 다른 나라에 넘기는 것을 금지했다. 그래서 각국은 치열한 경쟁을 벌이며 자국의 상인과 무역 회사를 지원했고, 아프리카 해안에 노예 거래소를 여러 개 지었다.

포르투갈은 뛰어난 항해술을 이용하여 제일 먼저 노예 무역 시장을 선점하며 1인자로 올라섰다. 대항해 시대의 선구자인 포르투갈은 유럽의 다른 나라들이 내란을 겪고 있을 때 이미 남아메리카 대륙에 엄청난 식민지를 건설했다. 그들은 자원이 풍부한 브라질에 식민지를 건설하고, 그곳에서 사탕수수 농장을 경영하는 동시에 금광과 은광을 개발했다. 농장과 광산은 모두 많은 노동력이 필요한 사업이기 때문에 포르투갈의 노예 상인들은 수요가 줄어들 걱정 없이 최대한으로 노예를 공급했다. 또 포르투갈은 가장 먼저 아프리카의 해안을 탐사해 아프리카의 문화와 지리에 익숙했다. 그래서 이를 바탕으로 아프리카 해안에 무역 시스템을 구축하고 현지의 노예 무역 중개 상인들과 친밀한 관계를 쌓았다.

네덜란드가 그런 포르투갈의 뒤를 바짝 따라붙었다. 당시 해상 권력을 주름잡으며 '바다의 마부馬夫'로 불린 네덜란드 역시 막대한 자금과 풍부한 경험을 토대로 큰 이익을 얻을 수 있는 노예 무역에 뛰

노예 폐지 운동
(Abolition Movement)

노예 무역은 수백 년 동안 계속되었다. 이 무역으로 엄청난 수의 아프리카 흑인이 미국으로 팔려갔고, 아프리카의 사회와 경제는 큰 타격을 입었다. 잔인한 노예 무역으로 흑인들이 학대받을 때, 노예 상인들은 엄청난 재물을 손에 넣었다. 이윽고 유럽 지식계에서는 이런 노예 제도에 대한 반성과 반대의 목소리가 나오기 시작했다. 많은 유명인사들이 노예 제도에 반대하는 서명을 정부에 제출하며 노예 무역 금지를 요구했다. 1783년에 교사들이 힘을 합쳐서 노예제에 반대하는 위원회를 조직했고, 영국의 토머스 클라크슨은 각종 통계 조사를 이용해 노예 무역을 금지하는 것이 영국에 더 큰 경제적 발전을 가져다준다고 증명했다. 그는 홍보용 책자 여러 권과 전단을 만들어서 영국이 아프리카와 새로운 경제 협력을 맺고 아프리카의 비옥한 토지에서 필요한 상품을 생산해야 한다고 주장했다. 이 영향으로 18세기 말에 영국과 덴마크, 프랑스 등지에서 다양한 방법으로 노예 폐지 운동이 펼쳐졌다. 영국은 19세기가 되어서야 마침내 노예선 보호를 철회하고 해상에서 노예 무역선을 체포하는 등 노예 무역을 금지했다.

어들었다. 네덜란드도 아프리카 해안에 무역 시스템을 구축했는데, 전략에서는 포르투갈보다 한 수 위였다. 이들은 꼼꼼히 시장 수요를 파악한 다음에야 노예를 사들였기 때문에 비싼 값에 사서 싼값에 팔아 손해를 보는 일은 전혀 없었다. 네덜란드는 이런 방식으로 노예 무역 시장에서 빠르게 세력을 확대해나갔다. 1729년에 영국 상인들은 네덜란드의 노예 무역 규모를 알고 몹시 놀랐다. 그리고 후발 주자로 노예 무역에 뛰어들었지만 막강한 해군력을 이용해서 해상을 장악하고 아메리카 대륙에 엄청난 수의 아프리카 흑인 노예를 팔아넘겼다.

노예 무역은 수백 년 동안이나 계속되었다. 유럽의 식민주의자들과 아프리카의 중개 상인들은 아프리카 흑인들을 끔찍한 노예 무역선에 싣고 아메리카 대륙의 농장과 광산으로 팔아넘겼다. 흑인 노예들은 낯선 곳에서 지옥과 같은 생활을 견뎌야만 했다.

노예 사냥

흑인들은 한 번 노예 사냥꾼에게 잡히면 평생 고향으로 돌아갈 수 없었다. 잡힌 흑인들은 우선 사냥꾼들의 통나무 배를 타고 아프리카 해안에 세워진 노예 거래소로 가서 신체 검사를 받았다. 노예 거래소의 의사들은 마치 짐승을 검사하듯 체력적으로 건강한지를 살펴본 다음, 어느 회사의 소유인지를 구분할 수 있게 그들의 몸에 빨갛게 달아오른 인두로 낙인을 찍었다. 그 과정에서 흑인들은 끊임없이 반항했고, 심지어 자살하는 사람도 있었다. 이렇게 되풀이되는 과정을 모두 마치고 살아남은 자들은 노예 무역선에 올라 바다로 향했다.

노예 무역선의 상황은 매우 열악했다. 내부에는 아무런 위생 시설도 마련되어 있지 않아 악취가 코를 찔렀고, 조잡하게 만든 음식은 인간이 먹기 어려울 정도였다. 일부 흑인은 이런 비인간적인 대우를 참을 수 없어 바다에 뛰어들기도 했다. 그러자 노예 무역 상인들은 흑인 노예가 바다로 뛰어드는 것을 막기 위해 그들을 쇠사슬로 선실 안에 묶어두었다. 흑인들은 이런 고통을 견디며 4주에서 8주가량 바다를 항해했고, 이 과정에서 많은 사람이 병에 걸려 목숨을 잃었다. 병으로 죽은 흑인의 시체는 바다로 던져졌기 때문에 모든 노예 무역선의 뒤편에는 이를 노린 상어들이 따라붙었다고 한다. 학자들은 흑인 1명이 아메리카 대륙에 도착하기까지 그 과정에서 약 5명이 무참

▲ 19세기에 노예 무역이 이루어
지는 한 장면
브라질의 노예 상인들이 자국으
로 데려갈 흑인 노예를 검사하
고 있다.

히 죽어갔을 것으로 추측한다. 아프리카에서는 노예 무역으로 최소
1억 명 이상의 청년이 사망했고, 그 결과 아프리카는 이후의 발전에
엄청난 타격을 입었다.

아메리카 대륙으로 건너온 흑인들은 언어와 종교 등 모든 것이 다
른 낯선 환경에 적응해야 했다. 그리고 그곳에서 짐승과 같은 취급
을 받았으며, 농장주에게 쫓겨나거나 모욕을 당하고 심지어는 살해
당하기도 하는 등 처참한 현실을 견뎌야 했다.

재커바이트의 반란

1688년에 영국에서 명예혁명이 일어났다. 혁명 중에 제임스 2세는 피 한 방울 흘리지 않고 '안전'하게 영국을 빠져나갔지만, 왕의 자리를 잃었다는 사실을 인정할 수 없었다. 그래서 그는 왕위를 되찾기 위해 수단과 방법을 가리지 않았다. 제임스 2세를 추종하는 재커바이트[16]는 그의 아들을 영국 왕 '제임스 3세'로 받들었다. 제임스 부자는 왕위를 되찾기 위해 두 차례 반란을 일으켰지만, 모두 실패로 돌아갔다.

명예혁명의 실패자

1688년에 영국인이 제임스 2세를 왕위에서 끌어내리고 네덜란드 출신의 윌리엄 3세를 영국의 새로운 왕으로 세우면서 영국에서 입헌군주제[17]의 역사가 시작되었다. 프랑스의 루이 14세는 영국을 견제하기 위해 자국에 망명한 제임스 2세를 받아주었다. 그리고 제임스 2세와 비밀 협약을 맺었다. 이 협약에서 프랑스는 제임스 2세에게 경제적, 군사적 지원을 제공해 제임스 2세가 다시 영국의 왕위를 되찾는 것을 도와주고, 제임스 2세는 루이 14세의 군사적 동맹국이 되어주기로 합의했다.

▼ 제임스 2세는 영국 역사상 마지막 가톨릭 군주였다.

1690년에 제임스 2세는 프랑스 군대를 이끌고 아일랜드에 상륙했다. 아일랜드인들은 제임스 2세를 환영해주었다. 그들은 제임스 2세가 영국 왕실의 정통을 이은 왕이며, 윌리엄 3세는 왕위를 빼앗은 자라고 생각했다. 그러나 안타깝게도 제임스 2세의 군대는 네덜란드와 영국, 독일, 그리고 프랑스의 위그노파[18]가 합류한 윌리엄 3세의 연합군에 패했다.

윌리엄 3세는 제임스 2세를 물리친 후 아일랜드가 반反영국 기지가 되는 것을 막기 위해서 아일랜드 개혁에 나섰다. 영국 정부는 법을 새로 제정해 아일랜드 가톨릭 신자들의 의무 교육과 재산권, 취업권 등 각종 권리를 제한했다.

---

16) 명예혁명 후 망명한 스튜어트 가문의 제임스 2세와 그 자손을 정통의 영국 군주로 지지한 영국의 정치 세력
17) 군주의 권력이 헌법에 근거해 일정한 제약을 받는 정치 체제
18) 프랑스 개신교 신자들

1715년과 1745년

제임스 2세는 영국 국왕으로 지낸 과거를 몹시 그리워했다. 그리고 다시 그 자리에 앉기 위해 무진 애를 썼다. 윌리엄 3세는 끊임없이 프랑스와 대립했고, 루이 14세는 어느덧 영국과의 전쟁에 싫증이 났다. 그는 제임스 2세를 이용해서 영국에 맞서려는 전략이 실패하자 제임스 2세에게 폴란드 왕위를 제안했다. 그러나 제임스 2세는 폴란드의 왕위에 오르면 영원히 영국으로 돌아갈 가능성을 잃어버릴까 두려워 그 제안을 거절했다.

1697년에 루이 14세와 윌리엄 3세가 조약을 맺으면서 양국 간에 지루하게 이어지던 전쟁이 막을 내렸다. 이에 제임스 2세는 루이 14세에게 매우 실망했고, 1701년에 이국의 타향에서 병으로 세상을 떠났다. 같은 시기에 윌리엄 3세도 세상을 떠나 제임스 2세의 막내딸이 영국 왕위를 이어받았다. 그녀가 바로 앤 여왕이다. 이때에도 제임스 2세의 아들 제임스 3세는 아버지의 뜻을 이어받아 영국 왕위를 회복하기 위해 계속해서 고군분투했다.

1714년에 앤 여왕이 병으로 죽자 하노버 가문의 조지 1세가 영국 왕위에 올랐고, 이제 제임스 가문은 영국 왕실에서 제외되었다. 그러자 제임스 3세와 재커바이트는 반란을 계획했다. 1715년에 마의 백작(Earl of Mar)[19]은 반란을 일으키기 위해 스코틀랜드 고지에 제임스 일가를 상징하는 스튜어트 왕조의 깃발을 내걸었다. 하지만 이런 시도는 영국 정부군에 의해 빠르게 진압되었다. 재커바이트는 왕위를 되찾겠다는 야심은 있었지만 하나같이 영리하지 못했다. 게다가 당시 영국 국내의 정치 판도에도 큰 변화가 일어나 제임스 가문을 지지하던 집권 세력 토리당이 무너지고 뿔뿔이 흩어졌다. 이러한 영향으로 재커바이트도 투지를 잃었다. 이제 영국 정부는 휘그당의 손에 넘어가게 되었고, 가톨릭을 믿는 제임스 가문은 다시 일어서기가 더욱 어려워졌다. 이 사건이 바로 '15년 반란'이라 불리는 재커바이트의 첫 번째 반란이다.

이후 1745년에 제임스 3세와 재커바이트는 다시 한 번 왕위를 되찾기 위한 반란을 계획했다. 당시 영국은 오스트리아 계승 전쟁에 참여하고 있었다. 이를 틈타 스코틀랜드에 상륙한 제임스 3세는 재

---

19) 제22대 마의 백작으로 이름은 '존 어스킨'임

▲ 명예혁명 당시, 제임스 2세를 따르던 귀족 조지가 런던 군중에게 공격받고 있다. 나중에 그는 런던 탑에 갇혔고, 몇 개월 후 그곳에서 사망했다.

빨리 군대를 정비해 프레스톤팬즈에서 영국 왕의 부대를 무찔렀다. 그리고 12월에 런던과 80킬로미터도 떨어지지 않은 더비를 공격했다. 조지 1세는 재커바이트의 공세에 밀려 궁을 떠나려고 했다. 그러나 이때 제임스 3세는 새로 병력을 보충하지 못해 스코틀랜드로 돌아가야 하는 상황이 되어 결국 눈앞에서 다 잡은 기회를 놓쳐버렸다. 제임스 3세는 스코틀랜드로 돌아오고 나서 계속해서 영국군에 패했고, 스코틀랜드 고지도 빼앗기고 말았다. 그 후 제임스 3세는 그대로 주저앉아 다시는 영국을 위협할 반란을 일으키지 못했다. 이 사건이 바로 재커바이트의 두 번째 반란이며, 1745년에 일어나서 영국인들은 이 일을 '45년 반란'이라고 부른다.

프랑스 귀족과 태양왕

'태양왕' 루이 14세는 프랑스 역사상 가장 찬란한 전성기를 누린 왕 중 한 명이다. 왕보다 귀족의 힘이 강하던 시절, 루이 14세는 귀족의 권력을 가차 없이 빼앗고 매우 강력한 중앙집권을 이루었다. 지금도 유명한 베르사유 궁전은 루이 14세의 왕궁이자 프랑스 권력의 중심이었으며, 베르사유의 궁 중 예절은 다른 유럽 국가 군주들의 부러움을 샀다. 태양왕의 재위 기간에 프랑스 귀족들의 세력은 점차 축소되었다.

베르사유 궁전의 귀족들

사실 프랑스의 중앙집권화는 루이 13세가 정권을 장악하면서부터 시작되었다. 루이 13세 시절에 재상을 지낸 쥘 마자랭은 영리하고 유능하며 권모술수에 능한 사람이었다. 그는 왕을 보좌하여 프랑스 각 지역 귀족의 세력을 중앙 정부로 집중시키는 일을 담당했다. 루이 13세의 뒤를 이은 루이 14세는 귀족의 권력을 더욱 축소하기 위해 한 가지 방법을 생각해냈다. 바로 베르사유 궁전을 짓는 것이었다.

1774년에 베르사유 궁전의 건축이 시작되었다. 루이 14세는 궁전 건축가에게 10년 안에 공사를 마치라고 명령했다. 그리고 궁전 건축에 필요한 석재를 안정적으로 공급받기 위해 궁전을 제외한 다른 건축물에는 석재의 사용을 금지했다. 건축가 쥘 망사르는 루이 14세의 명에 충실히 따랐고, 1782년에 화려하고 웅장한 베르사유 궁전이 마침내 루이 14세의 눈앞에 그 자태를 드러냈다.

1782년 5월 6일에 루이 14세는 베르사유 궁전으로 프랑스 왕실의 거처를 옮겼고, 이때부터 프랑스의 새로운 시대가 시작되었다. 루이 14세는 각 지역의 귀족을 초청해서 베르사유 궁전에 거주할 것을 제안했으며 이에 귀족들도 긍정적으로 화답했다.

루이 14세의 침실은 베르사유 궁전의 정중앙에 있었다. 루이 14세는 궁 안에 함께 거주하는 귀족들에게 일을 시키기 위해 자신의 식사 및 일상생활 하나하나를 세심한 과정으로 나누어서 진행했다. 이런 과정을 거쳐서 프랑스 귀족들은 국왕의 충직한 하인이 되었다.

루이 14세는 베르사유 궁전으로 옮긴 후로는 이전의 궁중 예절을 따르지 않았다. 수천 명에 달하는 귀족과 귀족 부인들은 모두 루이 14세의 파티에 참석하는 손님이 되었다. 베르사유 궁전의 이런 정교하고 복잡한 궁중 예절은 유럽의 다른 나라에 부러움의 대상이 되었고, 오스트리아와 러시아는 자국에도 베르사유 궁전과 같은 화려한 궁전을 짓고 프랑스의 궁중 예절을 따라 했다.

귀족들은 왕의 총애를 얻기 위해 서로 질투하며 다툼을 일삼았고, 더는 나라에 분열을 일으킬 생각을 하지 않았다.

유능한 관리들

루이 14세가 프랑스 전국에 퍼져있던 기존의 관리들을 베르사유 궁전으로 불러들이자 각 지방 권력은 자연히 루이 14세의 새로운 관리들이 장악하게 되었다. 이것은 루이 14세가 따로 계획한 것이 아니라 전체적인 중앙집권화의 한 과정이었다. 지방의 귀족들을 감시하기 위해서 루이 14세는 각 지역에 감찰사를 파견해 그곳의 사법, 재정, 치안 등을 관리하게 했다. 이 감찰사들은 권력이 생긴다고 해도 해당 지역에 연고가 없어서 제후로 발전할 일은 없었다. 또 관리들의 승진은 모두 루이 14세가 좌우했기 때문에 그들은 왕의 명령을

▼ 루이 14세 통치 시기에는 베르
사유 궁전에서 가면무도회가 자
주 열렸다.

충실히 따를 수밖에 없었다. 이런 관리들 덕분에 루이 14세는 어렵지 않게 지방 업무를 통제할 수 있었다.

지방 관리들 외에도 루이 14세에게는 능력 있는 중앙 관리들이 있었다. 루이 14세의 통치 시기에 프랑스에서는 걸출한 관리가 많이 배출되었고, 그들은 루이 14세의 오른팔이 되어 프랑스에서 중요한 역할을 했다. 일례로, 루이 14세 때의 유명한 충신인 콜베르는 높은 관직에 올라서도 항상 성실하게 일하며 왕을 보좌했다.

콜베르는 처음에 루이 14세의 집사격인 재무장관을 맡았다. 그는 당시 유행하던 '중상주의' 사상에 따라 맡은 일을 충실히 수행했다. 콜베르는 프랑스가 중금속을 생산하지 않으므로 황금 보유량을 늘리려면 다른 나라의 보유량을 줄여야 한다고 생각했다. 또, 국가의 세금 수입을 늘리기 위해 재정 능력이 충분한 지주들에게 세금을 더 걷었다. 더불어 국내에서는 다른 사람에게 돈을 주고 세금을 거둬들이게 하는 조세징수 도급(tax farming)제도를 실시했다. 그리고 식품과 술에도 세금을 부과했다. 이러한 과정을 통해서 프랑스의 세금 수입은 빠르게 증가했다.

루이 14세의 훌륭한 집사였던 콜베르는 프랑스에 해군을 조직하는 데에도 노력을 아끼지 않았다. 그는 프랑스가 발전하려면 강력한 해군이 필요하다고 생각했다. 강력한 해군이 없으면 무역을 발전시키기가 어려웠다. 그래서 콜베르는 프랑스의 연해 지역에서 선원을 모집하고 해군의 예비 병력을 마련하기 위해 그들에게 강제로 해군 훈련을 받게 했다.

귀족의 몰락과 관리들의 성장은 모두 같은 시기에 일어난 일이며, 이는 프랑스가 중앙집권화에 성공했다는 것을 보여준다. 프랑스는 가장 먼저 계몽전제주의를 실시한 나라이며, 태양왕과 귀족들의 권력 게임도 계몽전제주의라는 배경하에서 시작되었다.

영국의 로버트 월폴 초대 총리

로버트 월폴(Robert Walpole)은 영국 입헌 정치 역사상 최고 권력자였으며, 일반적으로 영국의 초대 총리로 여겨진다. 변화무쌍한 정치계에서 수많은 굴곡을 겪은 그는 유럽의 복잡한 국제 관계 속에서 나라가 발전하려면 평화를 유지하는 것이 최선이라고 주장했다. 또 그는 정치적으로 뜻이 다른 정적을 용서하지 않았다. 여우의 영리함과 사자의 용맹함을 모두 갖춘 로버트 월폴은 왕을 보좌하며 정권 유지에 힘썼다.

정계 입문

로버트 월폴은 1676년에 영국 노퍽 주의 정치 명문가에서 태어났다. 아버지는 노퍽에서 명망이 매우 높은 인물이었다. 로버트 월폴은 둘째로 태어났고, 관습에 따라 그의 형이 아버지의 가업을 물려받았다. 학교에 입학할 나이가 되자 월폴은 명성이 자자한 이튼스쿨에 입학했다. 그곳은 유명한 귀족 학교로, 영국 정계의 유명 인사 대부분이 이 학교 졸업생이다.

그 후 월폴은 유명한 케임브리지 대학교로 진학했다. 원래 그의 꿈은 성직자가 되는 것이었다. 하지만 그는 대학교에서 1년을 공부한 후 집으로 돌아가야 했다. 형이 세상을 떠나 그가 장남을 대신해서 아버지의 후계자가 되어야 했기 때문이다. 월폴은 대학교를 그만두고 집으로 돌아온 후로 아버지를 도와 집안을 돌보면서 정치계에 입문할 준비를 했다.

1700년에 월폴의 아버지도 병으로 세상을 떠났다. 그 이듬해인 1701년에 월폴은 영국 하원 의원이 되면서 긴 정치 인생을 시작했다. 당시 영국에서는 휘그당과 토리당이 격렬한 당파 싸움을 했는데 월폴은 아버지의 뜻에 따라 휘그당 당원이 되었다. 행정 능력이 탁월했던 월폴은 금세 당에서 중요한 자리를 맡았다. 1705년에 해군장관위원회에서 일하게 된 그는 이 일을 발판 삼아 이후 몇 년 동안 정치계에서 탄탄대로를 걸었다. 1715년 월폴은 왕의 임명으로 대영제국의 재무총감이 되었다. 동시에 육군 장관직도 맡았다. 그는 서른둘의 나이에 재정권과 군사권을 모두 손에 넣는 큰 성과를 이루었다. 당시 유럽에서는 스페인 계승 전쟁이 한창이었다. 영국-네덜란드 연합군을 이끈 말버러 공작은 본국에서 전쟁을 지원하는 영리하고 유능한 로버트 월폴을 매우 좋아했다.

재기에 성공한 월폴

월폴의 지위가 하루가 다르게 높아지던 때, 휘그당이 총선거에서 패배하고 토리당이 정권을 장악했다. 비록 월폴은 남다른 능력이 있었지만, 그 역시 당파 싸움의 패배자로서 관직에서 물러나게 되었다. 토리당은 휘그당 세력을 몰아내기 위해 휘그당의 핵심 당원들을 조사했다. 당시 영국 정치계는 부정부패가

▲ 조지 2세

조지 1세와 조피 도로테아 사이에서 외아들로 태어났다. 어렸을 적에 웨일스 왕자로 불렸고, 1727년에 영국 왕위에 올라 조지 2세가 되었다. 영국 초대 총리인 로버트 월폴의 정치적 지지를 받았다.

만연해서 뇌물을 주지 않고는 높은 관직에 오를 수 없었기 때문에 청렴결백한 정치인은 거의 없었다. 1712년에 월폴은 토리당이 제기한 뇌물 수수 혐의로 런던 탑에 갇혔다. 이로써 그의 정치 인생에 한 차례 시련이 찾아왔지만, 반년 후에 무죄로 풀려났다. 그 후 월폴은 돈이면 무엇이든지 가능한 영국 정치계의 실상을 깨달았다. 그리고 1713년에 다시 하원 의원이 되어 야당에 가세하고 휘그당의 핵심 인물이 되었다.

토리당의 헨리 세인트 존 볼링브룩은 월폴과 이튼스쿨 동창이었다. 그러나 두 사람은 각각 토리당과 휘그당의 대표로 정치적 견해가 완전히 달랐다. 토리당이 집권한 기간에 월폴은 볼링브룩과 토리당원들의 음모에 휘말렸다. 그러다 휘그당이 다시 정권을 잡자 월폴은 과거에 자신을 궁지로 몰아넣은 이들을 절대 용서하지 않았다. 1715년에 제임스 3세와 재커바이트가 반란을 일으켰을 때, 월폴은 볼링브룩과 토리당이 반란에 연루되었다는 사실을 알아내고 이를 집요하게 추궁했다. 결국, 볼링브룩은 초라하게 외국으로 도피했고 그 후로 두 사람은 원수지간이 되었다.

파란만장한 정치 인생

1715년에 월폴은 다시 재무장관 자리에 오르며 권력을 되찾았다. 그는 채무보상기금을 마련해 국가의 채무 부담을 줄이는 등 여러 가지 정책을 성공적으로 수행했다. 그 시기에 휘그당 내에서 파벌 다

▼ 다우닝 가 10번지에 있는 총리 관저
다우닝 가 10번지는 1680년에 세워졌고, 18세기 이후로 영국 역대 총리의 관저와 사무실로 사용되었다. 총리는 매일 이곳에서 내각 의원들과 개인 참모들을 만나 회의를 한다.

툼이 벌어져 당은 월폴과 그의 매부 타운센드를 중심으로 하는 세력과 선덜랜드 백작을 중심으로 하는 세력으로 나뉘었다. 이러한 내부의 파벌 다툼으로 1717년에 월폴은 또다시 장관직에서 물러났다. 그후 그는 '간접적인 나라 살리기'를 시도했다. 당시 영국 왕 조지 1세와 웨일스 왕자는 갈등을 빚고 있었는데, 월폴은 철저하게 왕자의 편에 섰다. 이를 계기로 그는 왕자비 캐롤라인과 각별한 사이가 되었다. 한편 월폴의 중재로 조지 1세와 웨일스 왕자의 갈등이 해결되었고, 이 과정에서 그는 큰 이득을 얻었다.

1719년에 선덜랜드 백작은 내각이 위기에 처하자 어쩔 수 없이 당내의 반대파와 화해했고, 월폴은 다시 내각에 참여하게 되었다. 1720년에 '남해 포말 사건'이 발생하자 월폴은 자신의 능력을 발휘하여 문제를 깔끔하게 해결했다. 그는 이 사건을 계기로 뛰어난 행정 능력을 과시했을 뿐만 아니라 특히 '남해 포말 사건'으로 위기에 빠진 국민에게 큰 신뢰와 지지를 받았다.

1721년에 선덜랜드 백작이 물러나고 월폴과 타운센드가 영국의 실질적인 권력자가 되었다. 그 후에는 다시 월폴의 권력에 도전하는 자가 없었다. 1730년에 월폴은 사실상 제1내각의 대표인 총리의 지위에 올랐다. 그는 영국 정치계에 40여 년간 동안 몸담았고, 영국 역사상 집권 기간이 가장 긴 총리이기도 하다.

막강한 권력자

로버트 월폴은 17세기 영국 정치 역사상 가장 유명한 인물이다. 그는 명망있는 집안의 자제로 뛰어난 소양을 갖추고 있었을 뿐만 아니라 귀족 특유의 오만과 편견도 가지고 있었다. 그의 아들은 월폴이 책을 많이 읽지 않고도 인간의 본성을 이해하고 제도를 이해하지 않아도 이익 관계를 파악할 줄 아는 사람이라고 여기며 매우 존경했다. 하지만 영국의 유명한 역사학자 토머스 매콜리는 월폴에 대해 "그는 정치 이야기가 아니면 여자 이야기밖에 할 줄 모르며 말이 거침없다."라고 혹평했다. 매콜리의 솔직하고 정직한 발언은 그 시절의 유명한 독설가들도 혀를 내두를 정도였다.

월폴도 당시 귀족들처럼 정부情婦가 있었고, 그 사실을 숨기지 않았다. 또 그는 캐롤라인 왕비와 오랜 우정을 쌓아왔고, 가끔 왕비와 함께 조지 2세 정부들의 천박하고 무능함을 비웃기도 했다. 하지만 스페인 계승 전쟁이 끝난 후 영국은 지브롤터 해협과 메노르카 섬을 손에 넣었다. 스페인이 이 지역들을 돌려달라고 요구했지만, 영국 정부는 대답을 피하며 적당히 일을 마무리 지으려고 했다. 그래서 양국의 갈등이 갈수록 심해졌다. 그러던 중 스페인을 더욱 자극하는 일이 발생했다. 영국의 한 상인이 해군의 도움을 받아 바다에서 스페인 선박을 빼앗고, 선원들을 북아메리카에 노예로 팔아넘긴 것이었다. 화가 난 스페인은 1731년에 영국의 사나포선[20] 함장 젠킨스를 납치했다. 전해지는 바에 의하면 당시 젠킨스는 스페인 해군에게 끌려가 귀를 잘렸다고 한다. 젠킨스는 잘린 자신의 귀를 병에 담아 상급 법원에 호소했지만 전쟁을 벌이고 싶지 않은 영국 정부는 이 일을 묻으려고 했다. 그러자 젠킨스는 1738년에 의회에 출석해 의원들에게 자신의 잘려나간 귀를 보여주었고, 이후 의회 안팎에서 스페인과 전쟁을 해야 한다는 목소리가 높아졌다. 전쟁에 반대하는 사람들은 비겁한 겁쟁이라고 손가락질했다. 월폴은 결국 의회의 압박에 못 이겨 스페인과 전쟁을 시작했고, 그가 고군분투하며 지키고자 한 평화는 결국 깨져버리고 말았다.

왕비가 세상을 떠난 후, 월폴은 자신이 비웃었던 정부들을 불러 조지 2세의 슬픔을 위로해주기도 했다. 영국에서 성공한 정치인은 대부분 뛰어난 연설가이다. 월폴은 달변가는 아니었지만, 오만하고 거친 의원들을 설득하는 데에는 탁월한 능력을 보였다.

월폴은 정치 수완이 매우 뛰어났다. 그는 의회 내 여러 당파의 사이를 조정해서 하나로 결속시키는 데 능했고, 정치권에서 유행하는 황금 만능주의를 이용해 의원들을 매수했다. 그에게는 후원금과 특별히 제작한 서재가 있었다. 바로 그곳에서 그는 돈을 이용해 의원과 편집자, 그리고 선거에 가장 중요한 투표용지를 사들였다. 또 잡지에 자신의 견해를 기고하기 위해 매년 언론에 수만 파운드를 뿌리고, 반대파와 소송을 벌였다. 특히 1723년에 숙적 볼링브룩이 특별 사면을 받고 영국에 돌아와서 신문에 정부와 휘그당을 비판하는 기사를 싣자 월폴도 가만히 있지 않았다. 볼링브룩과 월폴은 다시 전쟁을 시작해 계속해서 싸움을 이어갔다.

토리당의 공격을 받았지만 월폴의 지위는 조금도 흔들리지 않았다. 조지 2세의 왕비가 월폴의 든든한 후원자였고, 조지 2세도 유능한 총리에게 의지했기 때문이다. 그리고 이렇게 왕실의 두터운 신임을 받는 것 외에도 평화를 우선시하는 월폴의 정치적 사상 역시 그의 정치 인생을 지켜주는 바람막이가 되었다. 스페인 계승 전쟁 이후 영국은 큰 이익을 얻었고, 월폴은 당시의 평화로운 상태가 유지되길 바랐다. 그는 평화만이 영국을 발전시킬 수 있으며, 만일 전쟁이 일어나면 영국이 발전하기 어려울 것이라고 보았다. 월폴은 토지세를 낮추고 생산과 대외 무역을 지원했으며, 장려금을 마련해서 국내의 자본주의 발전을 이끌었다. 또 수출세 106가지와 수입세 38가지를 모두 낮추고, 동시에 북아메리카 식민지 규제를 완화했다. 그는 자유롭고 넉넉한 환경이 마련되어야만 영국 경제가 더욱 성장할 수 있다고 믿었다.

로버트 월폴의 정책으로 영국은 30여 년 동안 평화와 발전을 유지할 수 있었고, 영국 국민은 총리의 능력을 믿었다. 나라를 안정시킨 공으로 얻은 국민들의 신임이 있었기에 월폴은 오랫동안 영국 정치계에서 장수할 수 있었다.

---

20) 전쟁 중인 상대국의 선박을 공격할 수 있는 권한을 정부로부터 받은 민간 소유의 무장 선박

존 로의 화폐 개혁

존 로(John Law)는 경제학 역사상 가장 논란이 되는 인물로, 다양한 이름
으로 불린다. 그는 프랑스에서 경제 혼란을 일으켜 수많은 프랑스 백성을
파산 상태로 내몰았다. 그는 화폐의 한계를 해결하고자 노력했지만, 결국
에는 자신이 내놓은 해결책으로 말미암아 자신이 파산하고 말았다. 하지만
그로부터 300년 후, 그의 꿈이었던 지폐가 전 세계의 대표적인 유통 화폐
가 되었다.

존 로의 방랑기

1671년에 존 로는 스코틀랜드 에든버러의 부유한 금 세공사 집안
에서 태어났다. 어려서부터 상업에 관심이 많았고 집안의 장남이었
던 그는 열네 살 때 아버지의 뜻에 따라 회계 사무소에 수습 직원으
로 들어갔다. 그곳에서 그는 처음으로 회계와 금융 지식을 접하고
이후 그 분야를 공부하기 위해 많은 노력을 기울였다.

▼ 존 로
스코틀랜드의 금융가로, 18세
기에 유럽에서 지폐를 보급해
유명해졌다.

1688년에 아버지가 병으로 세상을 떠나자
존 로는 런던으로 가서 방랑 생활을 했다.
어려서부터 머리가 좋았던 존 로는 특히 수
학에 천부적인 재능을 보였다. 처음 런던에
도착했을 때 그는 하룻밤 만에 부자가 되는
꿈을 꾸며 도박장 여러 군데를 들락거렸다.
자신의 똑똑한 머리를 이용해서 도박장에서
꽤 승률이 높은 스타가 되었지만, 얼마 지나
지 않아 다른 도박꾼들에게 밀려서 인기를
잃었다. 그러나 그는 점점 이성을 잃고 도박
에 빠져들었고, 굳은 각오로 뛰어든 도박판
에서 쓰디쓴 패배를 맛보았다. 그는 결국 자
신의 전 재산을 잃고, 스코틀랜드에 있던 재
산까지 다른 사람에게 넘겨야 했다.

존 로가 엄청난 빚더미에 허덕일 때 한 남
자가 여자 문제로 그에게 결투를 신청했다.
이를 받아들인 존 로는 결투 도중에 실수로

상대방을 죽이고 말았다. 법원이 살인죄를 선고하자 존 로는 유럽으로 도망쳤다. 그 후 3년 동안 유럽을 떠돌면서 그는 유럽 각국의 화폐와 금융 제도 연구에 몰두했다.

지폐 발행

뒤집힌 마차

존 로의 유명세가 하늘을 찌르던 시절, 많은 사람이 하루빨리 금융계의 연금술사 존 로를 만나서 주식 투자에 관한 조언을 듣고 싶어 했다. 심지어 그를 만나기 위해 온갖 방법을 동원하는 사람도 있었다. 한 귀부인은 존 로를 만나기 위해 꾀를 생각해냈다. 그녀는 마부와 함께 존 로가 자주 가는 광장을 사흘 동안 돌아다녔다. 그러던 중에 드디어 존 로가 모습을 드러내자 귀부인은 마부에게 소리쳤다. "존 로에게 가까이 가서 빨리 마차를 뒤집어요!" 그녀의 바람대로 마차는 존 로의 옆에서 뒤집혔다! 평소 여자를 좋아한 존 로는 당연히 귀부인을 부축해주었고, 그녀는 존 로에게 자신이 왜 이렇게 바보 같은 짓을 할 수밖에 없었는지 털어놓았다. 그래서 존 로는 귀부인의 바람대로 그녀의 주식 투자를 도와주었다. 그러나 이 귀부인은 자신의 행동이 결국에 자신의 인생을 뒤집어 놓을 줄은 꿈에도 몰랐다. 얼마 지나지 않아 프랑스 경제가 파산했기 때문이다.

십 년 넘게 외국을 떠돈 존 로는 1700년에 고향 스코틀랜드로 돌아왔다. 이제 존 로는 집을 떠날 때의 철부지 어린아이가 아니었다. 그는 풍부한 인생 경험과 타고난 예리한 통찰력을 바탕으로 금융과 무역에 대해 독자적인 견해를 갖춘 경제 전문가로 성장했다. 존 로는 스코틀랜드로 돌아온 후 스코틀랜드의 경제 개혁에 대한 의견을 책으로 썼다. 책에서 그는 스코틀랜드의 토지를 담보로 '토지은행'을 세우고, 지폐를 발행해서 금속 화폐에 대한 의존도를 낮추며, 상품의 유통을 위해 충분한 화폐를 제공해야 한다고 주장했다. 그의 의견은 스코틀랜드에 큰 파문을 몰고 왔다. 그의 의견에 반대하는 사람들은 그의 제안은 모험이며, 지폐는 믿을 수 없다고 입을 모았다. 또 인쇄된 지폐로 상품의 유통성을 높인다는 것은 국민을 상대로 하는 사기라고 주장했다. 반면에 존 로의 의견을 지지하는 사람들은 그의 제안은 혁신이며, 인쇄된 지폐의 액면가가 스코틀랜드 토지의 가치를 초과하지만 않는다면 경제적 위험을 불러오지 않을 것이라고 주장했다.

한바탕 논쟁이 벌어진 끝에 스코틀랜드 정부는 존 로의 의견을 받아들이지 않기로 했다. 존 로는 사실 자신이 쓴 책을 이용해서 정부의 특별 사면을 받아낼 심산이었다. 그러면 스코틀랜드 정부에서 일하며 안정된 생활을 누릴 수 있기 때문이었다. 그러나 그의 경제 개혁서는 그런 좋은 기회를 가져다주지 않았다. 오히려 스코틀랜드 정부는 사회에 파문을 일으킨 죄로 존 로에게 체포 영장을 발부했고, 존 로는 또다시 스코틀랜드에서 급히 도망쳤다. 유럽으로 도망친 그는 옛 버릇을 버리지 못하고 도박장에 드나들었다. 그 후 존 로는 명석한 두뇌와 운 덕분에 호화스러운 생활을 하며 유럽 각계의 유명 인사들과 교류했다.

다시 시작된 유럽 방랑기

　유럽에서 지낸 14년 동안 존 로는 프랑스와 네덜란드, 독일, 이탈리아, 헝가리 등을 돌아다니며 각국의 화폐와 금융 제도에 해박한 지식을 갖추었다. 오랜 시간 동안 쌓은 실제 경험과 통찰력으로 그는 노련한 금융가가 되었고, 매일 도박장에 드나들면서 화폐의 중요성을 실감했다. 존 로는 국가의 힘과 부는 인구와 군사력, 그리고 수입품에서 비롯된다고 생각했다. 또 이러한 것은 모두 무역을 통해 이루어지며, 무역에는 화폐가 필요했다. 화폐가 없으면 아무리 좋은 법률 제도도 국민의 적극적인 상품 개발이나 생산, 무역을 촉진할 수 없었다. 존 로는 만일 다른 나라와 비등한 힘과 재물을 가지고 싶다면 마땅히 화폐 보유량이 그 수준과 비슷해야 한다고 생각했다.

프랑스의 화폐 개혁

　존 로는 자신의 경제 이론과 계획을 펼쳐보일 수 있는 날을 손꼽아 기다렸다. 1715년에 루이 14세가 병으로 눈을 감자 마침내 그에게 기회가 찾아왔다. 그 후 5년이라는 짧은 기간에 존 로는 일약 유럽에서 가장 영향력 있는 명실상부한 금융의 연금술사가 되었다. 당시 유럽에서는 중상주의가 유행했다. 이 중상주의란 상업을 중시하는 것이 아니라 귀금속, 특히 황금을 중요시하는 사상이었다. 각국이 상업을 발전시키는 목적은 바로 더 많은 황금을 얻기 위해서였으며, 국고에 황금이 가득하다는 것은 그만큼 그 나라가 강하고 부유하다는 증거였다.

　존 로는 귀금속에 대한 사람들의 무조건적인 믿음이 시장에서 화폐의 흐름을 제한한다고 생각했다. 그래서 지폐가 발행되어 귀금속을 대신할 수 있다면, 앞으로 상업 발전에 큰 도움이 될 것이라고 여겼다. 오늘날의 국가들은 화폐 지렛대를 이용해서 거시 경제의 안정과 성장을 유지하므로 현대의 시각에서 보면 존 로의 의견은 타당하다. 그러나 당시 유럽 사회에서는 이와 같은 존 로의 의견은 미친 짓에 가까웠다.

　만일 국가가 금과 은을 충분히 보유하고 경제적으로도 아무런 문제가 없다면, 존 로의 계획은 쓸모가 없다. 그래서 그의 계획은 루이 14세 재위 기간 이후의 프랑스에서만 실행이 가능했다. 루이 14세의

뒤를 이어 왕위에 오른 루이 15세는 겨우 다섯 살이었기 때문에 오를레앙 공 필리프가 섭정을 맡았다. 당시 프랑스 정부는 빚더미에 올라 있었다. 이에 오를레앙 공은 대신들을 소집해서 경제 문제를 해결할 방법을 마련하려 했다.

오를레앙 공 휘하의 재정위원회에서는 화폐 가치를 20% 절하해서 정부가 빚더미에서 벗어나도록 도와야 한다고 주장했다. 다시 말하면 화폐를 만들 때 금과 은의 함량을 20% 낮추자는

▲ 1720년에 존 로를 풍자한 그림

것이었다. 이것은 당시 유럽 군주들이 자주 사용하던 방법으로, 마치 금에 물을 탄 것처럼 화폐의 함량을 낮춰서 국가의 채무를 일부 덜어내는 것이었다. 그러나 프랑스 경제는 이미 사치스러운 생활에 익숙해졌고, 화폐의 금·은 함량을 낮춰서 얻는 이익으로 나라 경제를 회복시키려 하기에는 빚이 너무 많았다. 그래서 오를레앙 공은 다른 방법을 찾아야 했다.

오를레앙 공이 빚의 늪에 빠져서 허우적거릴 때 존 로가 나타났다. 그는 파리의 살롱[21]에서 오를레앙 공을 알게 되었는데 두 사람은 첫 만남에서 벌써 무척 가까워졌다. 오를레앙 공은 왕실의 자제였지만 경제 문제에는 해박하지 못했다. 당시 존 로는 프랑스의 경

21) 17~18세기에 프랑스의 상류 사회에서 유행하던 귀족, 문인들의 정기적인 사교 모임

기 침체와 경제 발전 속도 저하, 그리고 프랑스 화폐 가치의 평가 절하는 모두 화폐가 부족해서 발생한 일이라고 보았다. 그래서 이 문제를 해결하려면 귀금속으로 만들어진 화폐를 지폐로 바꾸기만 하면 당장은 힘들어도 장기적으로는 효과적일 것이라고 말했다. 아울러 국가의 세금 수입과 재정을 관리하는 전문 기구를 만들고 전국의 토지와 세금 수입을 기반으로 지폐를 발행해야 한다고 덧붙였다.

위험한 고비로 치닫던 프랑스 정부에 존 로는 구원자 같은 존재로 여겨졌다. 1716년에 오를레앙 공은 존 로의 의견을 받아들여서 루이지애나회사를 세우고 지폐를 발행했다. 처음에는 발행량이 많지 않았지만, 회사가 안정적으로 운영되면서 금속 화폐보다 가격이 더 오르기도 했다. 그러자 사람들은 지폐를 믿고 사용하게 되었다. 존 로가 첫 시험을 무사히 통과하자 오를레앙 공은 몹시 기뻐했다. 그리고 사람들이 모두 지폐를 사용하면 앞으로 귀금속을 이용해서 화폐를 만들지 않아도 되겠다고 생각했다.

루이지애나회사는 세워진 지 얼마 되지 않아 상당한 수익을 올렸다. 이에 의기양양해진 존 로는 더 큰 계획을 펼치고자 미시시피회사를 설립했다. 새로 설립한 회사는 프랑스의 북아메리카 식민지 무역권을 바탕으로 주식을 발행했다. 나중에 이 회사는 프랑스의 서인도회사와 합병하고 국내에서 세금을 징수할 수 있는 조세징수 도급권을 얻었다. 미시시피회사에 대한 사람들의 기대가 점점 커지자 이를 이용해 폭리를 얻으려는 투기 상인들이 끼어들어서 미시시피회사의 주식은 폭등했다. 곳곳에서 이 회사의 주식을 사려는 사람이 줄을 이었고, 프랑스 전역이 투기 열풍으로 들끓었다.

루이지애나회사는 프랑스은행으로 탈바꿈해서 지폐를 발행했고, 사람들은 지폐로 주식을 사서 투기했다. 엄청난 지폐가 시장으로 흘러들자 상업 활동도 활발해졌다. 하룻밤 사이에 부자가 되었다는 사람이 여기저기에 넘쳐났고, 이런 벼락부자들을 위한 사치품 생산이 활발해졌다. 이 무렵 존 로는 금융 시장의 교주가 되었다. 권력의 꼭대기에 오른 그는 이미 지폐를 발행하려면 충분한 자본이 필요하다는 원칙을 새까맣게 잊고 있었다. 시장에 지폐가 대량 공급되어 형성된 금융 시장의 거품은 경기 과열이 진정되면서 점차 사라지기 시작했다. 1720년에 결국 이 비현실적인 거품이 완전히 꺼지고 말았다. 프랑스인들은 분노에 휩싸였고, 금융 시장에서 영웅으로 떠받들어지던 존 로는 한순간에 대역 죄인이 되었다. 빈털터리가 된 그는 이탈리아 베네치아로 도망쳤고, 다시 도박에 빠져들었다.

　이렇게 해서 화폐 개혁을 둘러싼 모험은 실패했고, 연금술사의 실험도 모두 물거품이 되었다. 그러나 그의 실패가 남긴 교훈만은 역사에 남아 후세 사람들에게 전해지고 있다.

남해 포말 사건

존 로가 프랑스에서 금융 신화를 써내려갈 때, 해협 맞은편에 있는 영국에서도 벼락부자의 기적이 만들어지고 있었다. 그리고 존 로의 금융 신화가 무너지자 영국에서도 금융 거품이 걷히며 엄청난 충격이 발생했다. 영국은 가장 먼저 자본주의를 받아들였기에 자본이 가져온 경제적 고통 역시 가장 먼저 겪었다.

채무를 주식으로 바꾼 남해회사

유럽의 18세기는 전쟁의 화염 속에서 막이 올랐다. 유럽 국가와 그들의 식민지가 모두 스페인 계승 전쟁에 참여하면서 전쟁의 불길은 대서양 양안까지 번졌다. 끝을 모르고 이어진 전쟁은 엄청난 인력과 물자를 소비하며 국가의 경제 능력을 시험했다.

1694년에 영국은 중앙은행인 영국은행을 설립했다. 이 은행은 영국 정부가 길고 지루한 전쟁을 이어나갈 수 있도록 더 많은 군비를 모으는 역할을 했다. 1710년이 되자 영국 정부의 부채는 1,000만 파운드에 달했다. 영국은 전쟁에서는 승리했지만 전쟁으로 말미암아 산더미 같은 빚을 지게 되었다. 게다가 집권 세력이던 휘그당이 선거에서 패배하며 정권 유지에 실패하자 국가에 대한 국민의 신뢰가 크게 떨어졌다. 새롭게 권력을 잡은 토리당은 정치적 입지를 다지기 위해 정부의 빚 문제를 해결하는 데 노력을 기울였다.

1710년에 옥스퍼드 가문의 로버트 할리 백작이 '채무를 주식으로 바꾸는 방법'을 제안했다. 이것은 정부의 권한으로 회사를 세워서 1,000만 파운드의 가치에 해당하는 주식을 발행하고, 그 회사에서 정부의 채무를 담당하게 하는 것이다. 그는 이렇게 하면 국가가 국민의 신뢰를 되찾고 전쟁을 위한 군비를 마련할 수 있는 것이라고 생각했다. 주식을 발행하는 대가로 영국 정부는 회사에 매년 연이율 6%가 넘지 않는 선에서 대출 혜택을 주기로 했다. 당시에 이는 정말 귀가 솔깃한 조건이었다. 당시는 신용 대출 여건이 그다지 좋지 않았고, 각국의 대출 이율도 몇십 퍼센트에 달해서 고리대금이나 다를 것이 없었기 때문이다. 이 밖에 영국 정부는 국가의 부채 해결을 도와줄 회사가 생겼다는 사실에 '감격'해서 그 보답으로 회사에서 판매하는 담배와 술, 설탕, 차 등의 물품에 대한 세금을 영구히 면제해주었다.

로버트 할리 백작의 의견은 현실화되어 국가의 채무를 담당할 상업회사가 바로 세워졌다. 다만, 아쉬운 점은 준비가 부족해서 회사가 제대로 운영되지 못했다는 것이다. 회사는 설립 초기부터 빚더미에 올라 부채를 상환하는 것을 목표로 세워졌기 때문에 경영의 가장 기본적인 목표인 이익 추구와는 거리가 멀었다. 그래서 부채를 상환하면서 동시에 이익을 올리려면 상공업 사업뿐만 아니라 투기까지 해야 했다. 영국 정부가 남아메리카 대륙의 동해안 무역권을 이 회사에 넘겨주면서 회사는 이제 '남해회사'라는 당당한 이름을 얻었다. 당시 사람들의 눈에 남해는 그저 넓고 아득한 바다가 아니라 재물이 오가는 해상의 요지였다. 남아메리카 대륙은 곳곳에 황금과 은이 넘쳐났고, 페루와

▲ 조지 1세
1714년에 왕위를 물려받아 하노버 왕조의 첫 번째 국왕이 되었다. 남해회사는 조지 1세의 통치 기간에 세워졌다.

멕시코의 광산은 사람들의 욕심을 불러일으켰다. 사람들은 그곳에서 엄청난 양의 금과 은을 영국에서 생산된 상품과 교환했다. 이때 이들에게 '유익한' 소식이 전해졌다. 스페인의 왕 펠리페 5세가 남아메리카 대륙의 항구 4곳을 영국에 넘겨주려고 한다는 것이었다. 그렇게만 된다면 남해회사는 남아메리카 무역을 독차지할 수 있었

다. 이 소식으로 남해회사의 주식은 한순간에 수익률 100%의 인기 상품이 되었다. 그러나 나중에 이 '유익한' 소식은 영국인들의 일방적인 착각이었다는 사실이 밝혀져 남해회사의 주식은 폭락했다.

남해회사를 세운 로버트 할리 백작은 회사가 큰일을 해보기도 전에 주저앉아버리는 것은 볼 수 없었다. 그래서 끊임없이 이어지는 '유익한' 소식을 이용해 남해회사의 주식을 높은 가격대로 유지했지만, 이 때문에 회사는 결국 여러 음모에 휩싸이게 되었다.

거품에 빠진 사람들

남해회사는 설립된 후 온갖 수단을 동원해서 대중의 흥미를 자극하고, 그들이 찬란한 미래를 꿈꾸게 했다. 그렇지 않으면 남해회사의 주식은 그저 종잇조각에 불과했기 때문이다. 스페인 국왕 펠리페가 남아메리카 무역권을 모두 영국에 준 것은 아니었지만, 남해회사는 남아메리카 대륙과 카리브 해에서 마음껏 노예 무역을 했다. 물론 그 대가로 남해회사는 매년 스페인 국왕에게 적지 않은 공물과 세금을 바쳤다.

공물과 세금 등 무역 조건이 너무 가혹하다고 해도, 남해회사로서는 어쨌든 할 수 있는 일이 생겼으므로 속이 텅텅 빈 유령 회사가 되는 일은 막을 수 있었다. 하지만 회사는 여전히 영국 정부의 부채 상환 요구를 전혀 만족시키지 못했다. 영국 정부의 부채는 자꾸만 불어났고, 급기야 1717년에는 영국 왕 조지 1세가 하루가 다르게 심각해지는 경제 위기를 어서 해결할 수 있길 바란다는 연설을 하기도 했다.

남해회사는 주식 발행 규모를 확대해서 정부에 도움을 주려고 했고, 이를 위해 주식을 더 많이 발행할 수 있는 특별 허가를 받았다. 당시 영국에서 주식을 발행하려면 반드시 국왕의 허가를 받아야 했기 때문에 남해회사는 다음과 같은 방안을 제안했다. 연이율 5%로 주식 200만 파운드어치를 추가 발행해서 대중에게 공개적으로 판매하는 것이었다. 남해회사 간부들은 이 제안을 생각해내고 매우 만족했다. 그러나 영국은행도 똑같은 방안을 내놓으면서 남해회사와 경쟁을 벌이게 되었다.

남해회사는 중앙은행과의 경쟁에 진땀을 흘리긴 했지만, 결과는 꽤 만족스러웠다. 남해회사와 영국은행 모두 좋은 실적을 냈고 이후 유명세까지 탔다. 남해회사는 시장의 다크호스로 성장해 몇 년 만에 영국은행과 어깨를 나란히 하게 되었다. 이 시기에 프랑스에서는 스코틀랜드인인 존 로가 지폐를 발행하며 승승장구했고, 영국인 역시 이런 투기 열풍으로 빨려들어 갔다. 1720년대에 영국은 산업혁명의 전야제를 맞았다. 영국은 산업을 발전시키기 위해 수백 년 동안 자본을 이용하다 보니 이제 그 자본으로 예전만큼 큰 이익을 얻기에는 역부족이었다. 그래서 산업에 투자하던 자본을 이용해 이익을 낼 수 있는 새로운 분야가 필요했다. 이때 유럽 대륙의 국가들과 영국은 모두 엄청난 양의 자본을 보유하고 있었는데, 쓰일 곳이 없는 자본은 심각한 위험성이 있는 유휴 자금[22]으로 변해버렸다. 이런 유휴 자금이 쓰일 곳을 찾지 못하고 여기저기 새어나가기 시작하면서 경제에 거품을 만들어냈다. 이런 거품은 마치 햇빛을 받은 것처럼 겉보기에는 오색찬란했지만, 시간이 지나면 이내 흔적도 없이 사라져버렸다.

　1720년에 영국 정부의 부채는 5,000만 파운드로 늘어났고, 남해회사는 다시 한 번 정부를 위한 지원군으로 나섰다. 남해회사는 영국 국채 1,170만 파운드어치를 보유한 최대 채권자였다. 회사는 여기에 더하여 3,000만 파운드어치 국가 채권을 인수하길 원했고, 그들이 제안한 연이율 5%는 1727년까지 지속되었다. 그러나 국가 채권은 마치 거대한 빵과 같아서 영국은행은 남해회사가 이 빵을 혼자 먹도록 내버려둘 수 없었다. 게다가 당시 많은 하원 의원이 영국은행과 긴밀한 관계를 맺고 있었다. 그들은 남해회사와 영국은행의 경쟁 관계를 빌미로 그 틈에서 빵부스러기라도 얻어먹으려고 하나 둘 모여들었다. 그래서 영국은행은 남해회사와 경쟁할 방안을 발표했다. 영국은행도 국가의 위기 상황에 항상 손을 내밀었고, 이번에도 예외는 아니었다.

　이 게임은 결국 남해회사의 승리로 끝났다. 그런데 공교롭게도 영국은행은 게임에서 진 덕분에 훗날 닥쳐올 화를 피할 수 있었다. 반면에 이 게임에서 이긴 남해회사는 영국 최고의 금융 회사가 되었고, 이후 고위관리든 장사꾼이든 할 것 없이 영국인들은 모두 남해회사의 주식에 눈이 멀었다. 평소 말과 행동을 특별히 조심하는 영국인들도 마치 귀신에 홀린 듯 벼락부자의 꿈을 좇아 정신없이 뛰어

---

22) 장기 투자나 가까운 시일에 소요될 큰 지출 등을 위해서 모아두는 자금

다녔다. 남해회사의 주식은 계속해서 상승했다. 처음에는 약 100파운드이던 주가가 3개월 후에 330파운드, 6개월 후에는 550파운드, 7개월 후에는 950파운드까지 오르더니 결국에는 1,050파운드까지 치솟았다. 사람들은 반년 사이에 주가가 10배나 오른 남해회사의 주식을 보며 감탄을 금치 못했다.

빈털터리가 되어 버린 남해회사

　1720년에 남해회사의 수가가 폭등하면서 주식은 가장 인기 있는 투자 수단이 되었다. 그러자 남해회사를 모방한 유령 회사들이 우후죽순으로 생겨났다. 유령 회사들은 청소 직원을 대신해 소송하거나 목사의 기숙사를 지어주는 등 온갖 사소한 일을 주식 발행의 이유로 삼았다. 그리고 이런 방식으로 남해회사의 '돈줄'을 나눠 갖기 시작했다. 이에 남해회사는 경쟁을 없애기 위해 영국 의회를 조종해서 '거품 회사 금지 법안'을 통과시켰다. 그래서 껍데기만 있는 유령 회사들은 결국 모두 사라지게 되었다.

▼ 18세기 회화 작품
영국의 한 귀족이 식민지에서 들여온 커피와 초콜릿을 맛보고 있다.

　법안이 통과되자 유령 회사들은 하나씩 사라졌다. 이와 함께 사람들은 금융 시장에 거대한 폭풍이 몰아치리라는 것을 예감하고 몰래 남해회사를 포함해 자신이 보유한 주식을 팔기 시작했다. 1720년 9월 초에 남해회사의 주가가 700파운드까지 떨어졌고 이와 동시에 회사의 실체가 서서히 수면으로 떠올랐다. 사람들은 이 회사가 아무런 영리 능력이 없는 회사라는 것을 알게 되자 미친 듯이 헐값에 주식을 팔아넘겼다. 헐값에 처분하는 투매는 홍수와 같이 일단 시작된 후에는 막을 수가 없었다. 이때 주식은 부르는 동시에 값이 내려갔다. 12월에 남해회사의 주식은 이미 약 120파운드로 떨어졌고, 이와 함께 엄청난 돈이 한순간에 물거품이 되어 사라졌다. 그리고 돌도 금으로 바꿀 수 있으리라고 믿던 허황한 꿈이 깨져 버리자 많은 사람이 자살을 선택했다.

사람들의 부러움과 믿음을 한몸에 받던 남해회사 간부들은 이제 용서받을 수 없는 죄인이 되어 맹렬한 비난을 받았다. 영국 정부는 회계사 찰리 스넬에게 남해회사의 재무 상황을 철저히 조사하라고 명령했다. 찰리 스넬은 훗날 영국 역사상 최초의 공인 회계사이자 감사원이 되었다. 정부는 국민의 분노를 가라앉히기 위해 남해회사 간부들의 재산을 몰수해 국민이 입은 피해를 보상하고, 이 엄청난 금융 거품 사건에 관련된 사람을 모두 체포해서 진상 조사를 벌였다. 그 결과 많은 사람이 런던 탑에 갇혔고, 어떤 사람들은 독약을 마시고 자살하기도 했다.

이렇게 금융 투기 사기극은 막을 내렸지만, 이 사건은 영국에 그 후로도 계속되는 깊은 상처를 남겼다. 영국 정부는 금융 투기를 막기 위해서 향후 100년 동안 합자회사[23] 설립을 금지했고, 이는 영국의 산업 발전에 심각한 영향을 미쳤다.

---

23) 두 사람 이상이 자본을 대어 세운 회사

오스트리아 계승 전쟁

18세기는 스페인 계승 전쟁으로 그 막이 올랐고, 오스트리아의 합스부르크 왕가가 이 전쟁의 선봉에 섰다. 그리고 이 전쟁이 끝난 지 3년도 안 되어 오스트리아도 스페인과 똑같은 위기에 처했다. 젊은 나이의 마리아 테레지아 (Maria Theresia) 여제는 혼자서 이 어려움을 감당해야 했다. 그녀는 비록 젊고 야심 찬 프리드리히 2세에게 슐레지엔 지방을 빼앗겼지만, 오스트리아라는 나라만큼은 온전하게 지켜냈다. 8년 동안 이어진 오스트리아 계승 전쟁에는 유럽의 주요 국가가 모두 참여했다.

왕자가 없던 오스트리아

1710년 전후로 유럽 대륙이 여전히 스페인 전쟁의 화염 속에 휩싸여 있을 때, 오스트리아의 황제 카를 6세는 자신에게도 같은 위기가 닥칠 수 있다는 생각이 들었다. 슬하에 왕자가 없는 터라 만일 그가 자식을 얻지 못한 채로 세상을 떠난다면 오스트리아의 왕위도 다른 나라들의 먹잇감이 될 수 있기 때문이었다.

▼ 마리아 테레지아
오스트리아 황제 카를 6세의 장녀로, 훗날 여제가 되었다.

지난 수십 년에 걸친 영토 확장으로 오스트리아는 광활한 제국이 되었다. 영토는 벨기에에서 슐레지엔까지, 그리고 이탈리아에서 헝가리까지 뻗어 있었지만 하나로 연결되어 있지 않았다. 벨기에는 대서양 연안에 있고, 슐레지엔은 중유럽 내륙에 있었다. 또 이탈리아에 있는 영지에서는 전쟁이 빈번하게 일어났고, 헝가리는 터키와 마주 보는 최전선에 있었다. 이 영토들은 서로 대등한 자주권을 유지했다. 특히 헝가리는 여러 차례 반란을 일으킨 결과 오스트리아 황제에게서 자치권을 인정받았다.

당시 오스트리아의 모든 지역은 귀족의 통치를 받았다. 오스트리아 귀족들은 개인적인 이익을 위해 어쩔 수 없이 황실의 권위를 인정했지만 왕위 계승과 관련해 작은 문제라도 생기면 바로 황실에 반기를 들고 일어났다. 또 유럽 열

강[24] 역시 기회만 생기면 왕권이 불안정한 오스트리아를 나눠 가지려고 덤벼들었다.

스페인 영토가 여러 나라에 의해 나뉘는 것을 보며 카를 6세는 훗날 오스트리아도 열강의 고깃덩어리가 되지 않을까 염려해 대책을 고심했다. 오스트리아는 하나로 단결된 제국이 아니고, 영토는 대부분 본토를 다스리는 합스부르크 왕가가 조약이나 정략결혼으로 얻은 땅이었다. 합스부르크 왕가와 지방 영주들이 맺은 조약에는 공주가 왕위를 계승할 수 있다는 조항이 없었다. 말하자면, 우선 합스부르크 왕가의 왕자가 카를 6세의 왕위를 물려받아야 하는데, 만일 왕자가 없어서 공주가 왕위에 오른다면, 오스트리아의 지방 영주들은 조약에 따라 오스트리아제국의 지배에서 벗어나 스스로 지방을 다스릴 수 있었다. 조약에는 지방 영주들이 합스부르크 왕가의 왕위를 물려받은 공주에게도 충성을 바쳐야 한다는 규정이 없기 때문이었다.

이러한 위험을 미리 방지하기 위해 카를 6세는 1710년에 제국의 각 영주와 협상하여 몇 가지 협정을 맺었다. 이것이 '프라그마티셰 장크치온[25]'라고 불리는 국사조칙이다. 그 목적은 간단했다. 카를 6세가 죽은 후에 합스부르크 왕가의 계승자가 남자든 여자든 상관없이 오스트리아제국을 온전히 이어받는다는 것이었다.

카를 6세는 국사조칙을 이용해 자신의 딸인 마리아 테레지아가 왕위를 물려받을 수 있는 법적 근거를 마련했다. 그러나 국사조칙에 대해 나라 안팎에서 모두 인정받는 것은 생각만큼 쉽지 않았다. 스페인 계승 전쟁 이후 오스트리아의 외교는 국내외에서 국사조칙을 인정받는 데 집중되었다. 여러 노력 끝에 국사조칙은 점차 국내외에서 인정받았다. 1712년에 크로아티아 의회가 오스트리아 국사조칙의 권위를 인정한 후 헝가리, 벨기에 등 지역에서도 국사조칙을 받아들였다. 그리고 카를 6세는 유럽 열강의 지지를 얻기 위해 어쩔 수 없이 중대한 결정을 내렸다. 예를 들면, 네덜란드의 지지를 얻기 위해서 네덜란드가 외국에서 얻는 수익에 영향을 미칠 수 있는 오스트리아 동인도회사의 활동을 중단하도록 명령했다.

카를 6세는 이처럼 아무 탈 없이 딸을 왕위에 앉히기 위해 엄청난

---

24) 국제 문제에서 큰 역할을 담당하는 여러 강한 나라
25) 군주가 자신이 발표한 기본법을 수정하는 중대한 법령

노력을 기울였다. 하지만 1740년 카를 6세가 세상을 떠나자 그가 심혈을 기울인 국사조칙은 휴짓조각으로 변해버렸다. 그리고 오스트리아를 노리고 유럽 열강이 벌일 전쟁이 그의 딸을 기다리고 있었다. 당시 스물셋이었던 마리아 테레지아는 이 상황에서 어떻게 오스트리아제국을 지켜내야 할지 고민에 빠졌다.

오스트리아와 프로이센의 힘겨루기

1740년에 스물여덟 살이던 프리드리히 2세는 프로이센의 대권을 장악했고, 스물세 살이던 마리아 테레지아는 아버지인 카를 6세의 뒤를 이어 곧 왕위에 오를 준비를 했다. 두 젊은 남녀가 벌인 이 영화 같은 전쟁은 두 사람과 두 사람의 국가에 대한 시험과도 같았다. 그리고 승리한 쪽이 훗날 독일의 발전을 주도하게 된다는 점에서 이 전쟁을 역사적인 전쟁으로 보는 시각도 있다.

여제 마리아 테레지아가 아이를 임신했을 때, 오스트리아에는 나라를 이끌어갈 참신하고 의지가 강한 사람이 필요했다. 당시 오스트리아는 전쟁터에서 연이어 패하며 병사들의 사기가 떨어지고 경제적으로도 엄청난 빚을 졌다. 그리고 영주들은 하나로 뭉치지 못하고 뿔뿔이 흩어졌다. 그와 반대로 프리드리히 2세는 강력한 군대와 충분한 군량미를 갖추어 언제든 명령만 내리면 출정할 수 있었다.

오스트리아 안에서든 밖에서든 이 젊은 부인을 바라보는 시선에는 멸시가 가득했다. 헝가리와 체코는 모두 이번 기회를 이용해서 자치권을 확대하거나 아예 독립하려고 했다. 그리고 오스트리아의 숙적 프랑스는 이번에 중유럽의 대국인 오스트리아를 철저히 제압하고 유럽 대륙을 점령하려

▼ 여제 마리아 테레지아와 그녀의 남편, 아이들

마리아 테레지아는 다섯 살에 사촌오빠인 로트링겐[26] 공작 프란츠 스테판을 보고 첫눈에 반했다. 성인이 된 후 프란츠 스테판은 사랑하는 마리아 테레지아와 결혼하기 위해 자기 가문의 영토인 로트링겐 지방을 포기해 많은 사람을 감동케 했다. 후에 그들은 행복한 결혼생활을 하며 많은 아이를 낳았다.

---

26) 현재 로렌 지역

는 야심을 품었다. 그래서 다른 나라들을 부추겨 반오스트리아 동맹을 결성했다. 스페인도 스페인 계승 전쟁에서의 원한을 갚기 위해 전쟁 중 오스트리아에 빼앗긴 네덜란드와 이탈리아 지역을 되찾고 더불어 오스트리아의 영토 일부를 빼앗으려고 했다.

이때, 마리아 테레지아는 자신이 처한 상황의 심각성을 인식하지 못했다. 그녀는 유럽 각국에 공문을 보내 자신이 오스트리아의 정당한 왕위 계승자임을 인정받으려고 했으나 반응은 차가웠다. 카를 6세가 공을 들여 만든 국사조칙은 유럽 열강의 눈에는 그저 쓸모없는 종잇조각일 뿐이었다. 당시 오스트리아에서 가장 뛰어났던 군사 지휘관 오이겐 공은 생전에 마리아 테레지아에게 강력한 군사력과 충분한 자금이 없으면 국사조칙은 무용지물일 뿐이라고 경고했다. 그는 1735년에 병으로 세상을 떠났는데, 안타까운 것은 그전에 오스트리아에 강력한 전투 부대나 자신과 비교할 만큼 뛰어난 지휘자도 만들어 놓지 않았다는 점이다.

마리아 테레지아가 물려받은 오스트리아는 맹수들에 둘러싸인 채 죽음을 기다리는 병든 양과 같았다. 유럽 열강이 침을 흘리며 오스트리아를 노렸고, 그 어디에도 그녀를 도와줄 사람은 없었다. 프리드리히 2세는 마리아 테레지아에게 슐레지엔 땅을 내놓으라고 요구하고, 이에 응하지 않으면 마리아 테레지아의 왕위 계승 합법성을 인정하지 않을 것이라고 협박했다. 하지만 슐레지엔을 넘기면 그녀의 왕위를 인정하고 또한 그녀의 남편이 신성로마제국 황제 자리에 오를 수 있게 손을 쓰겠다고 했다. 슐레지엔은 라인 강 동쪽에 자리한 지역으로 공업이 매우 발달했고 오스트리아로 통하는 관문 역할을 했다. 그래서 슐레지엔을 잃는다면 가장 중요한 방어벽이 뚫리는 것과 같았다. 마리아 테레지아는 프리드리히의 가혹한 협박에 어떻게 대응해야 할지 막막했다.

설상가상으로, 프랑스의 가장 확실한 동맹국인 바이에른 선제후국의 알브레히트가 자신은 페르디난트 1세(Ferdinand I)[27]와 사돈 관계이니 법에 따라 자신의 아내도 오스트리아의 왕위를 계승할 권리가 있다고 주장하고 나서면서 마리아 테레지아는 이렇게 사방에서 공격을 받았다. 이 때 진짜 위기가 소리 소문 없이 오스트리아를 덮쳤다. 1740년 12월에 프리드리히의 정예 부대가 슐레지엔을 기습한

27) 합스부르크 왕가 출신의 신성로마제국 황제

것이다. 오스트리아 군대는 제대로 저항해보지도 못하고 크게 패해 물러났다.

프리드리히는 오스트리아를 공격하던 날 프랑스 대사에게 이런 내용의 편지를 보냈다.

"나는 내가 벌이려는 이 도박에 프랑스 역시 뜻을 함께한다고 믿는다. 만일 내가 오스트리아를 차지한다면 그것은 우리 모두의 것이 될 것이다."

마리아 테레지아는 프리드리히 2세가 슐레지엔을 급습한 것이 국가 간의 도리에 어긋나는 행동이라는 것을 알고 있었지만, 빼앗긴 땅을 되찾아 올 힘이 없었다. 그래서 어쩔 수 없이 프리드리히 2세와 임시 합의를 맺고 슐레지엔을 넘겨주었고, 이렇게 해서 1차 힘겨루기는 마리아 테레지아의 패배로 끝이 났다.

실패에서 승리로

1741년 3월에 마리아 테레지아는 첫 아들을 낳았다. 그리고 출산한 지 얼마 지나지 않아 영토를 재정비하기 시작했다. 오스트리아의 주위에서는 프랑스와 프로이센, 스페인, 바이에른 등이 모여 반오스트리아 동맹을 결성했다. 영국은 휘그당과 토리당의 당파 싸움으로 다른 데 신경 쓸 겨를이 없었다. 영국은 그저 프랑스가 오스트리아를 공격한다면 오스트리아에 30만 파운드를 대출해주겠다는 답변만 전했을 뿐이었다. 러시아는 스웨덴과 한창 전쟁을 벌이고 있었다. 그래서 오스트리아는 고독한 한 그루 나무처럼 힘들게 스스로 지켜내야 했다.

유럽 열강은 일단 프로이센이 공격을 개시하면 오스트리아는 금방 무너질 것이라고 보았다. 그들의 생각에는 일리가 있었다. 얼마 전에 합스부르크 왕가의 지배를 받던 헝가리가 자신들의 안전을 보호받기 위해 프랑스나 폴란드에 왕위를 넘기려고 했기 때문이었다. 그러나 헝가리는 유럽 열강이 단지 오스트리아를 견제하기 위한 수단으로 자신들을 이용할 뿐 전혀 도와줄 마음이 없다는 것을 깨달았다.

오스트리아 여제 마리아 테레지아는 자본을 끌어모아 함께 외국의 침입에 맞서기 위해 영주들을 만나러 바쁘게 돌아다녔다. 이때 그녀는 아들과 함께 다녔는데, 아들은 헝가리 의회에서 그들에게 함께 나라를 지키기 위해 도움을 청한다는 훌륭한 연설을 했다. 그는

▶ **마리아 테레지아의 동상**

오스트리아의 여제 마리아 테레지아는 당시 유럽 최고의 가문이라 불리던 합스부르크 왕가에서 태어났다. 그녀는 전쟁과 평화가 공존하던 시기에 얻은 성과와 명성으로 후세에 이름을 남겼다. 여제 마리아 테레지아는 18세기 중유럽 역사에 빠질 수 없는 중요한 인물이다.

바로 훗날 마리아 테레지아의 뒤를 이어 오스트리아의 왕위에 오른 요제프 2세이다. 이에 헝가리 의회는 즉각 4만 대군을 파견했다. 이는 오스트리아 군대의 5분의 1에 해당하는 병력이었다. 물론 헝가리가 마리아 테레지아의 설득에 감동했다는 이유만으로 이런 결정은 내린 것은 아니었다. 마리아 테레지아는 그들의 도움을 얻기 위해 헝가리 귀족의 자유를 보장하고 헝가리의 헌법상 독립을 지지한다는 의견을 밝히며 한 발자국 물러섰다. 그 후 그녀는 체코를 설득하는 데에도 성공하며 1743년에 프라하에서 대관식을 열었다.

프리드리히 2세는 슐레지엔을 차지하고 나서 오스트리아에 대한 공격을 중단했다. 이를 참지 못하고 공격을 급히 서두른 프랑스와 바이에른은 결국 오스트리아군에 패했다. 1744년에 영국이 프랑스에 선전포고를 하자 프리드리히 2세는 다시 군사를 일으켜 오스트리아를 공격했다. 하지만 이렇게 해서 커다란 두 동맹이 대치 상태에 빠졌다. 한쪽은 영국과 오스트리아를 중심으로, 또 한쪽은 프랑스와 프로이센을 주축으로 모였다. 전쟁은 육지뿐만 아니라 바다로도 확대되었다. 이제 오스트리아 계승 전쟁은 전 유럽의 전쟁이 되었고, 오스트리아와 프로이센의 힘겨루기를 넘어서 영국과 프랑스의 패권 다툼이 되었다.

육지에서는 오스트리아와 프로이센의 기세가 막상막하였다. 하지만 오스트리아는 헝가리와 체코 등 각 영주의 지지를 받으면서 나라가 무너질 위기에서 벗어난 지 오래였다. 바다에서는 영국 해군이 압도적인 승리를 거두었고 프랑스와 스페인 해군은 백전백패를 당했다. 1746년에 러시아는 스웨덴과의 전쟁을 마치고 바로 영국과 오스트리아 동맹에 참여했다. 영국은 이미 안정된 해상 권력을 손에 넣은 상태였기 때문에 유럽에서 전쟁을 오래 하고 싶지 않았다. 그래서 영국의 중재로 오스트리아는 아헨 조약을 맺어 왕위 계승을 인정받았고, 슐레지엔을 프리드리히 2세에게 넘긴 것 외에는 아무런 손해도 입지 않았다.

마리아 테레지아의 개혁

그녀는 전쟁의 시련을 겪으며 난세에 오스트리아의 여제가 되었다. 그리고 어려운 길이 될 것을 알면서도 반대를 무릅쓰고 개혁을 단행해 바람 앞의 등불처럼 위태롭던 오스트리아를 중유럽의 강대국으로 우뚝 세웠다. 그녀가 바로 18세기 유럽 최고의 권력자로 우뚝 선 오스트리아의 여제 마리아 테레지아이다. 여제의 자리에 오른 후 그녀는 권력을 독차지하지 않고 일찍부터 아들 요제프를 정치에 참여시켜 역량을 기르게 했다. 두 모자는 근대 오스트리아의 발전에 목표를 정하고 아름다운 청사진을 그렸다.

난세의 여제

▼ 마리아 테레지아 여제

마리아 테레지아는 전쟁 중에 왕위에 올랐다. 8년 동안 전쟁을 겪으면서 순진한 스물세 살의 아가씨는 성숙하고 노련한 정치가로 성장했다. 마리아 테레지아의 재위 기간에 오스트리아는 두 차례 유럽 전쟁을 겪었다. 오스트리아 계승 전쟁과 7년 전쟁이다. 이 두 전쟁을 하나의 전쟁으로 보는 시각도 있다. 두 전쟁이 7년 간격으로 일어났기 때문에 7년 전쟁을 오스트리아 계승 전쟁의 연장선으로 보는 것이다.

오스트리아 왕위 계승 전쟁을 계기로 마리아 테레지아 여제의 지위가 급속도로 높아지고, 오스트리아에도 개혁의 바람이 불기 시작했다. 마리아 테레지아의 개혁 조치는 비교적 순조롭게 진행되었는데 이유는 간단하다. 개혁하지 않으면 오스트리아가 유럽 강대국들의 먹잇감이 될 수밖에 없었기 때문이다.

마리아 테레지아가 계승한 오스트리아는 여러 영주를 모아서 세운 제국[28]이다 보니, 그들에게는 공통된 이익과 꿈이 없었다. 막시밀리안 1세가 합스부르크 왕가의 영토를 크게 확장

---

28) 그중 벨기에는 오스트리아 본토와 연결되어 있지 않았다.

한 이후 역대 오스트리아 왕들은 영주
들을 모아서 하나의 완전하고 체계
적인 국가를 세우고 싶어했지만, 이
는 그저 꿈에 불과했다. 각 영주는
제각기 다른 계급회의와 귀족회의를
열어 땅을 다스렸기 때문에 왕의 명령
이 제대로 실행되지 않았다.

오스트리아의 영주들은 전쟁을 겪으
면서 점차 중앙의 왕실 아래 모이기 시
작했다. 비록 합스부르크 왕가의 마리
아 테레지아를 경멸했지만, 주위에서
호시탐탐 땅을 노리는 열강과 비교하
면 오스트리아 왕실이 훨씬 믿음직스
럽다고 느꼈기 때문이다. 슐레지엔의
백성은 프리드리히가 자신들의 땅을
점령했을 때 별다른 저항을 하지 않았
다. 그들은 마리아 테레지아든 프리드
리히든 슐레지엔을 통치한다는 사실은 마찬가

▲ 프리드리히 2세
프로이센의 왕으로, 역사상 프
리드리히 대제로 불리기도 한
다. 그의 통치 기간에 프로이센
의 군대는 빠르게 발전했고 영
토는 급격히 넓어졌다.

지라고 생각했다. 그들은 심지어 자신들을 구하러 온 오스트리아군
의 도움을 거부하기도 했다. 그러다가 프리드리히의 군대가 방화와
살인, 약탈을 일삼기 시작하자 그들은 프리드리히의 눈에는 슐레지
엔이 그저 식민지에 불과하다는 사실을 깨달았다. 침입자들의 횡포
에 체코와 헝가리 모두 중앙의 왕실 아래 모여들었고, 이들은 마리
아 테레지아의 개혁 정책을 밑받침했다.

오스트리아는 오스트리아 계승 전쟁 당시 프랑스와 프로이센에
나라를 빼앗길 뻔한 적도 있었다. 이 두 나라는 매우 강력한 중앙집
권 정부를 갖추었고, 특히 프로이센은 전쟁에 능한 군대와 더불어
충직하고 유능한 관리들까지 있었다. 오스트리아는 전쟁을 통해서
알게 된 프랑스와 프로이센의 장점을 배우려 했다. 그리고 이러한
경향은 마리아 테레지아의 개혁에 유리한 여론을 조성하는 데 큰 도
움이 되었다.

군대 정비와 무력 강화

　오스트리아는 전쟁을 통해 자국과 프로이센의 군사력 차이를 실감했다. 그래서 마리아 테레지아의 군사 개혁은 아무런 저항 없이 순조롭게 진행되었다. 당시의 마리아 테레지아는 절대 무리해서 개혁을 진행하지 않았다. 그녀는 이미 국내 각 계층을 아우르는 정치적 노련함이 있었다. 마리아 테레지아는 백성에게 개혁에 대한 열망과 전쟁에 대한 위기감을 불러일으키기 위해 다음 전쟁이 멀지 않았으며, 빨리 군사 개혁을 서두르지 않으면 오스트리아는 멸망하게 될 것이라는 말을 퍼뜨렸다. 그녀의 말에는 일리가 있었다. 프로이센은 이제 막 이름을 알린 신흥국이지만 강력한 군사력을 갖추었다. 당시 유럽에는 '주인이 없는 땅[29]'이 얼마 되지 않기 때문에 그들이 영토를 확장하려면 다른 나라와의 충돌을 피할 수 없었다.

　마리아 테레지아는 프리드리히를 지독한 욕심쟁이라고 생각했다. 그리고 프리드리히는 이미 아무런 선전포고 없이 슐레지엔을 점령한 일이 있으니 다음에는 오스트리아의 수도인 빈으로 바로 쳐들어 올 수도 있었다. 그래서 오스트리아에는 군사 개혁이 시급했다.

　군사 개혁을 하려면 우선 병력 문제를 해결해야 했다. 유럽의 전쟁터에서는 한때 직업 군인인 용병이 유행했지만, 각국이 상비군을 꾸리기 시작하면서 용병은 점차 사라졌다. 오스트리아는 1649년부터 징병제를 시행해서 모집한 병사들로 오스트리아 상비군을 조직했다. 하지만 인원이 너무 적어서 실제로 전쟁이 일어난다면 나라를 지키기가 어려울 정도였다. 상비군 외의 병사들은 대부분 각 영토에서 임시로 모집한 이들이었다. 이런 병사들은 체계적인 훈련을 받은 적이 없어서 전투력이 매우 약했다. 마리아 테레지아는 이를 개선하기 위해 전국적으로 '군세'를 징수했다. '군세'란 각 영토가 중앙에 군대를 제공하지 않는 대신에 내는 세금이었다. 국가는 이 돈을 이용해서 병사를 모집하고 장비를 보충하며 훈련을 강화했다. 새로운 병사는 제비뽑기로 선발되었으며 귀족과 지주, 관리, 의사, 목사 외에 입대 연령이 된 모든 청년은 군대에 가야 했다.

　마리아 테레지아는 군사 지휘 수준을 높이기 위해 자신의 이름을

자주개자리

오스트리아 농민들은 비옥한 토지를 오랫동안 유지하기 위해 돌려짓기[30]를 했다. 이는 토지를 두 부분으로 나눠서 해마다 번갈아가며 한 곳에 농사를 짓고 나머지 한 곳은 경작을 쉬는 것이다. 이렇게 해서 토양의 지력[31]을 회복하는 것이다. 시간이 흘러 오스트리아 농민들은 농사를 짓지 않는 땅에 콩과 식물을 심으면 토지를 내버려둔 것과 똑같이 지력이 상승하는 효과가 있다는 것을 알게 되었고 가축의 사료로 사용할 수도 있었다. 그래서 오스트리아 왕실은 전국에서 윤작으로 쉬는 모든 땅에 콩과 식물인 자주개자리를 심으라고 명령했다. 이는 일종의 농업혁명으로, 식량 생산에 영향을 미치지 않으면서 가축에게 양질의 사료를 먹일 수 있다는 점에서 일거양득이라고 할 수 있다.

---

29) 실제로는 아주 작은 나라인데 강대국의 눈에는 주인이 없는 것처럼 보이는 땅
30) 윤작이라고도 함
31) 농작물을 길러 낼 수 있는 땅의 힘

딴 육군사관학교를 설립해서 유망한 청년 장교를 많이 배출했다. 또 아들 요제프에게 정치를 가르친 후 군사 개혁의 중요한 임무를 맡겼다. 요제프는 먼저 군대에서 아무것도 하지 않는 귀족 장교들을 퇴출시켰다. 그리고 모든 장교는 능력과 경험으로 선발하며, 재능과 성품이 부족하고 게으른 자들은 승진에서 제외하고 중요한 직책을 맡기지 않는다는 규정을 정했다. 당시 오스트리아에서는 나이 든 장교들이 전역하기 전에 자신의 자리를 다른 사람에게 팔아서 노후 자금을 마련하는 관례가 있었다. 요제프는 이런 관직 매매를 엄격히 금지했다. 그 대신 나이 든 장교들의 노후 생활을 위해 퇴직금 제도를 마련해서 전역 후에 충분한 노후 자금을 받을 수 있게 했다.

모집한 군사 대부분은 가난한 농민이거나 직업 없이 떠도는 유랑민이었다. 그렇다 보니 이들은 학식이나 소양에서 상대적으로 부족한 부분이 많았다. 요제프는 군대의 수준을 높이기 위해 상인, 공장주의 자제 중에서 청년 장교를 뽑아 그들을 훈련하게 했다. 또 엄격한 병사 관리를 완화하고, 기계적으로 반복되는 훈련을 줄이며, 병사들의 사생활을 인정해주었다. 그리고 퇴역 후에는 세관이나 도시에서 세금 징수원으로 일할 수 있게 했다.

마리아 테레지아와 요제프가 심혈을 기울인 결과, 오스트리아 군대에는 전에 없던 커다란 변화가 일어났다. 7년 전쟁이 일어났을 때 프리드리히는 오스트리아 군대가 예전과 확실히 다르다는 것을 느꼈다. 그래서 오스트리아와 러시아, 프랑스 등 나라가 프로이센을 공격해서 나라가 무너질 위기에 처하자 그는 수차례 독약을 마시고 자살하려 했다는 설도 있다. 이를 통해 테레지아의 군사 개혁 효과가 엄청났음을 알 수 있다.

상공업의 발전

18세기는 중상주의가 성행한 시기로 각국은 경제를 발전시키고 국고를 채우는 데 혈안이 되었다. 그리고 이 시대에는 전쟁에서 승리하려면 무기뿐만 아니라 충분한 경제력이 필요했다. 다시 말해서 군대를 이끄는 사령관은 물론 중요하지만, 그보다 중요한 것은 군량을 모으는 일을 담당하는 재무장관이었다.

마리아 테레지아는 경제발전이 오스트리아에 어떤 이익을 가져다줄지 잘 알고 있었다. 그래서 상업을 발전시키고 농노를 해방하려

▲ 마리아 테레지아의 기마 조각상

했다. 또 영토를 확장하고 도로를 건설하며 관세 동맹을 맺는 일에도 힘을 쏟았다. 오스트리아는 영토가 바다와 접하지 않는 중유럽 지역에 있고, 농노제[32]가 뿌리 깊이 박혀 있었으며, 기술적인 노동력이 부족했다. 이런 문제를 해결하기 위해 마리아 테레지아는 농민들에 대한 지주의 권한을 제한하고, 한편으로는 오스트리아로의 이민을 장려했다. 당시 독일 남부 지역은 가난한 편이었으나 사람들 대부분이 글을 읽고 쓸 줄 알았으며 재능이 뛰어났다. 그래서 오스트리아 왕실은 이 지역 사람들이 오스트리아에 이민할 수 있도록 도와주었다. 그 밖에 유대인도 받아들였다. 유대인은 유럽 어느 나라에서도 환영받지 못했지만, 그들은 관리 능력이 뛰어나고 금융 분야에 정통했다. 그래서 오스트리아 왕실은 종교적 관용 정책을 펼쳐 오스트리아에 이민하는 유대인들을 거절하지 않고 받아들였다.

오스트리아 왕실은 또 기술공을 대거 선발해서 외국으로 유학 보냈고, 숙련공이 외국으로 이주하는 것을 금지했다. 이런 과정을 거쳐 오스트리아는 상업 발전에 필요한 인적 자원을 갖추었고, 수공업 공장이 발전했다. 그리고 상품의 유통비용을 줄이기 위해 수많은 관

32) 농민이 봉건 지주에게 예속되어 지주의 땅을 경작하고 부역과 공납의 의무를 부담한 사회 제도

세를 없애자 무역이 늘어났다. 국경을 맞댄 터키와 여러 차례 전쟁을 치르면서도 무역만큼은 중단되지 않았다.

다른 중상주의 국가들과 마찬가지로 오스트리아 역시 국내의 경제 발전을 전문으로 관리하고 계획하는 부서를 설립하고자 했다. 그래서 1752년에 '궁정상업위원회'를 조직하여 전국의 경제 발전에 참모부 역할을 했다. 유능한 인재들이 궁정상업위원회에 소속되어 효과적인 경제 발전 계획을 세우고 오스트리아 경제를 새로운 발전 방향으로 이끌어 가는 일에 앞장섰다. 이후 수십 년 동안 계속된 발전으로 오스트리아는 이제 중유럽의 낙후한 농노주의 국가가 아니라 상공업과 농업, 무역 및 모든 산업이 나날이 진보하고 성장하는 나라로 거듭났다.

아우랑제브와 무굴제국

유럽에서 프랑스의 태양왕이 강력한 중앙집권으로 위엄을 떨치며 각국의 부러움을 한몸에 받던 시절, 아시아에도 그에 필적하는 위대한 군주가 있었다. 바로 무굴제국의 아우랑제브다. 이 두 군주의 공통점은 루이 14세 이후 프랑스가 쇠퇴한 것처럼 무굴제국도 아우랑제브가 죽은 후 몰락의 길을 걸었다는 것이다. 아우랑제브는 인도 아대륙[33]에 거대한 제국을 세웠고 한때 매우 번성했다. 그러나 아우랑제브가 죽은 후에 무굴제국은 열강의 침략과 약탈에 시달렸다.

뛰어난 군주

아우랑제브는 인도 무굴제국의 군주 샤자한의 셋째 아들로 태어났다. 어려서부터 훌륭한 교육을 받으며 글과 무예를 모두 익혔고, 열여덟 살인 1636년에 데칸 총독으로 임명되어 풍부한 관리 경험을 쌓았다. 또 두 차례 군대를 이끌고 전쟁에 나가 승리를 거두었다. 샤자한이 나이가 들어 병이 깊어지자 그의 세 아들은 치열한 왕위 쟁탈전을 벌였다. 여기에서 아우랑제브가 두 형을 물리치고 1658년에 무굴제국의 황제로 즉위했다.

그 무렵 무굴제국은 국경 지대의 정세가 매우 불안했다. 그래서 아우랑제브는 황제가 되고 나서 가장 먼저 국경 지대의 저항 세력을 모두 추방하려고 했다. 그리고 유능한 장교인 미르 줌라에게 강한 군대를 이끌고 동북쪽 국경 지대를 안정시키라고 명령했다. 미르 줌라는 눅눅한 날씨와 전염병을 모두 이겨내고 동북 국경 지대의 고집스럽고 사나운 작은 나라들을 모두 제압하는 데 성공했다.

아우랑제브 자신은 서북쪽 국경 지대에서 힌두쿠시 산을 넘어 아프가니스탄 산지로 향했다. 그곳에서 용맹하고 전쟁에 능한 아프가니스탄 부족의 전사들을 상대하면서 그는 무력만으로는 서북 국경 지대를 안정시키기가 어렵다는 점을 깨달았다. 그래서 아우랑제브는 외교 협상과 무력 정벌을 모두 펼치는 '채찍과 당근' 작전을 사용했다. 충성스럽고 지략이 뛰어난 사람을 뽑아 아프가니스탄 총독으로 파견하는 한편 회유와 탄압을 병행해서 서북 지방을 오랫동안

---

33) 대륙에 버금간다는 의미로 인도 반도를 달리 부르는 이름. '아대륙'은 대륙보다는 작지만 섬보다는 큰 땅덩이를 말함

안정적으로 다스렸다.

아우랑제브는 동북 지방과 서북 지방을 안정시킨 후, 남인도를 정벌하기 위해 데칸 고원으로 향했다. 1681년에 그는 군대를 이끌고 데칸으로 남하해 남쪽 정벌을 시작했다. 전쟁은 수십 년 동안 이어졌고, 남인도는 아우랑제브의 공격을 이기지 못하고 결국 항복했다.

부흥과 쇠퇴

아우랑제브는 어려서부터 엄격하고 체계적인 이슬람식 교육을 받은 경건한 수니파 신자였다. 그는 예전에 실시하던 종교적 관용 정책을 바꾸어 이슬람교도가 아닌 사람을 억압하고 차별 대우했다. 왕궁에서 일하는 사람 중 힌두교 신자는 모두 내쫓았고, 힌두교 상인들에게 무거운 세금을 징수했다. 그리고 이슬람교도가 아닌 사람에게는 이미 몇 년 전에 없어진 인두세를 징수했다. 아울러 다른 종교의 신도들을 이슬람교로 개종시키기 위해 장려 정책을 시행해 개종자에게는 많은 포상금을 주었다.

아우랑제브는 알뜰하고 소박한 생활을 했고 술을 절대 마시지 않았다. 낭비를 막기 위해 자신의 생일 축하 의식을 간단히 하고, 지나치게 사치스러운 축제 활동도 없앴다. 또 음악이 사람의 의지를 약하게 한다고 생각해 궁전 안에서 모든 음악과 춤을 없애고, 귀족들의 음악 감상도 금지했다. 그러자 왕의 명령에 반발할 용기가 없는 귀족들은 몰래 음악과 춤을 감상했다.

아우랑제브는 자신을 이슬람교도의 황제라고 생각했고, 이슬람교를 믿지 않는 사람은 적으로 간주했다. 더불어 싸우는 것을 좋아한 아우랑제브의 성품은 무굴제국을 광활한 대국으로 성장시키는 동시에 몰락의 수렁으로 빠뜨린 결정적인 원인이 되었다. 무굴제국의 각 종교는

▼ 업무를 처리하는 아우랑제브
아우랑제브가 통치하는 동안 제국은 표면적으로는 전성기를 누리는 듯했지만, 제국 내에는 분열과 몰락의 그림자가 드리워지고 있었다.

공공연하게 왕실과 대립했고, 끊임없이 반란이 일어났다. 그중 정부에 가장 거세게 저항한 것은 시크교였다. 시크교는 15,16세기 인도의 종교 르네상스 시기에 형성된 새로운 종파로, 자유를 제창하고 카스트 제도[34]를 반대했다. 수백 년에 걸쳐 발전해 온 시크교는 무굴제국에서 상당한 영향력을 지닌 종교이자 군사 집단이었다.

시크교의 저항을 참지 못한 아우랑제브는 시크교 교주 테그 바하두르를 수도로 불러서 그에게 죽음과 개종 중에서 한 가지를 선택하게 했다. 바하두르는 죽음을 택했고, 5일 후에 처형당했다. 이 소식은 곧 일파만파로 퍼져 나갔고, 분노한 시크교도들이 격렬하게 반발하며 무굴제국을 뒤흔들었다.

또한, 아우랑제브의 남인도 정벌은 무굴제국에 막대한 영향을 미쳤다. 유능한 관리들과 숙련된 장교 대부분이 아우랑제브를 따라 남인도로 내려간 이후 북인도는 관리가 전혀 되지 않는 공황 상태에 빠졌다. 수도에 남은 관리들은 무지하고 무능했다. 그들은 횡령과 부패, 심지어는 사기와 갈취까지 일삼아 북인도는 일대 혼란에 빠졌다. 남인도에서는 마라타족이 게릴라전을 펼쳐서 무굴제국의 원정도 순조롭지 않았다. 아우랑제브는 결국 그들의 공격을 이기지 못하고 남인도에서 철수했고, 돌아오는 길에 병으로 세상을 떠났다. 그후 무굴제국은 분열에 휩싸였다.

---

34) 인도 사회의 신분 제도

감리교의 등장

모든 종교는 오랜 세월을 거치면서 관습에 얽매이게 되고, 이렇게 침체한 기존의 종교 안에서 새로운 종교가 태어난다. 새로운 종교는 고목에서 자라는 새싹처럼 여리고 부드럽지만 무한한 생기와 활력이 있다. 18세기가 되자 종교 르네상스 운동이 서양 세계를 휩쓸었고, 존 웨슬리(John Wesley)는 기독교에 대한 자신의 생각을 널리 알리는 데 힘썼다. 그렇게 수십 년이 지난 후 새로운 종교가 탄생했다. 바로 현재 전 세계에 영향력을 미치는 감리교이다.

메서디스트

존 웨슬리는 1703년에 영국 링컨셔 주의 평범한 가정에서 태어났다. 어려서부터 수준 높은 종교 교육을 받았고, 성장한 후 옥스퍼드 대학교에 진학했다. 그곳에서 웨슬리는 기독교 예절을 엄격하게 따르며 규칙적인 생활을 해서 친구들이 그를 '메서디스트(Methodist, 격식주의자)'라고 불렀다. 이 단어는 훗날 감리교 신자들을 가리키는 고유명사가 되었다.

16세기에 종교 혁명이 유럽 대륙을 휩쓸면서 각국의 종교는 새로운 모습으로 변화했고, 천주교와 루터교, 칼뱅교는 각기 많은 신도를 거느렸다. 영국은 헨리 8세의 집권 기간에 로마 교황청과 관계를 끊고 새로운 국교를 세웠으며, 이것이 영국의 민족 종교가 되었다. 유럽의 다른 종교들과 비교할 때, 영국의 국교는 우선 천주교의 가르침과 형식을 따르지만 권력의 중심이 로마에서 런던으로 옮겨졌고 영국 국왕이 나라의 왕이자 종교의 최고 지도자라는 차이점이 있었다.

이후 영국 국교가 발전하면서 18세기에 들어서자, 사람들은 점점 영국 국교의 보수적인 분위기와 복잡한 의식에 불만을 느꼈다. 북아메리카에서는 종교 각성 운동이 일어났는데, 그 목적은 쓸모없는 종교 의식을 줄이고 본래의 신앙으로 되돌아가자는 것이었다. 신앙은 개인의 자유라고 한 이들의 주장은 유럽 전역에 큰 영향을 미쳤다.

존 웨슬리는 옥스퍼드 대학교를 졸업하고 나서 부副주제자[35]로 일

---

35) 주제자는 종교 의식을 담당하는 직책

▲ **존 웨슬리**
존 웨슬리(1703~1791)는 18세기 영국의 유명한 기독교 목사이자 신학자이다. 영국의 종교 르네상스를 이끌었고, 웨슬리 종파와 감리교를 설립했다.

했고, 얼마 지나지 않아 목사가 되었다. 그는 단숨에 높은 자리로 승진했다. 1735년에 웨슬리는 북아메리카 조지아 주의 초청을 받아 그곳에서 선교사로 활동했다. 그러나 그는 종교적 주장이 지나치게 강해서 지역 사람들과 잘 어울리지 못했다. 3년 동안 노력했지만 신도는 얼마 되지 않았다. 존 웨슬리는 결국 아무것도 이루지 못한 채 돌아왔고, 스스로 실패를 인정했다. 영국으로 돌아온 후 그는 이번 선교 활동의 실패를 뼈저리게 반성했다. 그리고 그 원인은 자신이 기독교를 진심으로 믿지 않아서이며, 신앙심도 깊지 않았기 때문이라고 결론을 내렸다. 그 후, 존 웨슬리는 갑자기 신의 계시라도 받은 사람처럼 엄청난 활력을 얻었고 가슴속 깊이 그리스도를 믿게 되었다.

1739년 6월에 존 웨슬리는 옥스퍼드 대학교에서 훌륭한 포교 연설을 했다. 그는 종교에 대한 신앙은 개인의 마음속에서 느껴야 하며, 단순히 이성적으로만 받아들이거나 머리로 생각하고 논리적으로 파악하는 것이 아니라고 말했다. 그 후 그처럼 종교적 깨달음을 얻은 이들이 그의 제자가 되어 곳곳에서 포교 활동을 하고 새로운 종교를 키워갔다.

감리교의 설립 과정

웨슬리와 제자들은 깨달음을 얻은 후 40만 킬로미터가 넘는 긴 여정을 함께하며 영국 곳곳을 누볐다. 그들은 외진 농촌 마을과 환경이 열악한 광산 지역을 돌아다니며 연설하고 선교 활동을 했다. 존 웨슬리는 인생의 4분의 3을 이 여정으로 보냈고, 그 과정에서 선교

책자 수백 권을 썼다.

존 웨슬리의 선교 활동은 전통적인 보수 세력의 반대에 부딪혀 큰 압박을 받았다. 그럼에도 그는 자신의 뜻을 접지 않았다. 그는 매년 원고료로 2만 파운드를 벌었다. 이 원고료 수입만으로도 그는 넉넉한 생활을 할 수 있었다. 하지만 웨슬리는 매년 자신의 생활비로는 30파운드만을 쓰고, 나머지는 가난한 이들에게 베풀었다. 존 웨슬리는 평생 선교 연설을 4만여 차례나 했다. 이는 영국과 웨일스, 스코틀랜드, 북아메리카에서 엄청난 반향을 불러일으켰고, 점점 큰 영향력을 발휘했다.

존 웨슬리는 힘든 과정에서도 부지런하게 선교 활동을 하고, 독자적인 신학 사상을 마련했다. 이 사상은 감리교의 영향력과 호소력을 높이는 데 큰 도움이 되었다. 웨슬리는 하느님은 모든 사람을 구원하고 싶어하며, 경건하고 진실한 마음으로 기독교를 믿으면 모든 사람이 구원을 받을 수 있다고 생각했다. 또 모든 사람은 적극적이고 진취적인 생활 자세를 갖춰야 하며, 모든 사람이 진실하고 선량한 삶을 살기 위해 반드시 자신을 채찍질하고 돌아볼 줄 알아야 한다고 여겼다. 웨슬리의 신학은 민주와 평등 사상에 스며들어 북아메리카에서 빠른 속도로 퍼져 나갔다. 얼마 지나지 않아 감리교는 큰 영향력을 행사하는 교파가 되었고, 북아메리카의 종교 각성 운동에서 가장 많은 사람의 관심을 받았다.

제 2 장

깨달음과 패권 다툼

디드로와 《백과전서》

계몽 운동 시기의 프랑스는 별들의 왕국이었다. 수많은 사상가가 신이 전부라고 믿던 예전의 세계에서 인류를 자신의 이성과 열정으로 삶을 살아가는 새로운 인간의 세계로 옮겨 놓았다. 다시 말해, 그들은 인간이 신의 구속에서 벗어나고 전제 군주제의 족쇄를 벗을 수 있도록 도왔다. 이를 위해 계몽 사상가들은 인간이 알아낸 지식을 체계적으로 정리해서 《백과전서》를 만들었다. 백과전서파[36]의 수장이었던 드니 디드로는 조직을 이끄는 능력이 뛰어난 관리자이자 다재다능한 만능인이었다. 그의 빛나는 업적은 오늘날까지도 많은 사람의 존경을 받고 있다.

디드로의 방랑기

1713년에 디드로는 프랑스 샹파뉴 지방의 수공업자 집안에서 태어났다. 그의 아버지는 이름난 가위 생산자였고, 어머니는 목공예가의 딸이었다. 아버지와 어머니 모두 수공업자였고, 그의 집안에서 사회적 지위가 있는 사람은 선교사였던 외삼촌뿐이었다. 디드로가 태어났을 때, 그의 아버지는 아들을 반드시 선교사가 되게 하겠다고 다짐했다. 선교사가 되면 가문을 빛내고, 또한 체면을 세우며 살 수 있기 때문이었다.

그래서 디드로는 어렸을 때 아버지의 뜻에 따라 예수회 학교에 입학했다. 이후에는 파리의 학교로 옮겨 신학 공부를 계속했다. 그러나 디드로는 사실 복잡하고 지루한 신학 과목을 싫어했고 철학과 수학, 천문학에 흥미를 느꼈다. 더욱이 그는 프랑스 천주교회의 부패를 극도로 증오했기 때문에 선교사로 일하는 것은 결코 그의 장래희망이 아니었다.

1732년에 디드로는 파리에서 문화 석사 학위를 받았다. 그러자 아버지는 그에게 이제 선교사가 되라고 했다. 디드로는 물론 교회에서 일하고 싶지 않았지만, 아버지의 뜻에 무조건 반대할 수도 없었다. 그래서 그는 파리의 한 검찰관 수하로 들어가 실습생 생활을 했다. 이 일을 꾸준히 한다면 장래에 법관이 될 수도 있었다. 그러나 안타깝게도 디드로는 법에 아무 관심이 없었고, 법률 조문과 판례를 보

---

36) 프랑스의 계몽 사상가 집단

는 것이 귀찮았다. 결국, 실습생으로 일한 몇 년 동안 디드로는 아무런 결과도 얻지 못했다.

디드로의 아버지는 아들이 훗날 돈도 권력도 없는 일을 하게 될까 봐 노심초사했다. 그래서 아들에게 법관이 싫으면 의사라도 되라는 최후통첩을 보냈다. 하지만 디드로는 의학에도 흥미를 느끼지 못했다. 결국 그의 아버지는 매우 화가 나서 디드로에게 더는 생활비를 보내주지 않았다.

디드로는 이후 혼자서 파리의 밑바닥 생활을 전전했다. 안정된 직장도 없고 아버지의 생활비 지원도 끊겼기 때문에 그는 아무런 수입이 없었다. 파리에 일정한 잠자리도 없었고, 끼니도 제대로 챙기지 못했다. 결국, 디드로는 최소한의 생활을 유지하기 위해 가정교사, 대리 번역 등 온갖 일을 했다. 이제 그는 생계를 유지할 수만 있다면 어떤 일도 감당할 수 있었다.

디드로는 그렇게 파리에서 10년을 보냈다. 힘들고 가난한 생활 속에서도 그는 엄청난 양의 책을 읽었다. 그러면서 철학과 문학, 논리학을 연구하여 훗날 《백과전서》를 편찬하는 데 필요한 기본 지식을 쌓았다. 이 시기에 디드로는 장 자크 루소와 친분을 맺었다. 루소와 디드로는 나이도 비슷하고 처지도 비슷했으며, 둘 다 가슴속에 큰 뜻이 있었다. 디드로가 파리에서 방황한 10년은 훗날 《백과전서》 집필에 필요한 인재를 모집하는 데 큰 도움이 되었다. 그 10년 동안 디드로는 루소를 비롯한 수많은 엘리트 계몽 사상가를 만났고, 그들은 《백과전서》를 편찬하는 데 중요한 원동력이 되었다.

▲ 드니 디드로
18세기 프랑스의 계몽 사상가이자 철학자 겸 작가이며, 백과전서파의 대표였다.

청사진

1743년에 서른의 디드로는 세탁소집 딸 앙투아네트와 결혼했다. 이때 그는 아버지의 반대가 두려워 비밀리에 결혼식을 올렸다. 결혼하고 얼마 지나지 않아 두 사람 사이에 딸이 태어났는데, 안타깝게도 두 사람의 첫딸은 3개월 만에 세상을 떠나고 말았다. 그 후에 디드로와 앙투아네트는 딸을 네 명 더 낳았지만, 성인이 된 딸은 한 명뿐이었다.

앙투아네트와 결혼한 후 디드로는 생활이 더욱 궁핍해졌다. 가난

《백과전서》는 전반적으로 대중적인 문체로 쓰였지만, 결코 수준 낮은 작품이 아니며 분명하고 확실한 논리로 서술된 책이다. 이 책은 중산층에서 인기가 높았다. 제5권이 출간될 당시 이미 예약 권수가 4,000부에 달해 몇 번이나 다시 인쇄해도 시장의 수요를 맞추기가 어려울 정도였다. 이 책은 제본이 고급스럽고 가격도 비쌌다. 백과사전 한 세트의 가격이면 중산층 가정이 몇 달 동안 넉넉하게 생활할 수 있을 정도였다. 비싼 가격에도 불구하고 《백과전서》는 시장에서 베스트셀러 자리를 차지했다.

은 마치 그림자처럼 디드로의 곁에서 떠나지 않았다. 그런 한편 이 시기에 디드로는 파리 문화계에서 어느 정도 명성을 얻었다. 그는 영어에 능하고 그리스 철학과 동시대 인물인 볼테르의 작품에도 일가견이 있었다. 또 여러 차례 번역 일을 하면서 출판계 사람들과도 인연을 맺었고 출판계에서 능력을 인정받았다.

1745년에 파리의 출판인 앙드레 르 브르통이 번역 작업을 상의하기 위해 디드로를 찾았다. 브르통은 당시 파리에서 이름을 날리던 출판인이었다. 그는 디드로에게 1728년에 스코틀랜드의 윌리엄 체임버스가 지은 백과전서 형식의 《예술과 과학 대사전》을 번역해달라고 부탁했다. 사실, 파리의 일부 대학 교수들이 자진해서 이 책을 번역하려고 했으나 브르통은 그들을 신뢰할 수 없어서 디드로를 찾아온 것이었다.

그런 브르통에게 디드로의 태도는 예상 밖이었다. 브르통과 마주 앉은 젊은 디드로는 이 책에 아무런 흥미도 보이지 않았기 때문이다. 며칠 후, 디드로는 브르통에게 그 책은 이미 유행이 지났으니 지금 번역해서 출판하는 것은 아무 의미가 없다고 말했다. 그러면서 이참에 새로운 백과전서식 사전을 만들어 보는 것이 어떠냐고 제안했다. 이에 브르통은 자신과 각별한 사이인 프랑스 사법부 장관 아귀스(Henri François d' Aguesseau)에게 디드로의 제안을 이야기했다. 그러자 팔순의 나이에도 인문학에 정통하고 문화 출판 사업에 관심이 많았던 아귀스는 디드로를 불러서 그의 구상을 직접 들어보고 싶어했다.

디드로는 고위 관리인 아귀스 앞에서 자신의 생각을 막힘없이 털어놓았다. 그는 먼저 백과전서에는 당대 세계에 존재하는 모든 지식이 포함되어야 하며, 현대인의 사고방식에 맞는 방식으로 배열해야 한다고 말했다. 그리고 당대 사람들에게 세계의 과학과 예술의 발전 과정을 알리고 후세에 전파해 후세 사람들이 더욱 풍부한 지식과 도덕관념을 갖추어야 한다고 덧붙였다. 그렇게 된다면 이 책은 당대에 이롭고 또한 역사적으로는 업적을 세우는 일이 될 수 있었다. 아귀스는 디드로의 해박한 지식과 논리에 마음이 끌렸다. 정말 그러한 사전이 세상에 나온다면, 프랑스가 세계의 문화 발전에 크게 이바지하는 것이었기 때문이다. 아귀스는 이 대작을 탄생시키기 위해 디드로의 생각을 지지하기로 했다. 그래서 곧 디드로가 프랑스 황제를 만날 수 있는 자리도 마련하고 과학자들을 모아서 함께 책을 저술하도록 하는 등 많은 지원을 했다.

디드로는 백과전서 편찬에 관한 계획을 이미 세워 놓고 있었다. 그는 사실 정부가 이번 일에 참여하는 것을 원하지 않았다. 초대형 규모의 백과전서를 만드는 일은 정부의 명령이나 관리들의 일시적인 열의가 아니라 학자들의 끈기와 지속적인 노력으로 이루어져야 한다고 생각했기 때문이다. 만일 정부에 소속된 과학자들과 일하게 된다면 매번 잡다한 문서를 작성하고, 회의해야 하며, 사전의 내용이 왜곡될 수도 있었다. 과학과 예술의 발전사를 제대로 전달하려면 백과전서는 반드시 전국의 학자, 공예가들의 의무감과 끊임없는 노력으로 완성되어야만 했다.

디드로의 웅대한 계획과 설득력 있는 말재주에 감탄한 아귀스는 그에게 백과전서의 편찬을 부탁했다. 디드로는 이 일에 막중한 책임감을 느끼고 백과전서 편찬을 자신의 인생 목표로 삼았다.

백과전서파 모집

디드로는 백과전서 편찬 작업의 총책임자가 된 후 매우 기뻤지만, 그만큼 고민도 많았다. 그의 학력과 이력만으로는 방대한 규모의 대작을 만들어 내기가 쉽지 않았기 때문이다. 과학이 거의 발달하지 않은 시대에는 아리스토텔레스처럼 철학과 논리, 물리, 식물 등 다양한 분야에 능통한 천재가 존재하기도 했다. 그러나 근대 이후에는 과학이 발달하여 깊이 있고 다양한 지식이 널리 알려져 있었다. 또 디드로는 재능이 많았지만 이름이 널리 알려지지 않았기 때문에 자신이 학자들에게 함께 일하자고 제의했을 때 그들이 선뜻 수락할지가 불투명했다.

이때, 디드로는 문득 한 사람이 생각났다. 바로 당시 유럽에서 가장 유명한 수학자 중 한 명이던 달랑베르이다. 달랑베르는 스물넷의 젊은 나이에 프랑스 과학원 부회원이 되었고, 파리의 여러 살롱에서 열리는 사교 모임에 참여했으며, 각 분야의 학자들과 친밀한 관계를 맺고 있었다. 디드로가 생각하기에 달랑베르는 학력이나 명망으로 볼 때 백과전서 편찬의 부책임자로 가장 적합한 사람이었다. 다행히 달랑베르는 디드로의 제안을 기쁘게 받아들였다.

디드로와 달랑베르의 노력으로 백과사전 편찬에 참여할 인물을

▲ 드니 디드로의 조각상
디드로는 근현대 백과전서의 초석을 다졌으며, 그를 중심으로 한 백과전서파는 1751년부터 1772년까지 백과전서 편찬 작업을 통해 첫 번째 《백과전서》를 출간했다.

모으는 일은 순조롭게 이루어졌다. 달랑베르는 당시 지식인으로 유명하던 볼테르에게 함께하자고 요청하여 승낙을 받았다. 이후 볼테르가 참여한다는 소식은 백과전서 저자를 모으는 데 긍정적인 영향을 미쳤다. 프랑스에서 최고의 지식인으로 불리는 볼테르가 백과전서 작업에 참여한다고 하니, 그보다 명성이 떨어지는 지식인들이 이 작업을 거절할 이유가 없었던 것이다.

얼마 지나지 않아 루소와 케네, 뷔퐁, 엘베시우스 등 각 분야의 인재들이 모두 모였다. 이후 이들은 분야와 흥미를 고려해서 일을 분담했다. 그런데 그 과정에서 문제가 생겼다. 백과전서에 들어갈 내용 중에 생소하고 잘 알려지지 않은 분야는 맡을 사람이 없었던 것이다. 그러자 디드로는 솔선해서 공업 분야를 맡았다. 공업 지식은 어렵고 딱딱하며 인기도 없었지만, 그는 이에 굴하지 않고 열심히 작업해나갔다. 이를 위해 디드로는 힘든 내색도 없이 여러 공장을 직접 찾아다니며 공부하고, 외국에서 빌려온 엄청난 양의 자료를 일일이 살펴보았다. 그렇게 해서 디드로는 작업 기간에 수만 개에 달하는 지식을 정리했다. 모두 다른 사람들이 피하던 '비인기 학문' 분야의 지식이었다.

백과전서 준비 작업

1750년에 디드로는 《백과전서》를 출간한다는 소식을 발표하고, 구매 예약 광고를 내보냈다. 디드로는 광고에서 이 책은 체임버스가 쓴 사전을 번역한 것이 아니라 프랑스 독자들을 위해 다시 정리해서 만든 사전이라는 점을 명확히 밝혔다. 《백과전서》는 과학과 예술, 기술의 세 부분으로 구성되었다. 방대한 인간의 지식은 기본적으로 기억과 이성, 상상에 의해서 형성되며 기억은 역사를 만들고, 이성은 철학

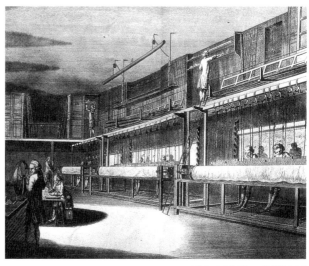

▲ 파리 근교에 있는 고블랭[37] 공장
이 그림은 《백과전서》에 실린 삽화이다. 《백과전서》의 출판은 유럽 출판 역사상 가장 위대한 업적 중 하나이다.

을 만들며, 상상은 인간에게 시와 음악을 만들어주었다. 디드로는 인간의 지식을 체계적으로 서술하여 독자들이 이 책을 통해서 풍성한 지식을 맛볼 수 있도록 했다. 《백과전서》의 출판은 뜨거운 반응을 불러일으켰다. 이에 디드로도 마침내 한시름을 놓았다. 백과전서를 출간하는 것은 상당히 의미 있는 일이지만, 출판가에게 가장 중요한 것은 이 책을 팔아서 돈을 버는 것이었다. 다행히 이 책은 브르통에게 안정적인 수입을 보장해주었고, 백과전서 편집 작업도 순조롭게 이루어졌다.

《백과전서》의 구매 예약 광고가 발표된 후, 일부 보수 인사들이 꼬투리를 잡기 시작했다. 한 신문사의 총편집장은 《백과전서》가 신을 모독했으며 디드로의 인류 지식 도표는 영국 철학자 베이컨의 것을 모방했다고 주장했다. 그는 글로써 디드로를 비웃었지만, 디드로는 이에 굴하지 않았다. 디드로 역시 자기 생각이 무조건 옳다고 여기는 선교사들의 주장을 반박하는 글을 썼고, 그의 날카로운 글 솜씨와 유머감각, 그리고 뛰어난 지혜는 사람들의 주목을 받았다. 마침내 《백과전서》가 출판되었을 때, 프로이센의 베를린과학원은 디드로에게 경의를 표하기 위해 그를 과학원 회원으로 임명했다.

---

37) 여러 가지 색깔의 실로 무늬를 짜 넣은 장식용 벽걸이 천

계속되는 악재

1751년에 사람들의 뜨거운 기대 속에서 《백과전서》 제1권이 세상에 모습을 드러냈다. 브르통이 이미 출판 허가를 받았고, 다르장송 후작이 생동감 넘치는 헌사를 썼다. 다르장송은 국방부를 담당하는 고위 권력자였으며 파리의 중소 규모 출판, 인쇄업자들의 관리자이기도 했다. 그의 지지를 받은 덕분에 《백과전서》는 큰 어려움 없이 출간되었다. 디드로는 제1권의 주제를 이성과 진리로 잡았는데, 이는 신의 권력과 입김이 강하던 당시 프랑스에서는 상식과 도리에 완전히 어긋나는 것이었다. 그래서 《백과전서》는 1권이 출판되고 난 후 비방과 칭찬을 동시에 받았다. 지체 높은 귀족과 선교사들은 《백과전서》가 황당무계하며 신을 모방한 책이라고 생각했고, 중산층은

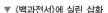

▼ 《백과전서》에 실린 삽화

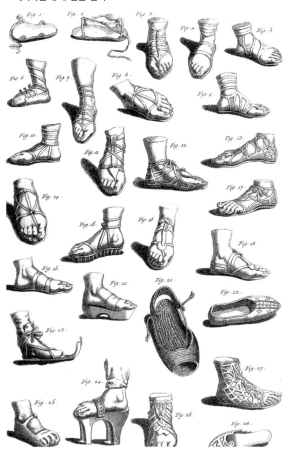

이 책이 인간의 마음속 지혜를 깨우는 보물 같은 책이라고 여겼다. 1752년에 제2권이 발표되자 궁정 문인들이 지식인들을 선동해서 디드로를 매우 비난했고, 《백과전서》는 금서로 지정되었다. 그러자 백과전서파 내부에도 갈등이 생기기 시작했다. 달랑베르가 부책임자 자리에서 물러났고, 디드로의 절친한 벗이던 루소도 관점이 다르다는 이유로 그의 곁을 떠났다. 엘베시우스와 케네도 잇달아 백과전서파를 떠났다.

계속되는 악재 속에서도 디드로는 홀로 의연하게 자신의 길을 걸었고, 27년에 걸친 노력 끝에 1772년에 《백과전서》를 완성했다. 《백과전서》는 본문 17권, 삽화 11권으로 총 28권이었으며 이는 처음에 계획한 2권을 훌쩍 뛰어넘는 분량이었다. 훗날 콩도르세 등 학자들이 다시 7권을 추가해서 1777년에 《백과전서》는 총 35권이 되었다.

《백과전서》를 편찬하려면 상당한 규모의 출판 과정을 거쳐야 했고, 여기에

는 집필뿐 아니라 우수한 편집 인력도 필요했다. 작업 중에는 가끔 작가와 편집자 사이에 의견 충돌이 생겼다. 이는 서로 추구하는 바가 다르기 때문이었다. 작가가 원하는 것은 진실한 도리였고, 편집자가 원한 것은 이익이었다. 《백과전서》를 출판하는 과정에서도 이런 충돌이 일어났다. 브르통은 《백과전서》를 출판하고 나서 감옥에 갇혔는데, 석방된 이후 출판에 더욱 신중한 태도를 보이며 정부의 심기를 건드리려고 하지 않았다. 그래서 그는 디드로가 이미 수정을 마친 원고에서 논란이 될 수 있는 부분을 삭제했다. 디드로는 나중에야 자신이 정성을 기울여서 쓴 원고가 마음대로 삭제되었다는 사실을 알고 노발대발했다. 그리고 바로 브르통에게 원고를 돌려달라고 요구했지만, 거절당했다. 그래서 《백과전서》에는 디드로가 작업한 원본이 완전하게 실리지 않았다. 디드로의 원본은 1933년이 되어서야 겨우 온전히 출판되었다.

《백과전서》는 일반적인 사전이자 봉건주의와 신에 대한 저항을 의미했다. 디드로는 《백과전서》를 편찬하는 동시에 많은 작품을 남겼으며, 그 작품들에서 말하고자 한 사상은 모두 《백과전서》에 녹아들었다. 《백과전서》는 그의 생각과 사상을 집대성한 작품이며, 이로써 드니 디드로는 인류의 이성을 한 단계 발전시키는 데 크게 이바지했다.

계몽 운동의 아버지 볼테르

볼테르는 재능이 많고, 자유를 사랑했으며, 프랑스의 전제주의를 매우 증오했다. 어렸을 때부터 반항아 기질이 다분했던 그는 두 차례나 바스티유 감옥에 갇히기도 했다. 그는 그레이트브리튼 섬을 여행하며 영국의 자유로운 분위기를 즐겼고, 프로이센의 프리드리히 2세 초청으로 베를린에 갔지만 3년도 안 되어 돌아오기도 했다. 그는 평생 많은 작품을 남겼고, 익살맞은 문체와 삶의 희로애락을 담은 글로 프랑스에서 가장 명망 있는 지식인으로 인정받는다.

반항아

1694년 11월에 볼테르는 파리의 중산층 가정에서 태어났다. 그의 아버지는 이름난 공증인이었고, 어머니는 귀족 혈통이었다. 막내인 볼테르는 어머니가 노산이었던 터라 태어날 때부터 몸이 허약하고 병치레가 잦았다. 그래서 가족 모두 그가 오래 살기 어려울 것이라고 여겨졌지만, 그는 장수하여 여든넷에 눈을 감았다.

볼테르의 집안 정도면 충분히 상류 사회에서 어울리며 호화로운 생활을 누릴 수 있었다. 볼테르가 그렇게 살았다면, 그는 그저 먼지처럼 사라진 평범한 귀족과 다를 바 없었을 것이고 인류 역사에서 계몽 사상의 선구자로 불리는 지식인은 탄생하지 않았을 것이다. 그러나 볼테르는 어려서부터 훌륭한 교육을 받았다. 아들이 출세하기를 바란 부모가 지역에서 가장 좋은 학교에 보내서 신식 교육을 받게 한 것이다. 더욱 다행이었던 것은 볼테르가 그곳에서 훌륭한 선생님과 친구를 많이 사귀었다는 것이다. 또 그의 선생님이 볼테르를 살롱 주인인 니농 드 랑클로에게 소개해주었다. 그녀는 총명하고 영리한 볼테르를 귀엽게 여기며 신동이라고 불렀다. 그리고 1705년에 병으로 세상을 떠나면서 볼테르가 앞으로 공부하는 데 보탬이 되도록 2,000프랑을 유산으로 주었다.

볼테르는 열 살 때 아버지의 뜻에 따라 파리에 있는 '루이 르 그랑' 학교로 전학했다. 프랑스 최고의 명문학교로, 소수의 귀족 자제들만 입학할 수 있는 곳이었다. 볼테르는 그곳에서 7년 동안 공부하면서 자신만의 확고한 주관을 세우고 취미를 계발했다. 루이 르 그랑은 르네상스 시대 이후의 문화와 전통을 따랐고 프랑스어와 라틴어 희극을 가르쳤다. 고전 문학 중 특히 희극에 매력을 느낀 볼테르는 열두 살 때 벌써 희극 대본을 썼다. 이런 경험들은 훗날 그의 문학 창작 활동에 밑거름이 되었다. 루이 르 그랑은 귀족 학교였기 때문에 대부분 학생이 부유한 귀족 자제였다. 그들은 아무런 지식도 기술도 없이 잘난 척하기만 좋아했고, 볼테르는 이런 점에 혐오감을 느꼈다.

볼테르는 중학교를 졸업하고 나서 문학 창작 활동을 하고 싶었지만, 아버지의 반대에 부딪혔다. 아버지는 그가 선교사나 법조인이 되길 원했다. 볼테르는 당시의 기성세대를 위선자라고 생각했고 아버지의 뜻에 극도로 거부감을 보였다. 그는 지옥이나 신의 존재를 믿지 않았기에 선교사가 되고 싶은 마음은 없었다.

그의 아버지는 볼테르에게 선교사가 되지 않겠다면 법률 지식을 배워서 자신의 사업을 물려받으라고 강요했다. 그래서 볼테르는 3년 동안 법률 지식을 공부했지만, 어렵고 딱딱한 판례는 그에게 아무런 감흥도 주지 못했다. 그는 법이 싫었고, 법은 아무짝에도 쓸모없는 지식이라고까지 생각했다.

감옥에 갇힌 볼테르

볼테르의 아버지는 아들이 법에 아무런 뜻이 없다는 것을 알고, 얼마 후 헤이그로 떠나는 한 후작에게 그를 데리고 가달라고 부탁했다. 그래서 볼테르는 후작을 따라 헤이그로 가게 되었다. 그는 헤이그에서 외교 업무를 배우는 것보다는 여자를 따라다니는 데 더 열중했다. 하지만 그가 쫓아다닌 여자의 어머니는 딸이 볼테르와 만나는 것을 반대했다. 심지어 이 사실을 주駐헤이그 프랑스 대사관에 알리기도 했다. 그래서 볼테르는 결

▼ 볼테르(1694~1778)

프랑스 계몽 운동의 핵심 인물이자 유명한 시인 겸 극작가, 산문가, 소설가, 역사학자, 계몽사상가, 철학자, 자유 사상과 자유주의 창시자이다. 본명은 '프랑수아 마리 아루에'이며, 볼테르라는 필명으로 더 유명하다.

국 헤이그로 떠난 이듬해에 프랑스로 돌아왔다.

볼테르가 불명예스럽게 프랑스로 돌아오자 아버지는 몹시 화가
났다. 그는 자꾸만 말썽을 일으키는 아들을 다시 예전처럼 돌려놓기
위해 온갖 방법을 동원했다. 그때까지도 아들이 훗날 법조계에서 일
하길 바란 그의 아버지는 1714년에 볼테르에게 한 검찰관의 비서로
일하라고 강요했다.

1715년에 루이 14세가 사망한 후 볼테르는 프랑스의 어지러운 정
치계를 풍자하는 시를 여러 편 썼다. 이것이 문제가 되어 그는 결국
감옥에 갇히게 되었다. 1716년에 볼테르는 바스티유 감옥으로 옮겨
져서 11개월 동안 갇혀 있었다. 당시 볼테르는 이미 자신만의 정치
적 소신과 목표가 뚜렷했다. 이후 그는 이를 바탕으로 교회와 프랑
스 정부에 대해 50년에 걸친 투쟁을 시작했다.

영국 생활

볼테르는 아버지가 돌아가신 후 막대한 유산과 함께 자유를 얻었
다. 이제 볼테르의 선택에 간섭할 사람은 아무도 없었다. 그는 희극
작품을 쓰는 데 열중했고, 곧 파리의 상류 계층과도 어울렸다. 볼테
르는 큰 성공으로 명예를 얻었지만, 반反정부적 성격이 짙은 그의
작품들은 당시 집권 세력에게 많은 비난을 받았다.

프랑스에서 섭정하던 오를레앙 공은 집으로 그를 초대해서 정부
를 위해 일해달라고 부탁했다. 그러나 볼테르는 권력을 위해서 일하
는 문인이 되고 싶지 않았기에 정중하게 그 부탁을 거절했다. 그 후
볼테르는 요주의 인물이 되었고, 프랑스 정부는 볼테르가 계속해서
정부 문인들을 비난하는 것을 참을 수 없었다.

불행과 행복은 마치 한 몸과 같다. 그래서 볼테르의 인생이 순풍
에 돛 단 듯 모든 것이 순조롭던 때, 한편에서는 힘든 시간이 다가오
고 있었다. 연극을 보러 극장에 간 어느 날 볼테르는 실수로 슈발리
에 드 로앙이라는 귀족에게 실례를 범했다. 그런데 뜻밖에도 로앙은
이 일에 앙심을 품고 볼테르에게 복수하려는 계획을 세웠다. 그는
볼테르와 루이 르 그랑 동창인 쉴리 공작[38]을 사칭해서 편지를 보내
볼테르를 저녁 식사에 초대했다. 편지를 받은 볼테르는 흔쾌히 약속
장소로 향했다. 그러나 그를 기다린 것은 쉴리 공작이 아니었다. 그

---

38) 막시밀리앵 드 베튄 쉴리 공작 집안의 후손

는 말에서 내리자마자 로앙이 고용한 경호원들에게 폭행을 당하고 겨우 도망쳤다.

1726년에 볼테르는 이 치욕을 갚기 위해 로앙에게 결투를 신청했다. 그런데 오히려 그가 모함에 빠지고 말았다. 로앙이 결투 신청을 받아주는 척하면서 그를 고소한 것이다. 프랑스 당국은 볼테르를 다시 바스티유 감옥에 집어넣었다. 몇 개월 후, 그는 프랑스를 떠나겠다는 조건으로 감옥에서 풀려나 해협 건너의 영국으로 갔다.

영국에 도착한 후 볼테르는 프랑스와는 완전히 다른 새로운 세상을 보았다. 영국은 위로는 고위 관리와 귀족, 아래로는 일반 백성 모두 여유롭고 넉넉하게 생활했다. 볼테르는 이를 영국이 전제 군주제의 뿌리를 뽑은 덕분이라고 여겼다. 1688년 이후 영국은 전제주의를 버리고 안정된 입헌군주제를 도입했다.

볼테르는 영국의 모든 것에 흠뻑 빠졌다. 그가 거래하던 은행이 파산해 2만 프랑의 어음이 백지수표가 되는 일이 벌어졌지만, 다행히 볼테르의 작품을 좋아하는 한 상인이 도움을 주어서 영국에서 생활하는 데 어려움은 없었다.

그리고 주駐영국 프랑스 대사관의 소개장 덕분에 볼테르는 문학, 정치 등 영국의 각 분야 유명 인사들과 친분을 맺을 수 있었다. 그는 영문 작품을 더 많이 읽고 영국인과 교류를 넓히기 위해 영어를 공부하기 시작했다. 열심히 노력한 끝에 1726년 연말에는 영어로 작품을 쓰기도 했다.

볼테르는 프랑스에서 발표했던 《앙리아드》를 영국에서 다시 발표했다. 이 작품은 순조롭게 출간되어 영국 상류층에서 큰 인기를 끌었고, 영국 국왕과 왕비도 관심을 보였다. 베스트셀러가 되어서 구매하려는 사람이 너무 많아 몇 번이나 추가로 인쇄해야 할 정도였다. 이 책으로 볼테르는 큰 명성을 얻고 15만 프랑에 달하는 수입을 벌었다. 이 책은 볼테르의 인생에 가장 중요한 재산이 되었다. 그 후 볼테르는 이 수입으로 사업을 시작해 또 엄청난 돈을 벌었다. 《앙리아드》는 이렇게 볼테르의 이후 작품 활동을 위한 물질적 기반을 마련해주었다.

볼테르는 영국에서 당시 대문호로 불리던 조너선 스위프트와 매우 가깝게 지냈다. 3개월 동안 함께 생활하면서 스위프트는 볼테르의 창작 활동을 격려했고, 볼테르는 스위프트의 재능에 감탄했다. 볼테르는 스위프트를 영국의 프랑수아 라블레라고 생각했지만 사실 글재주에서만큼은 스위프트가 라블레보다 한 수 위였다. 한편, 볼테르는 셰익스피어의 희극을 좋아하지 않았고 그를 점잖은 척하는 야만인이라고 여겼다. 반면에 존 로크의 경험론 철학에는 깊이 매료되었다. 볼테르는 존 로크의 철학 작품을 꼼꼼히 연구하면서 많은 깨달음을 얻었다. 볼테르는 자신이 이미 진리를 찾았다고 생각했지만, 연구를 통해서 자신이 찾은 것은 우회로에 불과했다는 것을 깨달았다. 존 로크의 작품을 만난 것은 그에게 마치 길 잃은 아이가 아버지의 품으로 돌아온 것과 같았다.

볼테르는 존 로크의 철학뿐만 아니라 뉴턴의 물리학 이론에도 마음을 빼앗겼다. 사실 뉴턴의 자연과학 이론은 내용이 난해하고 어려워서 프랑스에서 큰 주목을 받지 못했다. 그래서 볼테르는 뉴턴의 이론을 알기 쉽게 풀어서 다시 소개했고, 이후 뉴턴은 그의 책을 통해 프랑스 지식계에서 주목받으며 데카르트와 어깨를 나란히 하는 과학자로 평가받았다.

볼테르는 영국에서 생활한 3년 동안 자신이 만나고 듣고 느낀 모든 것을 편지 양식으로 기록한 《철학서간》을 발표했다. 그는 책에 편지글 25편을 실어 영국의 정치와 사회, 과학, 예술 등 여러 방면의 발전 상황을 소개했다. 볼테르의 작품은 프랑스가 영국을 이해하게 되는 계기를 마련했고, 그 후 많은 영문 작품이 번역되어 프랑스에 소개되었다. 볼테르는 프랑스와 영국 사이에 일종의 문화 교류의 다리 역할을 한 셈이다.

샤틀레와 프리드리히 2세

프랑스로 돌아온 후에도 볼테르는 여전히 프랑스 당국과 사이가 좋지 않았다. 그래서 파리에 계속 머무르는 것이 불편했던 그는 자신이 가장 사랑하는 여인인 에밀리 뒤 샤틀레 후작 부인과 함께 프랑스와 스웨덴 국경의 작은 마을에 있는 그녀의 별장에서 지냈다. 샤틀레는 재능이 뛰어나고 여러 나라의 언어에 능통했으며 문학예술에도 조예가 깊었다. 볼테르는 오랜 방랑 생활 속에서 진정한 친구를 찾지 못하다가 마흔이 되어 비로소 그녀를 만났다.

두 사람은 그곳에서 10년 동안 함께 살며 파리의 번잡함과 소음을 멀리했다. 조용하고 안정된 마을의 분위기 속에서 볼테르는 문학 작품과 역사서 창작에 더욱 열중할 수 있었다. 그의 작품 《루이 14세의 세기》는 바로 이 시기에 집필을 시작한 것이다. 비록 두 사람은 결혼하지 못했지만, 서로에게 정신적 지기나 다름없었다.

볼테르는 파리의 지식인들과 거리를 두었지만 유럽 대륙에 그의 명성이 자자했다. 프로이센의 프리드리히 2세가 왕위에 오르기 전이던 시절에 볼테르에게 베를린에 와달라고 부탁하기도 했다. 그의 요청을 받고 볼테르는 베를린으로 가고 싶었다. 하지만 샤틀레는 프리드리히의 진심을 믿을 수 없다면서 베를린에 가면 결국 프리드리히 수중의 장난감이 될 것이라고 프로이센에 가는 것을 만류했다. 그래서 볼테르는 결정을 내리지 못했다.

그 후 샤틀레 부인이 병으로 세상을 떠나자 볼테르는 매우 상심했다. 이제 더 이상 샤틀레만큼 자신을 깊이 이해하는 사람이 없기 때문이다. 이때, 프로이센의 국왕이 된 프리드리히 2세가 다시 볼테르를 초청했다. 그러자 볼테르는 결국 그 초청을 받아들였다. 이는 샤틀레를 잃은 슬픔을 잊기 위해서이기도 했고, 또한 프리드리히의 분

볼테르는 여든이 넘어서야 프랑스로 돌아왔다. 그를 직접 마중하려는 많은 인파가 몰렸고, 각계 인사들도 용감한 지식인이자 희극 대작가인 볼테르를 환영했다. 볼테르는 또 아카데미프랑세즈의 원장으로 임명되었다. 이는 그에 대한 최고의 인정이자 표창이었다. 그런데 안타깝게도 늙어서 몸이 쇠약해진 볼테르는 계속해서 이어지는 축하 행사를 견디지 못하고 자리에 눕고 말았다. 임종이 가까웠을 때, 그의 가족이 목사를 불렀다. 그러나 볼테르는 목사를 싫어했고 평생 신을 믿지 않았기 때문에 마지막 순간에 이르렀다고 해서 신에게 참회할 수는 없었다. 목사가 시시콜콜한 말을 끊임없이 잇자 볼테르는 마지막 남은 힘을 모두 다해서 결국 목사를 쫓아버렸다. 이것은 평생을 교회와 투쟁해 온 지식인의 마지막 반항이었다.

명하고 조리 있는 글 솜씨에 감동했
기 때문이기도 했다.

볼테르가 베를린에 도착하자 프
리드리히 2세는 그를 극진히 대접
하며 가까이 두었다. 프리드리히 2
세는 볼테르를 자신의 참모로 임명
하고, 보수로 1년에 2만 프랑을 주
었다. 사실 볼테르는 그저 문인일
뿐, 나라를 다스리고 정치적으로 조
언하는 데에는 경험이 없었다. 프리
드리히가 볼테르를 초청한 것은 단
지 프로이센의 위상을 높이기 위해
서였다. 프리드리히는 막 끝난 오스
트리아 계승 전쟁에서 떳떳하지 않
은 방식으로 슐레지엔을 점령해 유
럽 각국으로부터 전쟁주의자라는
비난을 들었다. 그래서 전쟁광이라
는 딱지를 떼기 위해 자신에게 평화

▲ 〈상수시 궁전의 원탁 회의〉
아돌프 폰 멘첼의 1850년 유화
작품이다. 1789년 6월 20일에
포츠담에 있는 상수시 궁전에
서 프로이센 국왕 프리드리히 2
세(가운데)가 유명한 예술가와
철학자들을 접대하고 있다. 그
림에서 프리드리히 왼쪽 두 번
째에 앉은 사람이 바로 볼테르
이다.

주의자의 이미지를 더해줄 볼테르를 초청하기로 한 것이었다.

볼테르는 자신이 개방적이고 자유롭고 평등하게 철학과 교류할
수 있는 안전한 곳을 찾았으며, 프리드리히 2세를 매우 계몽적인
군주라고 생각했다. 하지만 시간이 지나면서 그는 프리드리히 2세
가 실은 완전한 영리주의자이며, 프로이센의 이익을 위해서는 어떤
일도 불사할 사람이라는 것을 알게 되었다. 게다가 당시 볼테르는
매일 궁전에서 프리드리히를 도와 저속한 프랑스 시와 문학, 철학
작품을 수정하는 일만 할 뿐이었다.

프리드리히 2세는 속으로 볼테르를 무시했다. 한번은 자신의 근위
병에게 볼테르는 그저 귤 같은 과일에 불과하며, 그 단물을 다 빨아
먹고 나면 내다버릴 것이라고 말했다. 이 말은 곧 볼테르의 귀에까
지 흘러들어갔고, 볼테르는 화를 참을 수가 없었다. 그는 일생을 전
제 군주제와 투쟁해 왔는데, 어쩌다 보니 유럽에서 가장 포악한 전
제 군주의 장난감이 되어 있었다.

볼테르는 결코 전제 군주제에 복종할 사람이 아니었다. 그는 곧바

로 프로이센을 떠날 기회를 찾기 시작했다. 그리고 그 기회는 생각보다 빨리 찾아왔다. 프리드리히가 아끼는 베를린과학원의 원장이 책을 한 권 발표했는데 그 내용이 황당하기 그지없었다. 책에는 지구의 구조를 연구하기 위해 지구의 중심까지 땅굴을 파야 하고, 피라미드의 신비를 풀려면 내부를 폭파해야 하며, 또 아편을 많이 피우면 머리가 맑아진다는 등의 내용이 담겨 있었다. 이에 볼테르는 독일 최고 학술기구 간부들의 저능함을 비꼬는 책을 썼다. 이 글에서 보듯이 당시의 독일은 매우 무지했다.

프리드리히 2세는 볼테르의 행동에 화가 나서 그의 책을 모두 모아서 불태워버렸다. 그러자 볼테르는 프리드리히 2세가 수여한 훈장을 반납하고 독일을 떠날 준비를 했다. 볼테르가 독일을 떠날 때, 프리드리히 2세는 무미건조한 말투로 잘 가라는 한 마디만 전했을 뿐이었다. 그 후 자신의 시집 한 권이 볼테르에게 있다는 사실이 생각난 프리드리히 2세는 사람을 보내 볼테르에게서 억지로 그 책을 빼앗아왔고, 이로써 볼테르와 프리드리히의 우정은 완전히 끝났다.

▲ 프랑스 파리 팡테옹에 있는 볼테르의 조각상

조각상 뒤쪽에 놓인 목관에는 이런 말이 쓰여 있다. "시인이자 역사학자이자 철학가. 그는 인간의 사고 영역을 넓혔으며, 인간의 사고는 언제나 자유로워야 한다는 점을 후세에 알렸다."

113

자유의 굴레를 벗어버린 루소

그는 프랑스 혁명의 물결을 타고 유럽을 휩쓸었던 최고 사상가였다. 현대 민주주의의 수호자로 칭송되기도 하고, 반대로 독재주의의 앞잡이라는 혹평을 받기도 했다. 그는 살아생전에 오해와 멸시, 박해를 받았고, 죽은 후에도 제대로 된 평가를 받지 못했다. 그래서 때로는 사람들의 존경을 받는 선구자로, 또 때로는 지옥에 떨어진 악마로 여겨졌다. 그는 바로 인류 역사에 길이 남을 사상가 장 자크 루소이다.

유년 시절

▼ 장 자크 루소(1712~1778)
프랑스의 저명한 계몽 운동 사상가이자 철학가, 교육가 겸 문학가이다. 18세기 프랑스 대혁명의 정신적 선구자이며, 계몽 운동에 참여한 지식인 중 가장 뛰어난 핵심 인물이다.

1712년에 스위스 제네바의 한 가정집에서 훗날 유럽 문단을 뒤흔들 사상가 루소가 태어났다. 그런데 안타깝게도, 루소가 태어난 지 얼마 되지 않아 어머니가 세상을 떠났다. 그래서 루소는 어머니에 대한 기억이 거의 없었다. 그 후 아버지가 그를 고모에게 맡겨서 루소는 고모의 따뜻한 보살핌을 받으며 자랐다.

루소의 아버지는 시계공이었고 얼마 되지 않는 수입으로 근근이 살아가는 형편이었다. 하지만 다른 수공업자들과 달리 돈 버는 일보다는 책 읽는 것을 더 좋아했다. 그는 마음이 여유로웠고, 상상력이 풍부했으며, 낭만주의 기질이 강했다. 루소의 낭만주의 색채와 독서에 대한 애착은 모두 아버지의 영향을 받은 것이라고 볼 수 있다.

루소의 아버지는 매일 밤 등불 아래에서 루소에게 책을 읽어주었다. 루소가 자라서 혼자서 책을 읽을 수 있게 되자 이제는 루소가 아버지에게 책을 읽어주었다. 루소와 아버지는 그리스 로마사를 읽을 때면 현실을 잊어버릴 정도로 이야기에 푹 빠져들었다. 당시 많은 책을 소장한 루소의 외할아버지가 어린 루소와 아버지에게 책을 빌려주었다. 루소가 가장 좋아한 책은 플루타르코스의 《영웅전》이었다. 어린 루소는 책을 읽으면서 이성적인 그리스인과 신중한 로마인을 접하고, 그리스의 자유로움과 로마의 위대함을 가슴속에 새겼다.

루소는 비록 볼테르처럼 부유한 가정에서 자라며 수준 높은 정규 교육을 받지는 못했지만, 선량하고 인자한 아버지가 있었다. 아버지와 함께 책을 읽는 것은 루소에게 큰 기쁨이었다. 다양한 책을 자유롭게 접하면서 루소의 재능은 나날이 눈에 띄게 발전했다. 어머니의 빈자리는 고모의 무한한 사랑으로 채워졌다. 고모가 노래와 춤을 좋아해서 루소는 자연스럽게 어려서부터 고모의 노래를 들으며 자랐다. 훗날 루소가 음악적으로도 성과를 거둘 수 있었던 것은 고모의 영향이 컸다.

평안하고 행복한 루소의 유년 시절은 열 살이 되던 해에 깨지고 말았다. 아버지가 스위스의 장교와 시비가 붙어서 문제가 생기는 바람에 어쩔 수 없이 집을 떠나게 된 것이었다. 그 후 루소는 외삼촌 댁에서 지내게 되었다. 그리고 태어나서 처음으로 정규 교육을 받았다. 라틴어와 여러 지식을 배웠고, 또한 아무런 구속이 없는 시골 마을의 소박한 생활방식과 풍습을 익혔다. 이런 평화롭고 단순한 시골 마을에서의 생활은 루소의 기억 속에 깊은 추억을 남겼다.

▼ 루소와 바랑 부인이 함께 살았던 저택

열여섯 살 때 루소는 아름답고 우아한 바랑 부인을 알게 되었다. 루소보다 한참 연상이었던 이 여인은 당시 루소에게 큰 영향을 미쳤고, 두 사람은 서로 사랑하며 긴 시간을 함께 보냈다.

시골 마을에서 학교에 다닌 지 2년이 지나자, 외삼촌은 루소가 실습생으로 일할 수 있는 곳을 알아봐주었다. 그래서 루소는 변호사의 비서로 일하게 되었다. 그러나 그는 음모와 계략으로 가득한 그곳에서의 생활을 버텨내지 못하고 결국 변호사에게 쫓겨났다. 그 후에는 어느 조각가의 도제로 들어가 3년 동안 머물렀다. 그 조각가의 가게 근처에 도서 대여점이 있었는데 루소는 한가할 때면 항상 그곳에 가서 책을 읽었다. 가끔은 책을 읽다가 일하는 것을 깜빡해서 크게 혼이 나기도 했다.

3년은 눈 깜박할 사이에 지나갔고, 그동안 루소는 서점에 있는 책을 거의 다 읽었다. 이제 그 조각가의 집에서 도제로 일할 이유가 없자 루소는 열여섯 살이던 1728년에 가게에서 도망쳐 나와 방랑 생활을 시작했다.

▼ 루소의 조각상

바랑 부인과 디드로

루소는 한 푼도 없는 맨몸으로 파리에서 사방을 떠돌아다녔고, 배를 채우기 위해 어떤 일도 마다하지 않았다. 그러던 중에 바랑 부인을 만나 다소 안정적인 생활을 하게 되었다. 바랑 부인은 외모가 준수한 루소를 좋아했고 마치 자신의 아들처럼 여겼다. 한번은 그녀가 루소를 이탈리아의 한 수도원으로 보내 공부하게 해주었다. 하지만 루소는 보수적이고 억압적인 분위기의 천주교를 견디지 못하고 결국 1년도 안 되어 바랑 부인에게 돌아왔다.

그 후 루소는 바랑 부인의 집사가 되었고, 이때부터 두 사람 사이에는 서서히 진실한 애정이 싹트기 시작했다. 루소는 바랑 부인의 집에 머문 10년 동안 수많은 책을 읽으며 지식을 쌓았다. 그는 소설과 인물 전기 등 흥미로운 책뿐 아니라 플라톤, 아리스토텔레스, 몽테뉴 등 작가의 작품도 자주 읽었다.

1740년에 루소는 바랑 부인의 집을 떠났다. 바랑 부인에게 다른 사람이 생기자 이제 자신은 그녀에게 쓸모없는 사람이 되었다고 생각한 것이었다. 루소는 그 집을 나와서 문화의 중심지인 파리로 향했다. 파리에서 그는 가정교사, 악보 옮겨 그리기 등을 하고 베네치아에 있는 대사관에서 비서로 일했다. 바로 이 시기에 루소는 자신과 마찬가지로 가난하게 살던 디드로를 만났다. 두 천재는 똑같이 철학과 문학에 깊은 관심이 있었다. 디드로의 소개로 루소는 파리의 살롱에 출입하게 되었다. 살롱은 보통 파리의 귀족과 고위 관리들이 열었다. 이들은 모두 엄청난 부자였고 돈을 이용해 자신들이 좋아하는 문인을 살롱으로 불러들였다. 당시 이름 없는 문인들은 살롱을 거치지 않으면 출세하기가 어려웠다.

루소는 어려서부터 예절과 의식에 대한 교육을 받은 적은 없었고, 바랑 부인과 함께 지내면서 그러한 매너를 몸에 익혔다. 살롱에서는 화려하고 방탕한 상황들이 펼쳐졌다. 루소는 이러한 분위기를 참아내면서 한편으로 그런 자신을 자유롭지 못하다고 느꼈다. 그는 살롱보다 디드로 등 다른 사람들과 함께 학문에 대해 자유롭게 토론하는 것이 더 좋았다. 나중에 디드로가 프랑스 당국과 관련된 글을 써서 감옥에 갇혔을 때, 루소는 적극적으로 나서서 귀족, 귀부인들에게 디드로를 감옥에서 구해달라고 호소했다. 덕분에 디드로는 지하 감옥에서 지상으로 나와 친구를 만날 수 있었다. 당시 루소는 디드로의 기분을 풀어주기 위해 이틀에 한 번꼴로 그를 만나러 찾아갔다.

1749년에 루소는 디드로를 만나러 가는 길에 원고 모집 광고를 발견했다. 디종 아카데미에서 주최하고 상금이 걸려 있었으며, 주제는 '과학과 예술이 사회 풍습의 발전에 도움이 되는가'였다. 루소는 그 광고를 보고 가슴이 두근거렸다. 그 주제는 루소가 오래전부터 생각해 오던 것이었고, 그 주제에 대해 이미 어느 정도 확실하게 생각을 정리해두고 있었기 때문이다. 그는 디드로를 만나 이 소식을 알렸다. 그러자 디드로는 루소에게 참여를 권유하고, 상을 타려면 남들과 다른 생각으로 글을 써야 한다고 충고했다. 두 사람은 이에 대해서 반나절이 넘도록 토론했다. 집으로 돌아온 루소는 차분히 생각을 다시 정리하고, 원고를 쓰기 시작했다.

▲ 루소는 아이들을 각자의 재능에 따라 교육해야 한다는 내용의 《에밀》을 썼다. 이 책을 계기로 프랑스인들은 아이들의 흥미를 계발하는 일이 중요하다는 사실을 깨닫게 되었다.

루소는 밤을 새워가며 원고를 집필하는 데 매우 공을 들였다. 이러한 각고의 노력 끝에 드디어 《과학과 예술론》이 완성되었다. 논문에서 그는 일반적인 통념과 다른 의견을 내세웠다. 그는 현대의 과학과 예술이 인간의 천성을 파괴하고 도덕관념을 무너뜨려 서로 속이고 다투는 사회가 되었으며, 과거의 사람들은 이와 달리 단순하고 과학과 예술이 발전하지 않은 시대에 살았지만 서로 사랑하고 도왔다고 서술했다. 1750년에 발표된 결과에서 당시 많은 사람의 예상을 깨고 루소가 1등을 차지했다. 그 후 디드로의 추천으로 루소의 논문이 정식으로 출판되었고, 루소는 아무것도 모르던 가난한 소년에서 하룻밤 사이에 사회의 주목받는 지식인이 되었다.

다양한 작품 활동

루소는 이 논문으로 이름을 알린 이후 높은 명성과 자신감을 얻었다. 이제 그는 파리의 사치스러운 살롱에 가지 않았다. 그는 사치야말로 가장 혐오스러운 일이라고 여겼고, 말재주가 없고 왁자지껄한 분위기를 좋아하지 않았다. 반면에 그의 친구 디드로는 말솜씨가 좋아 살롱에서 여러 사람과 대화를 나누며 시간을 보냈다. 1752년에 루소가 쓴 오페라 극본이 퐁텐블로 궁전에서 공연되며 큰 성공을 거두었다. 그다음 날, 루이 15세가 루소에게 상으로 연금을 내렸다. 이는 정말 꿈에서나 바랄 만한 큰 영광이었다. 그런데 루소는 국왕이 내린 상을 거절했다. 디드로가 이해할 수 없다며 화를 내자 루소는 자신에게 필요한 것은 자유이며, 만일 그 돈을 받는다면 다른 사람들의 간섭을 피할 수 없을 것이라고 말했다.

디드로는 그렇더라도 연금을 받으면 지금의 궁색한 생활에서 벗어날 수 있다는 좋은 뜻에서 루소에게 충고했다. 하지만 루소는 여전히 어떤 간섭도 받지 않고 어떤 것에도 얽매이지 않는 자유를 추구하며 친구의 충고를 받아들이지 않았다. 그 후로 루소는 살롱에 가지 않았고, 두 사람의 우정에도 금이 갔다.

　루소는 시끄러운 파리를 떠나 산속에 있는 누추한 집에서 조용히 지내며 작품을 집필하는 데 전념했다. 1762년에 그는 소설《신 엘로이즈》, 정치학 이론서《사회계약론》, 교육학 저서《에밀》을 발표했다. 이 세 작품은 모두 공통되게 한 가지 주제를 포함했다. 그것은 바로 자유다.《신 엘로이즈》에서 루소는 봉건주의의 예법과 도덕을 비판하고, 평등하고 자유로운 가정 윤리를 주장했다.《사회계약론》에서는 국민 주권에 대한 이론을 제시하며 교권과 황권의 전제주의를 반대했다. 그리고《에밀》에서는 아동 교육의 규율과 방법을 정리했다.

　이 세 작품은 루소에게 명예가 아닌 위기를 가져다주었다. 책이 발표되자 프랑스와 스위스에서 루소를 사상계의 이단아로 여기고 체포령을 내려 루소는 말년을 초라하게 보내야 했다. 하지만 그는 그때까지도 평생 억압의 족쇄를 벗어버리기 위해 안간힘을 썼다. 결국, 그가 남긴 사상은 훗날 자유를 위해 싸우는 투사들에게 정신적인 밑거름이 되었다.

삼권 분립

샤를 몽테스키외는 군주 전제주의 시대에 태어나 평생 민주주의를 갈망했다. 그는 귀족이었지만 사치스럽고 화려한 생활과 보수가 높은 관직을 마다하고 학문에 매진했다. 그가 남긴 작품은 수가 적지만 모두 고전으로 읽히며, 특히 《법의 정신》은 걸작 중의 걸작이라고 할 수 있다. 유럽과 바다를 사이에 두고 떨어져 있는 북아메리카의 철학자들은 몽테스키외의 사상을 자신들의 헌법에 인용했고, 몽테스키외가 《법의 정신》에서 주장한 삼권 분립은 미국 입헌 정치의 핵심이 되었다.

부유한 가정환경

▼ 샤를 몽테스키외
18세기 프랑스 계몽 시대의 유명한 사상가이자 근대 유럽에서 비교적 일찍 고대 동방의 법률과 문화를 체계적으로 연구한 학자이기도 하다.

몽테스키외의 본명은 '샤를 루이 드 세콩다'이며, 세콩다는 수백 년의 역사가 있는 귀족 가문이었다. 몽테스키외의 조상은 오래전에 '몽테스키외 영지'의 땅을 샀고, 나중에 국왕이 이 공을 치하하기 위해 그들의 가문에 '백작' 칭호를 내렸다. 몽테스키외의 할아버지는 보르도 고등법원 원장을 지냈고, 백부가 할아버지의 자리를 이어받았으며, 나중에 몽테스키외가 그 자리를 이어받아 몽테스키외 남작이 되었다. 몽테스키외는 사실 그의 작위일 뿐 본명이 아니다.

1709년에 몽테스키외는 파리로 와서 소개를 통해 어느 변호사 밑에서 일을 배우게 되었다. 그는 이 기간에 많은 법학 도서를 읽으며 여러 나라의 국법 발췌문 등 다양한 것을 기록했다. 몽테스키외의 대표작인 《법의 정신》은 아마도 이 시기에 만들어진 것으로 추정된다. 수많은 책을 읽고 학자들의 가르침을 얻으면서 몽테스키외는 파리에서 보낸 4년 동안 학문과 사상 면에서 크게 성장했다. 그는 고대 로마 시대의 문인 키케로를 좋아했다. 그의 눈에 키케로는 고

결한 인품을 갖춘 위인이었다. 몽테스키외는 키케로의 책을 셀 수 없을 만큼 보고 또 보았고, 그의 책《법의 정신》에 쓰인 단어와 문장, 구성 모두 키케로의 영향을 받았다.

1713년에 아버지가 세상을 떠나자 몽테스키외는 보르도로 돌아왔다. 그리고 스물여섯이던 1715년에 부잣집 딸과 결혼했다. 그의 아내는 혼수로 10만 파운드를 가져왔고, 더구나 그녀가 외동딸이라 처가의 재산을 모두 몽테스키외 부부가 물려받게 되었다. 이렇게 해서 몽테스키외 가문은 한층 부유해졌고, 이후 몽테스키외는 경제적 어려움 없이 관심 있는 분야의 연구에 더욱 몰입할 수 있었다.

《페르시아인의 편지》

1721년에 몽테스키외는 '익명'으로 첫 번째 작품인《페르시아인의 편지》를 발표했고, 이 책은 출간된 후 프랑스 사회에 큰 파문을 일으켰다. 또 날카로운 문체와 참신한 구성이 화제를 모으면서 단번에 많은 사람의 주목을 받았다. 몽테스키외는 페르시아인 두 명이 프랑스를 여행하는 상황을 설정하고, 그들의 대화를 이용해서 프랑스 정부와 페르시아 정부를 신랄하게 풍자했다. 사람들은 편지체로 쓰인 이 책을 정치 철학서라고 생각했지만, 몽테스키외는 그저 소설일 뿐이라고 말했다. 그는 사회 분위기와 민심이 흉흉한 시대에는 소설만이 사람들을 반성하고 깨닫게 하며 또한 도덕심을 높여줄 수 있다고 생각했다. 그래서 자신이 생각하는 정치 철학에 동방의 궁전 내부에서 일어나는 음모 등 흥미로운 요소를 적절하게 결합해서 가독성을 높였다.

《페르시아인의 편지》는 어쨌든 왕권에 대한 귀족 계층의 반항을 표현한 것이었다. 비록 그들은 상인의 경제적 지위가 높아졌음을 인정하면서도, 그 때문에 자신들의 기득권을 잃고 싶지 않았다. 그들은 재물과 작위, 권력을 이용해서 자신의 높은 신분과 지위를 계속 누리려 했다. 재미있게도, 몽테스키외는《페르시아인의 편지》에서 아카데미프랑세즈 회원들이 쓸데없는 개념에 집착하느라 제대로 된 일을 하지 못한다고 꼬집었는데 이 글은 훗날 그가 아카데미프랑세즈의 회원으로 들어가는 데 가장 큰 걸림돌이 되었다.

아카데미프랑세즈

아카데미프랑세즈는 프랑스 최고의 학술 기관이었고, 재능이 뛰어난 인재 40명만이 회원으로 활동했다. 학술에 깊은 관심이 있는 몽테스키외는 당연히 아카데미프랑세즈에 들어갈 기회를 놓치고 싶지 않았다. 몽테스키외는 다른 사람들보다 재능이 뛰어났지만, 다른 지방에서 온 탓에 오만하고 콧대 높은 파리 지식인들과 어울리기가 쉽지 않았다.

1723년에 몽테스키외는 아카데미프랑세즈의 회원이 되기 위해 가입 신청서를 냈다. 당시 그는 파리에서 인지도가 거의 없었고, 보르도에서 고등법원 원장을 맡은 터라 파리에 자주 오지도 않았다. 1726년에 그는 예전부터 지긋지긋하다고 느낀 고등법원 원장 자리를 다른 사람에게 돈을 받고 팔아넘겼고, 이 과정에서 60만 파운드가 넘는 수입을 얻었다.

원장 자리에서 물러난 후 몽테스키외는 아카데미프랑세즈 회원이 되기 위해 더욱 노력했다. 당시 아카데미프랑세즈는 파리의 살롱과 밀접한 관계가 있었다. 파리의 이름난 미녀가 여는 살롱에 각계의 유명 인사가 모였고, 아카데미프랑세즈의 원장도 종종 살롱에 나왔다.

몽테스키외도 이미 오래전부터 파리의 살롱에 발을 들였으며 특히 랑베르 부인이 운영하는 살롱을 이용했다. 랑베르의 살롱에는 돈과 권력, 학식을 겸비한 지식인이 많이 모였다. 그중에는 아카데미 원장 퐁트넬(Bernard Le Bovier de Fontenelle)도 있었다. 랑베르 부인은 영리하고 말솜씨가 좋은 몽테스키외를 무척 좋아했고, 그녀의 주변 사람들도 몽테스키외가 아카데미 회원이 되길 바랐다.

아카데미 회원은 그 수가 정해져 있어서 회원이 죽은 다음에야 들어갈 기회가 생겼다. 1727년 10월에 아카데미 회원 한 명이 세상을 떠나면서 드디어 빈자리가 생겼다. 그러자 랑베르 부인과 주변 사람들은 몽테스키외가 새로운 회원이 되도록 적극적으로 도와주었다. 한편, 몽테스키외를 반대하는 사람들은 자신들의 대표자와 몽테스키외가 경쟁하도록 부추겼다. 그러면서 그들은 몽테스키외가 1721년에 발표한 《페르시아인의 편지》를 공격 무기로 삼았다. 이 책으로 말미암아 몽테스키외는 진퇴양난의 상황에 빠졌다. 《페르시아인의 편지》를 자신이 쓴 것이라고 인정한다면, 책에 나오는 궁정과 귀족,

몽테스키외가 생각하는 중국

18세기 계몽 사상가들은 중국에 강한 호기심을 보였다. 몽테스키외도 물론 예외는 아니었다. 젊은 시절에 프랑스로 유학 온 중국인 황자뤼에黃嘉略와 친분을 쌓은 적도 있었다. 또 비록 《법의 정신》에서 중국을 전제주의 국가로 분류했지만, 나중에 중국은 혼합된 정치 체제의 나라이며 이 체제에는 세 가지 특징이 있다고 수정했다. 그는 중국의 이러한 정치 체제가 기후 특징과 광활한 영토라는 요소를 토대로 형성된 것이며, 중국은 매우 좋은 전제주의 국가라고 생각했다. 중국은 오늘날까지도 서양인들에게 이해하기 어려운 나라로 인식되는데, 300년 전의 몽테스키외는 더더욱 그렇지 않았을까?

아카데미에 대한 풍자는 그가 아카데미프랑세즈를 모욕한 분명한 증거가 되었다. 그렇다면 아카데미에서 그를 받아줄 이유가 없었다. 또 《페르시아인의 편지》가 자신의 작품이 아니라고 하면, 그가 아카데미 회원이 될 자격을 갖추었다고 인정받을 만한 작품이 아무것도 없었다.

다행히 랑베르 부인의 곁에는 유능하고 능력 있는 관리가 많았다. 그들이 수차례 비밀스러운 거래를 한 끝에 몽테스키외는 1728년에 마침내 그토록 바라던 아카데미프랑세즈 회원이 되었다.

삼권 분립과 《법의 정신》

1728년 2월에 아카데미 회원이 된 몽테스키외는 여행 계획을 세웠다. 이 시기에 유럽의 지식인들은 서재에 틀어박혀 옛 서적과 자료 더미에 묻혀 지내는 것보다는 "만 권의 책을 읽고, 만 리 길을 걸어라."라는 말을 더 충실히 따르려 노력했다. 1728년 10월에 몽테스키외는 유럽 대륙 여행을 시작했다. 오스트리아와 헝가리, 이탈리아, 스위스, 네덜란드, 독일의 각지를 여행하며 시야를 넓히고 유럽의 많은 유명 인사를 만났다. 그중에는 한때 프랑스 경제를 한바탕 뒤집어 놓았던 존 로도 있었다.

몽테스키외는 여행하면서 많은 기록을 남겼고, 그 내용은 나중에 《법의 정신》의 소재로 사용되었다. 유럽 각국은 서로 정치와 경제

THE SPIRIT OF LAWS

BY
BARON DE MONTESQUIEU
(CHARLES DE SECONDAT)

INCLUDING D'ALEMBERT'S ANALYSIS OF THE WORK

TRANSLATED FROM THE FRENCH BY
THOMAS NUGENT, LL.D.

WITH A SPECIAL INTRODUCTION BY
HON. FREDERIC R. COUDERT, J.U.D., LL.D.

REVISED EDITION

VOLUME I

NEW YORK AND LONDON
THE CO-OPERATIVE PUBLICATION SOCIETY

▲ 《법의 정신》 포스터
몽테스키외의 《법의 정신》은 종합적인 정치학 저서로, 근대 서양의 정치와 법률 이론의 발전에 초석이 된 작품이며, 동양의 정치와 법률, 문화에 대한 서양인의 시각에 큰 영향을 미쳤다.

체제가 완전히 달랐다. 유럽 대륙 여행을 마친 몽테스키외는 영국에 주재하는 네덜란드 대사의 도움으로 영국에 가게 되었다. 그는 영국에서 2년 동안 머무르며 정치, 경제의 특징과 운영 체제를 체계적으로 정리했고, 그 과정에서 더욱 영국을 극찬하게 되었다.

1731년에 몽테스키외는 프랑스로 돌아왔다. 그리고 그동안 수집한 자료를 정리하고 연구해 두 번째 대표작인《로마인의 성쇠 원인론》을 발표했다. 이 책은 로마의 부흥을 연구한 역사서인 한편 그 안에는 권력의 분립과 상호 견제 사상이 담겨 있었다. 또 로마의 부흥은 완벽한 공화제에서 비롯된 것이며, 반대로 쇠퇴는 군주에게 너무 큰 권력이 집중되고 백성에게 폭력 정치를 펼치면서 사회 분위기를 파괴했기 때문이라고 서술했다.

1748년에 몽테스키외는 자신의 대표작인《법의 정신》을 발표했다. 이 책은 단순한 법률학 서적이 아니었다. 책 제목의 '법'은 국가의 정치 체제를 말하고 '정신'은 그 체제의 목적과 합법성을 가리켰다. 즉, 이는 정치 체제의 우열을 논하겠다는 목적을 담은 것이었다. 고대 그리스 시대에 아리스토텔레스가 정치 체제를 분석한 적이 있는데, 몽테스키외는 이 고대 그리스의 정치 사상을 계승하여 당시의 정치 체제를 공화제와 군주제, 전제로 나누어 깊이 있게 분석했다. 몽테스키외는 특히 영국의 입헌군주제를 높이 평가했다. 그는 영국의 정치가 발전한 이유는 입법과 행정, 사법의 세 가지 권력이 분리되어 서로를 견제하기 때문이라고 여겼다. 단, 몽테스키외는 이와 함께 삼권 분립은 이상적인 체제이며 영국은 엄밀히 말하면 삼권 분립의 모델이 아니라 그 이상에 가장 가까운 나라라는 사실도 인정했다. 나중에 아메리카 대륙으로 건너가 미국을 건국한 청교도들은 루소의 사상을 바탕으로 나라를 세우고, 모범적인 삼권 분립 정부를 세웠다.

▲ 1755년에 몽테스키외는 여행하던 중에 병으로 사망했다. 그는 세상을 떠났지만 그의 사상은 후세 사상가들에게 큰 영향을 미쳤다. 그는 봉건 전제주의와 종교 신학을 비판했고, 자유와 평등, 그리고 사유 제도에 대한 논리를 형성해 인류 역사에 큰 발자취를 남겼다.

증기 기관차와 산업혁명

제임스 와트는 18세기 유럽에서 가장 유명한 스타였다. 그는 증기 기관을 개발해 엄청난 부와 함께 영국 왕실학회의 회원이 되는 명예도 얻었다. 동시에 증기 기관이 산업혁명이라고 불리는 새로운 시대를 열어 전 세계에 거대한 지각 변동을 일으켰다.

소년 기술자

1736년에 영국 스코틀랜드 서부의 그리노크 지역에서 한 남자아이가 태어났다. 아버지는 아들에게 와트라는 이름을 지어주었다. 아버지는 배를 만드는 목수였고, 할아버지와 숙부는 모두 기계공이었다. 그렇다 보니 와트는 어려서부터 자연히 여러 가지 기술을 배울 기회가 많았고, 작은 물건을 가지고 놀거나 공구를 만드는 데 큰 관심을 보였다.

와트는 어렸을 적에 몸이 약하고 잔병치레가 잦아서 오랫동안 학교에 가지 못했다. 그래서 학교에 가는 대신 학문과 교양을 갖춘 어머니에게서 가정교육을 받았다. 그 후 그래머 스쿨에 입학해서 공부했다. 그래서 가족은 모두 와트의 장래를 걱정했다. 하지만 와트는 학문에 대한 열정과 끈기로 신체적인 허약함을 이겨냈다. 그는 할아버지와 아버지가 하는 모든 일을 세심하게 관찰했고 다양한 지식을 쌓기 위해 열심히 노력했다. 그는 열다섯 살에 이해하기 어렵기로 소문난 《기하학원본》을 읽었다고 한다. 또 화학과 물리학, 천문학 등 다양한 학문 분야의 도서를 체계적으로 읽으며 시야를 넓혔다.

1753년에 아버지의 사업이 실패해 가정형편이 어려워졌다. 그러자 와트는 집안 살림에 보탬이 되고자 글래스고의 한 수공업 공장에 취직해서 돈을 벌었다. 그 후 런던의 시계 수리 공장으로 옮겼고, 그곳에서 기술과 과학에 대한 지식과 경험, 그리고 성실함을 바탕으로 어려운 기술인 경위의[39], 나침반, 사분의[40]를 만드는 기

▼ **제임스 와트**
영국의 유명한 발명가이자 산업 혁명 시대의 대표 인물이다.

---

39) 지구 표면의 물체나 천체의 고도와 방위각을 재는 장치로 작은 망원경을 말함
40) 망원경이 발명되기 이전에 사용된 천체 관측 기구

▲ 와트가 일하던 작업실

술을 배웠다. 그러나 힘든 공장 일을 오래한 탓에 그만 류머티즘에 걸리고 말았다. 병이 호전된 후, 와트는 공장에서 뛰어난 능력을 발휘한 덕분에 글래스고 대학교에서 수학 기계를 만드는 일을 맡게 되었다. 글래스고 대학교에서 와트는 예전에 본 적 없는 다양한 기계를 접하며 시야를 크게 넓혔고, 같은 곳에서 일하는 사람들에게서 더 많은 기계의 제조 기술과 지식을 배웠다.

글래스고 대학교에서 쌓은 경험을 토대로 와트는 훗날 증기 기관을 완성하고 산업혁명의 기반을 다질 수 있었다.

역사적인 기술

인간이 증기 동력을 발견한 때는 아주 오래전으로 거슬러 올라간다. 기원전 2세기에 이집트인과 그리스인은 증기로 힘을 만들어낼

수 있다는 사실을 알았고, 그리스인은 증기를
이용해서 회전하는 장치를 발명하기도 했다.
그러나 당시에는 다른 조건이 열악해서 증기
동력에 대한 연구가 실제 개발로 이어지지는
못했다.

과학 기술이 점차 발전하기 시작하면서 17세
기 초에 이르러 증기 동력이 실제로 개발되기
시작했다. 1601년에 이탈리아인이 증기로 압력
을 만들어서 물을 퍼 올렸고, 1690년에 프랑스
기술자가 처음으로 피스톤에 증기 동력을 이용
했다. 이런 실험들을 통해 증기 동력은 기술적
으로 크게 진보했지만, 여전히 실험 단계를 벗
어나지 못했다. 1698년에 영국인이 증기 펌프
를 발명했고, 1712년에 무명의 영국 기술자 뉴
커먼이 처음으로 사용 가능한 증기 기관을 발
명해서 일약 스타가 되었다. 증기 기관은 처음
에 광산업에 이용되었는데 효율성이 낮아 원료
인 석탄의 소비가 너무 많았다. 그래서 광산주
들은 원가를 줄이기 위해 고심했고, 누군가가
증기 기관의 효율성을 높여 석탄 소비량을 줄
여주었으면 좋겠다고 생각했다. 바로 그때 와
트가 나타났다.

와트의 발명 동기에 대해 다음과 같은 일화가
전해진다. 어린 와트는 어느 날 집에서 물이 끓
는 주전자를 보았다. 주전자는 안의 수증기 때
문에 뚜껑이 마구 들썩거렸다. 와트는 이런 현
상에 강한 호기심을 느꼈고, 이를 계기로 증기
에 대해 깊이 연구하게 되었다는 것이다. 하지
만 이 일화는 허구일 가능성이 크다. 일화에서
는 마치 뉴턴이 사과가 떨어지는 것을 보고 만
유인력의 법칙을 발견했듯이 어린 와트의 특별
한 호기심이 증기 기관을 발명하게 된 계기라
고 이야기한다. 그러나 사실 와트가 증기 기관

▲ 와트의 조각상

을 발명한 것은 아니다. 와트는 뉴커먼이 발명한 증기 기관을 개발했다. 그의 업적이 너무나 뛰어나다 보니 많은 사람이 와트가 바로 증기 기관을 발명한 것으로 오해했을 가능성이 크다.

당시 영국 사회에서는 광산업자들이 증기 기관의 효율성에 특히 관심이 많았다. 와트는 효율성을 높이고 기능을 향상시킨 증기 기관을 개발한다면 특허를 받아 부와 명예를 모두 손에 넣을 수 있겠다는 생각이 들었다. 그래서 1761년부터 증기 기관을 개발하는 작업에 착수했고, 1년 동안 여러 차례 실험하면서 수많은 실패를 맛보았다.

1763년 어느 날, 와트는 글래스고 대학교에서 뉴커먼식 증기 기관을 수리해달라는 부탁을 받았다. 와트는 뉴커먼의 증기 기관을 분해하는 과정에서 모터의 내부 구조와 원리를 이해했고, 모터의 효율이 떨어지는 두 가지 이유를 알아냈다. 첫 번째는 피스톤 동작이 느리고 연속적이지 않으며, 두 번째는 응결되는 온도가 높다는 것이었다. 바로 이 두 가지가 원료를 많이 소모하게 해서 증기 기관의 효율성을 떨어뜨린 원인이었다. 증기 기관의 문제점을 알아낸 와트는 이제 그 문제를 해결하기 위한 작업을 시작했다.

와트는 우선 응결기를 분리할 수 있는 증기 기관을 설계하기로 했다. 이 새로운 증기 기관은 뉴커먼식보다 효율이 3배나 높았다. 와트의 연구는 1년이 넘도록 계속되었다. 이 과정에서 그는 대학에서 받은 연구비를 다 써버려 자신이 구상하는 증기 기관을 만들 실험을 계속할 수가 없었다. 그러자 사업가 로벅이 와트가 연구하는 증기 기관의 상업적 가치를 알아보고 자금을 지원해주었다. 경제적 문제가 해결되자 와트는 다시 증기 기관의 문제점을 하나하나 해결하는 작업에 몰두했고, 1769년에 드디어 자신의 증기 기관을 세상에 선보였다. 와트의 증기 기관은 작업 효율이 뉴커먼식보다 3배 이상 높으면서 원료 소모량은 4분의 1밖에 되지 않았다. 이는 인류 역사상 손꼽힐 만한 위대한 기술 혁신이며, 이로써 산업혁명 시대가 시작되었다.

증기 기관의 영향

1769년 11월에 증기 기관에 대한 특허를 받으면서 와트는 영국을 비롯한 유럽 전체에서 가장 유명한 스타가 되었다. 아울러 부와 명예도 모두 얻었다.

하지만 와트는 성공에 만족하지 않고 증기 기관을 더욱 개선하기 위해 애썼다. 1781년, 그는 천문학자들의 모임에서 행성이 태양을 중심으로 공전한다는 사실을 알게 되었다. 집에 돌아온 후 시계 톱니바퀴의 회전을 관찰하던 와트는 그 속에서 아이디어를 얻고 곧바로 증기 기관 업그레이드 작업을 시작했다. 1782년, 그는 여러 차례 실험을 통해서 유성 기어 장치의 회전 기관을 만들고, 회전식 증기 기관을 발명했다. 그리고 회전 기관을 이용해서 피스톤의 직선 왕복 운동을 톱니바퀴식 회전 운동으로 바꿨다. 와트의 새로운 증기 기관은 모든 기계에 적용할 수 있는 새로운 혁신이었다.

마르크스는 와트를 높이 평가하면서 그의 증기 기관은 특수한 목적이나 용도에 국한되지 않고 다양한 분야에서 응용될 수 있는 만능 동력기라고 칭찬했다. 실제로 와트의 증기 기관은 처음에 광산업에 집중적으로 사용되었다. 그러나 곧 방직 공장이나 대장간 등 다른 업종에서도 광범위하게 사용되면서 다른 산업의 기술 혁신을 장려하고 유럽의 산업 발전을 촉진했다. 이는 산업혁명에 가장 의미 있는 기술적 성과로, 인류 역사상 새로운 증기 기관의 시대를 열었다.

와트는 유럽 사회에 엄청난 공헌을 했으며, 덕분에 영국과 유럽 각국의 과학계에서 더욱 인정받았다. 1784년에 와트는 에든버러 왕실학회 회원이 되었고, 1785년에는 런던 왕실학회 회원이 되었으며, 1814년에 프랑스 학사원[41]의 외국인 회원 8명 중 한 명이 되었다. 이제 그의 인생에는 찬란한 영광만이 가득했다.

1819년, 말년을 보내던 와트는 빛나는 인생을 마감했다. 그의 부고에서 사람들은 와트의 증기 기관의 중요성을 이렇게 표현했다.

"그의 발명은 인류를 무장시켰다. 약하고 무력하던 인간의 두 손은 무한한 힘을 얻었고, 인간의 두뇌는 모든 난제를 해결할 수 있도록 완벽해졌다. 그것은 미래의 기적을 위한 가장 확실한 발판이자, 후세 사람들의 노동에 큰 도움과 보상을 줄 것이다."

영감을 얻다

와트는 산책 중에 증기 기관에 대한 영감을 얻었다고 한다. 1765년 초여름의 어느 날, 와트는 청량한 새벽 공기를 마시며 글래스고 대학교 캠퍼스를 한가롭게 거닐었다. 그가 눈 부신 햇살을 받으며 파란 하늘을 쳐다볼 때 어디선가 새 울음소리가 들렸다. 그때 갑자기 무언가가 와트의 머릿속을 스쳐지나 갔다. '뉴커먼식 증기 기관의 열 효율성이 낮은 건 증기가 모터 속에서 응결되기 때문이지. 그럼 모터 밖에서 응결되게 할 수는 없을까?' 그 후 와트는 응결기를 분리한 증기 기관을 처음으로 고안했다.

---

41) 프랑스 최고의 학술기관으로 아카데미프랑세즈를 포함한 5개의 주요 학회로 구성되어 있음

클라우제비츠와 《전쟁론》

1793년에 라인 강과 마인 강이 만나는 마인츠에서 격렬한 전투가 벌어졌다. 도시는 뿌연 대포 연기로 가득 찼고, 포도주의 도시라고 불리던 도시는 포격으로 여기저기 검게 탄 흔적이 남아 마치 오랫동안 수리하지 않은 벽난로 같은 모습이 되었다. 끊임없이 총성이 울려 퍼지고, 12파운드짜리 대포가 터지는 소리도 이따금 들렸다. 그때 프로이센 군대 진영의 포병 기지에서 키 작고 마른 한 소년이 깃발을 들고 대포 옆에 서서 전장의 형세를 관찰하고 있었다.

군인이 된 소년

1793년에 일어난 이 전투는 여느 전쟁과 다를 바가 없었다. 이후 프랑스의 나폴레옹이 벌인 유명한 전투들과 비교하자면 더더욱 특별할 것이 없었다. 프랑스에 영광을 안겨준 예나와 격전이 펼쳐진 보로디노, 비극적이었던 워털루는 모두 엄청난 생명을 희생하고 무기를 쏟아 부은 전투였기 때문이다. 그러나 이 평범하기 그지없는 전투는 한 소년의 가슴속에 큰 포부를 심어 놓았다. 그 소년은 바로 유럽에서 전쟁의 신으로 불리는 군사 천재 카를 폰 클라우제비츠이다.

클라우제비츠는 1780년 6월에 프로이센 부르크에서 퇴역 군인의 아들로 태어났다. 아버지는 열두 살밖에 안 된 어린 아들을 포츠담에 있는 군대에 보냈다. 군대는 집과 멀리 떨어진 곳에 있었다. 그곳에는 자애로운 부모님과 재미있는 친구도 없고, 오로지 딱딱한 훈련과 단조로운 생활, 그리고 무서운 장교들만 있었다. 나이가 어린 클라우제비츠는 군대에서 깃발을 관리하는 일을 맡았다. 이 깃발은 전쟁터에서 병사들의 사기를 돋우기 위해 사용하는 것이었다. 1793년에 열세 살인 클라우제비츠는 프로이센과 프랑스의 전쟁에 참여했다. 마인 강에서 벌어진 참혹한 전투에서 프랑스군은 빠르게 전술을 펼치며 구식 전술에만 매달린 프로이센군에 엄청난 타격을 주었다. 클라우제비츠는 전우들이 흘린 피를 보며 깊은 생각에 빠졌다. 전쟁이란 도대체 무엇인가? 이제 '횡대 진형 전술'은 통하지 않는 것인가? 열세 살 소년은 이런 의문에 사로잡혔다.

청년 시절의 추억

1801년에 스물한 살이 된 클라우제비츠는 베를린 사관학교에 입학했다. 당시 프로이센에서는 퇴역 군인의 자녀들을 가장 우수한 군사 기관에서 공부할 수 있도록 해주었다. 클라우제비츠는 좋은 학교에서 공부할 수 있다는 사실이 너무나 기뻤고, 시간을 아껴가며 열심히 공부했다. 당시 사관학교의 교장은 게르하르트 폰 샤른호르스트 장군이었다. 농촌 출신인 그는 클라우제비츠의 소박하고 성실한 모습을 마음에 들어했다. 그래서 클라우제비츠가 사관학교에서 생활하고 공부하는 데 종종 도움을 주기도 했다. 어려서부터 아버지의 사랑을 받지 못한 클라우제비츠는 샤른호르스트에게서 아버지의 따뜻함을 느

▲ 흉갑[42]을 두른 기병

꼈다. 샤른호르스트의 애정으로 무미건조하던 그의 생활에도 조금씩 변화가 생겼다. 교장실은 도서관 바로 앞에 있어서 클라우제비츠는 자주 그곳을 찾아갔다.

1803년에 클라우제비츠는 우수한 성적으로 베를린 사관학교를 졸업했다. 때마침 프로이센의 황태자 아우구스트가 사관학교에 들러서 부관을 선발했는데, 샤른호르스트 교장의 추천으로 클라우제비츠가 황태자의 전속 부관이 되었다. 1803년 8월 8일에 클라우제비츠는 프로이센의 국왕 윌리엄 3세가 친필로 쓴 임명장을 받았다. 왕의 부관 생활은 대체로 만족스러웠다. 왕을 모시고 궁전 연회에 참석할 때를 제외하면 남는 시간에 모교에 가서 군사 토론에 참여할 수도 있고, 베를린 대학교에서 철학과 역사, 문학 강의를 청강할 수도 있

---

42) 윗몸에 두르는 갑옷

었다. 이 시기의 모든 생활은 클라우제비츠의 인생에서 가장 아름다운 시간이었다.

전쟁 포로와 개혁

이러한 행복한 시간은 오래가지 않았다. 1806년 가을, 영국과 러시아, 프로이센이 제4차 대프랑스 동맹을 결성해 나폴레옹과 전쟁을 시작했다. 그해 10월 14일에 클라우제비츠는 아우구스트를 따라 예나 전투에 참여했다. 프로이센군은 이번에도 구식 전술을 고집하며 촘촘한 네모꼴 진형을 만들어 차례로 프랑스군을 향해 돌격했다. 그러나 프랑스군의 맹렬한 대포 공격에 하나둘씩 쓰러져 갔다. 전투가 벌어진 여섯 시간 동안 프로이센군은 4만 명이 넘는 병사를 잃고 후퇴했다. 그러던 중에 클라우제비츠와 황태자 아우구스트는 프랑스 기병에게 붙잡히고 말았다. 이 두 사람뿐만 아니라 예나 전투에

▼ 예나-아우어슈테트 전투(예나 전투)의 나폴레옹

클라우제비츠는 예나 전투에서 프랑스군의 포로가 되었고, 프로이센 군대가 크게 패배한 것을 평생 수치로 여겼다. 그 후로 그는 프랑스를 프로이센의 원수로 삼았다.

서 프로이센군 2만여 명이 프랑스의 포로가 되었다. 전투가 끝난 후 클라우제비츠는 프랑스로 끌려가 1년 동안 포로 생활을 했다. 그는 포로가 되었다는 사실보다 프로이센군이 엄청난 패배를 당했다는 사실이 더욱 치욕스러웠다. 그래서 프로이센 군대의 문제점을 분석하고 군대를 개혁할 방법을 고민하기 시작했다. 프랑스에 있는 1년 동안 클라우제비츠는 프랑스어, 수학, 음악, 문학, 예술 및 조형을 배웠고, 특히 많이 연구한 분야는 단연 군사학이었다. 군사학에서도 나폴레옹의 프랑스 군대 개혁을 가장 집중적으로 연구했다.

1807년 11월에 클라우제비츠는 포로 신분에서 풀려나 황태자 아우구스트와 함께 프로이센으로 돌아왔다. 그리고 그 기간의 경험을 토대로 훗날 발생할 수 있는 전쟁에 대한 예측과 연구 결과를 담은 '프로이센의 대프랑스 작전 행동'이라는 14페이지 분량의 비망록을 썼다. 후에 그는 샤른호르스트와 친구인 그나이제나우 등이 주체가 된 프로이센 군사 개혁에 참여했다. 당시 프로이센 군대는 제도와 장비 등에서 모두 다른 나라에 뒤처진 상태였고, 장교들은 고지식하고 체벌을 당연시했다. 또 병사들의 임금과 보급은 모두 형편없는 수준이었다. 이런 상황을 해결하기 위해 샤른호르스트와 클라우제비츠는 프로이센 군대에 '대수술'을 감행했다. 우선 병역 제도를 전면적으로 개선해서 고용 제도를 없애고 의무병 제도를 도입했으며, 군대 내에서의 체벌과 귀족의 특권을 모두 금지했다. 클라우제비츠는 이 군사 개혁에서 큰 역할을 하여 베를린 사관학교의 전략학, 전술학 교관으로 임명되었고, 열다섯 살의 프로이센 황태자에게 군사학을 가르치기도 했다.

보로디노 전투

클라우제비츠가 개혁에 몰두할 때 나쁜 소식이 전해졌다. 1812년 4월에 프로이센의 황제 프리드리히 빌헬름 3세가 나폴레옹의 전쟁 위협에 굴복해 프랑스와 동맹을 맺고 그들이 러시아와 전쟁을 벌이는 데 필요한 병사 2만 명을 내 주기로 했다는 것이었다. 소식이 전해지자 샤른호르스트와 그나이제나우는 매우 분노해 군사 개혁을 그만두었다. 프랑스군을 철천지원수로 생각하던 클라우제비츠도 가족과 친구들에게 작별을 고하고 홀로 러시아로 떠났다. 그리고 러시아에서 총참모부 고문이 되어 나폴레옹이 러시아를 침범했을 때 보

▲ 게프하르트 레베레히트 폰 블 뤼허

프로이센의 유명한 장군으로 라 이프치히, 워털루 전투를 승리 로 이끌었다. 클라우제비츠는 한때 그의 밑에서 군대 참모장 으로 일했다.

로디노 전투에 참여했다. 그는 러시아군과 함께 적의를 불 태우며 마침내 적수가 없다고 자부하던 프랑스 군대를 무찔 렀다. 1814년에 클라우제비츠는 다시 프로이센으로 돌아와 서 제3사단 참모장이 되었고, 프로이센은 1815년에 벌어진 워털루 전투에서 나폴레옹에게 치명적인 패배를 안겼다.

1818년 5월 9일에 클라우제비츠는 베를린 사관학교 교장 이 되었고, 같은 해 9월에 서른여덟의 나이로 소령이 되었 다. 인생은 수레바퀴와 같아서, 클라우제비츠는 30년이 넘 는 시간이 지나 다시 자신이 첫발을 내디딘 베를린으로 돌 아왔다. 이 시기의 그는 이제 원대한 포부를 품은 소년이 아니었다. 클라우제비츠는 자신의 스승 샤른호르스트처럼 다음 세대의 군사 인재를 길러내는 데 열중했다. 프리드리 히 빌헬름 3세는 클라우제비츠가 러시아로 갔던 것을 마음에 담아 두고 그에게 재능을 펼칠 기회를 절대 주지 않았다. 그래서 클라우 제비츠는 교장이었지만 학교의 교육 내용과 강의에 대해 아무런 의 견도 낼 수 없었고, 행정 문제에만 관여할 수 있었다. 매일 아침 부 관이 사무실에 들어와서 인사하고 공문을 건네면, 그는 서명해주고 나서 계속 혼자서 사무실을 지켰다. 이런 단조로운 생활은 군인에게 독약과 같았다. 그는 매일 시간을 보낼 무언가를 찾아야만 했다. 고 심 끝에 클라우제비츠는 한 가지 계획을 세웠다. 바로 책을 집필해 서 후대에 자신의 생각을 전하는 것이었다. 그 후로 클라우제비츠는 다 펼쳐보지 못한 자신의 재능을 책에 담아내기 시작했다. 1830년에 클라우제비츠는 포병관리부로 발령되어 근무지로 떠나게 되었다. 이때 그는 아내에게 3,000페이지 분량의 원고를 주며 낮은 목소리로 말했다.

"이 원고를 완성하고 싶었는데 아쉽게 되었소. … 이 책은 완벽한 이론서라고는 할 수 없고, 단지 내 사상과 이론을 세우기 위한 자료 들을 모아놓은 것이오. … 이 책은 내가 죽은 후에 발표하는 것이 좋 겠소."

당대 최고의 병법서 《전쟁론》

클라우제비츠는 1831년 11월에 베를린에서 콜레라에 걸렸다. 콜 레라는 지금은 치료할 수 있는 질병이지만, 당시에는 '19세기 전염병'으로 불릴 만큼 치명적이었다. 이 전염병에 걸린 클라우제비츠는 구토와 탈수, 요독증 증상을 보였고, 며칠 후에 세상을 떠났다. 그의 아내 폰 마리는 남편의 마지막 꿈을 위해 그가 남긴 원고를 꼼꼼히 정리하여 반년 후에《전쟁과 작전술에 관한 카를 폰 클라우제비츠 장군의 유작》을 펴냈다. 이 작품은 전체 10권으로 구성되며,《전쟁론》은 그중 제3권이다.

《전쟁론》은 전체 8편 124장으로 구성되고, 크고 작은 전쟁 130여 개를 부문별로 나누어 분석했다. 그중에는 네덜란드 독립 전쟁과 나폴레옹 전쟁, 러시아의 1812년 보로디노 전투 등 수많은 대표 사례가 수록되어 있다.《전쟁론》제1편은 전쟁의 본질을 이야기하고, 제2편과 3편은 전쟁의 이론과 전략 개론이 담겼으며, 제4편은 전투에 대한 내용이다. 제5편에서 8편까지는 군대와 방어, 공격과 전쟁 계획에 대한 클라우제비츠의 생각이 쓰여 있다. 클라우제비츠는 독일의 고전 문학과 고전 철학에 조예가 깊었다. 그래서《전쟁론》의 문장은 직설적이고 간결하며 문학적인 느낌이 강하다.《전쟁론》에는 셰익스피어의 희곡 대사 같은 문구가 자주 등장한다. 그 예로 "전쟁이란 다른 수단으로 이루어지는 정치의 연속이다.", "전쟁은 여러 가지 색을 띤다. 모든 전쟁에는 고유의 특성이 있지만, 전쟁의 폭력성과 개연성, 그리고 우연성은 공통되는 기본 속성의 하나이다."를 들 수 있다. 클라우제비츠는 또 철학의 관점에서 전쟁을 이해하려고 했다. 그래서 어떤 사람은 철학적 논리가 너무 많아 책이 이해하기 어렵다고 하기도 하고, 또 다른 사람은 책 속의 문장과 논리에 감탄하며 이 책을 예술과 철학을 모두 담은 경전이라고 평가하기도 한다. "어진 사람은 어질게 보고 지혜로운 사람은 지혜롭게 본다.仁者見仁, 智者見智"라는 말이 있다. 하지만《전쟁론》은 헬무트 폰 몰트케와 같은 부르주아 귀족이나 마르크스, 레닌과 같은 프롤레타리아[43]에게 모두 환영받았고, 그들은 클라우제비츠를 서양의 일류 군사학자라고 칭송했다.

---

43) 무산계급, 노동자 계급을 뜻함

7년 전쟁

1756년에서 1763년까지 이어진 7년 전쟁은 유럽 대륙을 전쟁의 불꽃으로 수놓았고, 그 불꽃은 대서양 건너의 북아메리카와 멀리 인도양의 인도까지 번졌다. 7년 전쟁에는 영국과 프랑스의 패권 다툼과 중유럽에서 벌어진 프로이센과 오스트리아의 각축전이 복잡하게 뒤엉켰다. 이 7년 전쟁으로 프로이센은 중유럽을 주름잡는 강국이 되었다. 그런 한편, 전쟁을 끝내는 조건을 합의한 평화 협정에 따라 오스트리아가 프로이센으로부터 슐레지엔을 되찾지 못하면서 두 나라 사이에는 여전히 앙금이 남았다.

영국과 프랑스의 북아메리카 식민지 쟁탈전

한 세기에 걸쳐 이어진 영국과 프랑스 사이의 원한과 전쟁은 유럽 역사에 많은 영향을 미쳤다. 또한 두 나라는 무력을 앞세워 잔혹하게 약탈하며 식민 제국을 건설했고, 이제 식민지가 그들의 새로운 전쟁터가 되었다.

18세기 중엽 이후 북아메리카에서 영국과 프랑스의 식민지 확장은 아무런 진전도 없이 교착 상태에 빠졌다. 당시 영국의 식민지는 대서양 연안에 분포했고, 프랑스의 식민지는 세인트로렌스 강과 오대호를 지나 대서양까지 이어지는 내륙에 분포했다. 미시시피 강에 있는 프랑스의 식민지 때문에 영국은 서쪽으로 세력을 확장하기가 어려웠다. 그래서 두 나라 사이에 갈등이 점점 깊어지고 수시로 총성이 오갔다.

영국과 프랑스 양국의 식민지는 발전 속도에서 차이를 보였고 특히 인구 증가율 차이가 두드러졌다. 1700년부터 1750년까지 영국의 식민지 인구는 25만에서 150만으로 늘어났다. 이와 반대로 프랑스의 북아메리카 식민지는 인구가 거의 없었고 수십 년이 흐르는 동안 인구는 10만 명도 채 되지 않았다.

프랑스는 비록 인구에서 영국에 밀렸지만, 그렇다고 오랫동안 지배해 온 땅을 다른 사람이 넘보게 내버려둘 수는 없었다. 프랑스는 영국인을 오하이오 강 유역으로 쫓아내고 그곳에 군사 보루를 세웠다. 그 후로 두 나라의 군사적 마찰이 점점 심각해졌다.

인구에서 우위를 차지한 영국은 북아메리카 인디언을 얕잡아보았다가 여러 차례 곤욕을 치러야 했다. 인디언은 북아메리카에서 수천

년 동안 생활해왔고, 그곳의 산과 강, 나무와 숲 등 지리에 매우 익숙했다. 이러한 인디언을 홀대한 영국인들은 그들의 도움을 받지 못할 뿐 아니라 가는 곳마다 일방적으로 공격을 당했다. 1755년에 영국의 에드워드 브래독 장군이 영국군과 수천 명의 민병대를 이끌고 내륙 서부로 향했다. 이들은 지금 자신들이 향해 가는 밀림에서 전투를 해본 적이 없었다. 영국군은 결국 울창한 가시나무숲에서 프랑스 소규모 부대와 인디언 연합군의 공격을 받아 겨우 살아 돌아왔다. 절대적으로 많은 병력을 갖추고도 영국은 패배하고 말았다.

이후 영국은 전략을 바꾸어 인디언에게 도움을 청하고, 강력한 군대를 모집해서 다시 북아메리카로 진격했다. 윌리엄 피트(대피트)가 정권을 장악한 후 영국과 프랑스의 전쟁은 북아메리카로 집중되었다. 1761년에 영국은 미시시피 강 일대뿐만 아니라 퀘벡까지 손에 넣었다. 그 후 프랑스는 대서양으로 쫓겨갔고, 대서양 연안의 불씨도 곧 사그라졌다.

구사일생으로 살아난 프로이센

만일 프로이센과 오스트리아 사이의 갈등이 깊어지지 않았다면 아마 유럽 대륙에서 전쟁이 시작되지 않았을 것이다. 프로이센과 오스트리아는 마치 물과 불같은 상극 관계였다. 프리드리히 대제는 왕위에 오른 후 바로 오스트리아의 슐레지엔 지방을 점령하여 오스트리아에 큰 타격을 입혔다. 그 후 오스트리아의 여제 마리아 테레지아는 자신의 모든 것을 걸어서라도 슐레지엔을 꼭 되찾아오겠다고 다짐했다. 이렇게 해서 생겨난 프로이센과 오스트리아의 갈등은 이후 동북 유럽의 국제 정세에 큰 영향을 미쳤다.

영국과 프랑스, 그리고 프로이센과 오스트리아의 갈등으로 유럽의 외교 정세는 여러 가지 변화가 생

▼ 영국과 프랑스의 해군이 북아메리카에서 격렬하게 전투하는 장면. 1756년부터 1763년까지 이어진 프렌치-인디언 전쟁은 북아메리카에서 벌어진 영국과 프랑스의 패권 다툼의 연속이자 마지막 전쟁이었다. 이 전쟁은 영국과 프랑스가 아메리카 대륙에서 벌인 7년 전쟁이기도 하다.

▲ **군복을 입은 프리드리히 대제**

1760년에서 1761년까지 프로이센은 거의 막다른 궁지에 몰렸다. 오랫동안 전쟁을 치른 늙은 병사 수만 명이 모래 벌판에서 죽어갔고, 5,000명이 넘던 장교 3분의 1이 사망했다. 전쟁에 대한 걱정과 엄청난 스트레스는 프리드리히의 건강을 위협해 그는 쉰이 되기도 전에 백발이 되었다.

겠다. 1756년 1월 16일 영국과 프로이센은 웨스트민스터 조약을 체결하고 동맹을 맺었다. 그 후 프랑스는 과거의 감정을 버리고 숙적이었던 오스트리아와 동맹을 맺었다. 마리아 테레지아는 자신의 딸을 프랑스 왕자에게 시집보냈고, 이로써 두 왕실은 친척 관계가 되었다.

프랑스와 오스트리아, 그리고 러시아가 압박해오자 프리드리히는 망설임 없이 전쟁을 선택했다. 18세기 시각으로 보자면 프리드리히의 선택은 정말 미친 행위나 다름없었다. 프로이센 혼자서 어떻게 그 많은 나라를 상대할 수 있단 말인가! 프로이센의 인구는 400만 명 정도로, 오스트리아의 3분의 1, 프랑스의 5분의 1 수준이었다. 인구가 전쟁의 승패를 결정짓던 시대에 설령 전쟁에 능한 최고의 부대를 가졌다 하더라도 유럽 3대 강국의 협공을 막아내기란 불가능했다.

전쟁이 시작되자 프로이센은 마치 기계처럼 빠르게 전쟁을 수행했다. 프리드리히가 그 기계의 조종사로, 프로이센 군대는 그의 일관된 지휘에 따라 마치 소방관처럼 곳곳을 누비며 전쟁의 불길을 껐다. 프리드리히는 당시 프로이센이 처한 상황을 이렇게 표현했다. "유럽의 왕들이 사슴 한 마리를 잡으려고 벼르는데, 내가 바로 그 사슴이다." 프랑스와 오스트리아, 러시아는 좀처럼 잡히지 않는 이 사슴 때문에 무진 애를 먹었다.

오스트리아와 프랑스 등 연합군이 30만 대군을 모아 베를린을 공격했다. 당시 프리드리히의 수하에는 겨우 6만 병력이 있어 병력 차이가 너무나 컸다. 하지만 그는 기회를 놓치지 않고 한 번에 적들을 제압했다. 오스트리아와 프랑스, 러시아 3국의 연합군은 비록 병력은 우세했지만, 지휘 관리 체계가 통일되지 않아 협력이 잘 이루어지지 않았다. 프리드리히는 적의 강점은 피하고 약점을 공격하는 방법을 쓰기로 했다. 1757년 11월 5일에 프리드리히는 2만 1,000명의 군사로 로스바흐의 프랑스 진영을 공격했다. 그가 두 시간도 안 되어 프랑스군 6,000명을 섬멸해 프랑스의 수비즈(Charles de Rohan, prince de Soubise) 장군은 큰 패배를 당했다. 이 승리로 프로이센군의 사기는 높아졌고, 그와 동시에 유럽 최강의 군대라 자부하던 프랑스군은 체면을 구겼다. 과거 수백 년 동안 독일 지역은 프랑스가 언제든 약탈해갈 수 있는 먹잇감이나 다름없었다. 이번 전쟁의 결과는 그동안의 역사를 바꾼 것으로, 프랑스가 독일에 패배한 것은 역사상 처음 있는 일이었다.

이어서 프리드리히는 뛰어난 군사 지휘 능력과 과감한 전술로 결정적인 전투에서 세 차례나 승리를 거두며 프로이센 군대의 위상을 높였다. 프로이센군이 맹렬하게 공격해오자 프랑스 외교장관은 하루빨리 평화 협정을 맺고 이 전쟁을 끝내려 했다. 하지만 오스트리아의 여제 마리아 테레지아는 고집이 센 인물이었다. 그녀는 슐레지엔 지방을 되찾기 전까지는 절대 군대를 돌릴 생각이 없었다. 그래서 전쟁은 계속 진행되었다.

유럽 3대 강국의 협공으로 프로이센도 지쳐갔다. 1759년 8월 20일에 러시아가 베를린을 공격하자 프리드리히는 군대의 힘을 비축하기 위해 베를린에서 철수했다. 한편, 1761년에 영국은 이미 프랑스의 식민지 대부분을 손에 넣었다. 더 이상 프로이센을 이용해서 프랑스를 견제할 필요가 없어지자 영국은 프로이센에 대한 금전적 지원을 끊어버렸고, 프로이센이 상대국에 땅을 조금 나누어주고 어서 전쟁을 끝내길 바랐다. 그런데 이 시기에 스페인이 오스트리아, 프랑스 연합 진영에 합류하면서 유럽의 모든 강대국이 프로이센을 공격하는 형세가 되었다. 이렇게 프로이센이 막다른 골목까지 몰렸을 때, 프리드리히는 뜻밖에 구사일생의 기회를 얻었다.

1761년 12월에 러시아의 옐리자베타 여제가 병으로 세상을 떠나고 표트르 3세가 왕위에 올랐다. 그 표트르 3세는 프리드리히를 매우 존경했다. 그래서 그는 왕위에 오르자마자 바로 프로이센에 대한 공격을 멈추고 화해를 청했으며, 심지어 러시아 군대 일부를 프로이센에 지원해주기도 했다. 이렇게 해서 전세는 순식간에 뒤집혔다.

프랑스는 식민지를 빼앗긴 후 더 이상 전쟁을 하고 싶지 않았다. 그런 가운데 1762년에 프리드리히 대제가 병력을 모아 오스트리아에 맞섰다. 마리아 테레지아는 혼자 힘만으로 프리드리히를 막을 수가 없었고, 결국 프로이센과 굴욕적인 평화 협정을 맺어야만 했다. 1762년 11월 13일, 프로이센과 오스트리아 양국이 정전 협정을 맺으면서 7년 전쟁은 비로소 막을 내렸다.

유럽의 엇갈린 희비

　곳곳에 폐허와 상처를 남긴 채 7년 전쟁이 끝난 이후 유럽의 정세에는 엄청난 변화가 생겼다. 이번 전쟁으로 가장 큰 이익을 본 것은 영국이었다. 강력한 영국 해군이 각 대륙을 종횡무진 하며 북아메리카의 프랑스 식민지를 손에 넣었고, 인도에 있는 프랑스인을 인도양으로 밀어내고는 그들에게 현지의 업무를 처리할 수 있는 거점 하나만 내주었다. 그리고 이 과정에서 영국의 하노버 왕조는 아무런 피해도 보지 않았다. 만일 윌리엄 피트(대피트)가 전쟁이 깨끗이 끝나기 전에 물러나지만 않았다면 영국은 아마 더 많은 이득을 챙길 수 있었을 것이다. 그를 뒤를 이어 영국 총리가 된 그의 아들 윌리엄 피트(소피트)는 평화주의자였고, 프랑스에 엄청난 관용을 베풀며 전쟁을 끝내기 위해 애썼다.

▼ 18세기에 프로이센 군대에서는 병사가 규율을 어기면 엄격한 처벌을 받았다. 프리드리히는 강력한 규율만이 뛰어난 전투력을 만들어낸다고 믿었다.

프로이센은 이 전쟁에서 큰 피해를 보았다. 프로이센 인구의 9분의 1이 전쟁 중에 사망했고, 나라 곳곳이 참혹하게 무너졌다. 프리드리히는 부족한 사회 노동력을 보충하기 위해 다시 군대를 조직하고, 농민의 세금을 낮추고, 귀족들에게서 기부금을 걷어 국고를 채웠다. 그리고 농민들이 이용할 수 있는 대출은행과 자녀를 잃은 노인들을 보살필 양로원을 세웠다. 몇 년 사이에 프로이센의 경제는 회복되었고, 전쟁 후 약 300만 명이던 인구도 약 450만 명으로 늘어났다. 이후 프리드리히는 러시아와 힘을 합쳐 폴란드의 영토를 점령하고, 미국의 독립 전쟁을 지원했다. 그리고 프로이센은 다시 한 번 유럽의 강대국 대열에 섰다. 유명한 군사학자 찰스 풀러는 "이번 전쟁을 통해 프로이센은 단결력과 자신감을 얻었다. 이를 바탕으로 게르만족은 나폴레옹 전쟁의 벽을 넘어 한 걸음씩 나아가 하나의 독일을 만들었고, 결과적으로 프로이센이 프랑스를 제치고 유럽에서 가장 힘 있는 나라가 되었다."라고 평가했다. 7년 전쟁으로 프로이센은 강대국 대열에 합류했고, 프리드리히 대제도 역사에 길이 이름을 남겼다.

프랑스는 이번 전쟁으로 가장 큰 피해를 입었다. 식민지를 거의 빼앗겼을 뿐 아니라 유럽의 외교 문제에서 각국의 이익을 조정하는 발언권도 잃었다. 오스트리아 역시 이 전쟁에서 아무것도 얻지 못했고, 슐레지엔은 여전히 프리드리히 대제의 수중에 있었다.

플뢰리 추기경의 개혁

플뢰리 추기경은 일흔셋의 나이에 프랑스의 총리가 되었다. 사람들은 추기경이 나이가 많아 총리 자리에 오래 머무르지 못할 것이라고 생각했지만, 그는 17년 동안이나 프랑스 정권을 이끌었다. 당시 프랑스는 수년 동안 이어진 전쟁으로 백성의 삶은 피폐해지고 경제는 악화되어 있었다. 이런 상황을 해결하기 위해 플뢰리 추기경은 관대한 정책을 펼쳤고, 그 결과 프랑스는 다시 번성하게 되었다. 그래서 프랑스인들은 플뢰리 추기경이 총리를 지낸 시기를 프랑스의 부흥기라고 말한다.

권력의 최고봉

플뢰리는 1653년에 평범한 집안에서 태어났다. 이후 천주교회학교에서 공부하여 선교사가 되었고, 1689년에 프레쥐스 지방의 주교로 임명되었다. 1715년에 루이 14세가 병으로 세상을 떠나고 그의 증손자인 루이 15세가 다섯 살의 나이에 왕위에 올랐다. 그리고 그해에 예순둘의 플뢰리가 다섯 살인 루이 15세의 스승이 되었다.

루이 15세는 너무 어려서 정치를 할 수 없었기 때문에 오를레앙 공이 섭정을 맡아 나라를 관리했다. 오를레앙 공은 섭정 기간에 프랑스의 명성을 되찾고 엄청난 국가 채무도 해결하려고 했다. 하지만 그가 존 로의 개혁을 받아들이고 추진하면서 프랑스 경제는 큰 위기를 맞게 되었다. 1723년에 오를레앙 공이 세상을 떠나고 부르봉 공작이 프랑스의 권력을 장악했다. 무능하고 어리석은 부르봉 공작은 모든 일을 정부情婦의 뜻대로 해결했다.

부르봉 공작은 또 루이 15세의 신임을 받는 플뢰리를 질투했고, 그를 궁전에서 쫓아내려고 여러 수단을 동원했다. 결국, 플뢰리는 1725년에 아무도 모르게 왕궁을 떠나 파리 외곽에 있는 수도원으로 갔다. 하지만 당시에는 루이 15세도 이미 자기 생각을 주장할 수 있는 나이였다. 1726년에 루이 15세는 부르봉 공작을 쫓아내고 자신의 스승인 플뢰리를 다시 불렀다. 플뢰리는 이제 루이 15세가 섭정을 두지 않고 직접 정치에 참여하길 원했다. 1726년에 열여섯 살이 된 루이 15세는 직접 나라를 다스리기 시작했고, 플뢰리를 총리로 임명했다. 일흔셋의 나이에 플뢰리는 프랑스의 최고 권력자가 되었다.

프랑스의 부흥기

1726년에 플뢰리는 프랑스의 총리가 되어 모든 권력을 장악했다. 당시 루이 15세는 매일 사냥과 여자에만 빠져 지냈다. 사람들은 이 나이 많은 수상이 얼마 못 가 병에 걸려서 물러날 것이라고 보았다. 그래서 처음에는 그를 크게 신뢰하지 않았다. 아마 플뢰리 자신도 무려 17년 동안이나 총리로서 프랑스를 통치할 것이라고 예상하지 못했을 것이다.

당시 플뢰리의 직책은 주교였다. 그는 자신의 계급이 불만스러웠고, 주교보다 높은 추기경이 되고 싶었다. 그래야만 공작들보다 한 단계 높은 지위가 되었다. 그러나 이는 플뢰리가 사사로이 자리를 욕심낸 것이 아니라 프랑스라는 큰 나라를 통치하는 데에는 반드시 권위가 필요했기 때문이었다. 수천 명에 이르는 공작과 백작들 앞에서 플뢰리는 반드시 그들보다 한 단계 위에 있어야 했다. 그렇지 않으면 오만불손한 그들을 제대로 관리할 수가 없었다.

플뢰리는 총리가 된 후 선교사들이 내는 2%의 세금을 없애주었다. 그러자 선교사들은 나라에 500만 리브르를 기부했다. 플뢰리는 프랑스의 재정 문제가 해결하기 어려운 수준이라는 것을 잘 알았고, 이런 상황을 극복하기 위해 다양한 방법을 동원했다. 그는 뒤부아 재무장관을 도와서 경제 계획을 계속 추진했고, 각종 경제 활동에 대한 국가의 제한 규정을 완화했다. 이러한 조치로 시장이 점차 활력을 되찾자 나라 전체의 경제 활동도 살아나기 시작했다. 또 전국적으로 도로를 건설해서 완벽한 교통망을 갖추었다. 오늘날까지도 프랑스의 고속도로는 플뢰리 추기경 당시 완성된 형

▼ 플뢰리 추기경
플뢰리(1653~1743)는 프랑스의 추기경이자 루이 15세 시대의 총리이다.

143

태를 기본적으로 유지하고 있다. 그 밖에도 플뢰리는 네덜란드까지 이어지는 운하를 여러 개 건설해 이를 통해서 더욱 빠르게 화물을 유통할 수 있었다.

국가 채무를 해결하기 위해 플뢰리는 근검절약 정책을 실행하여 궁정의 사치스러운 소비를 제한했다. 루이 14세가 통치한 시절에 베르사유 궁전은 거대한 연회장이었고, 매일 엄청난 돈을 소비했다. 그래서 플뢰리는 우선 궁중 연회를 여는 횟수를 대폭 줄였다. 오를레앙 공의 경제 개혁이 프랑스에 심각한 인플레이션을 일으켰기 때문에 플뢰리는 화폐 안정을 위해 물가 상승을 엄격하게 조절했다. 아울러 각 시와 읍 관리들만 행사하던 선거권을 백성에게도 주었다. 경제가 발전하기 시작하자 프랑스의 재정 수입도 많이 늘어났고, 재정 문제도 이렇게 차츰 해결되어 갔다.

플뢰리는 비록 총리 자리에 있었지만, 늘 검소하게 생활하며 온화하고 겸손하게 사람을 대했다. 플뢰리가 총리가 되어 여러 가지 개혁 정책을 펴면서 프랑스 백성이 생각하는 궁정의 이미지도 많이 좋아졌다. 하지만 플뢰리가 시행한 정책이 모두 완벽한 것은 아니었다. 그는 중산 계급과 귀족에게는 관대하고 농민에게는 가혹했다. 전국에 도로를 건설할 때에는 농민들을 강제로 참여시키고, 그들에게 기본적인 식사 외에는 아무런 대가도 주지 않았다.

플뢰리의 관대한 정책으로 프랑스 경제는 서서히 회복되었고 공업과 상업도 빠르게 발전했다. 당시 그 누구도 늙은 수상이 프랑스에 이런 번영을 가져오리라고는 예상하지 못했다.

루이 15세와 퐁파두르 부인

루이 15세는 60년 동안 프랑스를 통치했다. 하지만 통치 기간에 특별한 정치적 업적은 쌓지 못한 채 프랑스를 몰락의 길로 끌고 갔다. 그는 평생 여자에게 집착하며 수많은 정부를 두었다. 그중에 가장 중요한 인물은 퐁파두르 부인이다. 퐁파두르 부인은 평민 출신이지만 아름다운 외모로 20년 동안 루이 15세의 총애를 받았다. 그리고 당시 프랑스에서 실질적인 지배자 역할을 했다.

어린 군주

　루이 14세는 장수한 군주이다. 그는 살면서 주위 사람을 여러 명 떠나보냈다. 심지어 아들과 손자마저 그보다 먼저 저세상으로 떠났다. 1715년에 루이 14세는 임종을 앞두고 다섯 살 난 증손자를 왕위 계승자로 세웠는데 그가 바로 루이 15세이다. 루이 14세는 어린 나이에 왕위에 오른다는 것이 얼마나 위험한지 잘 알고 있었다. 그래서 그는 어려서 부모를 잃은 증손자를 무척 가여워했다. 그리고 증손자의 왕위를 보호하기 위해 유서를 남겼다. 유서에서 그는 자신이 죽은 후에 누군가가 증손자를 대신해 권력을 독차지하지 않도록 섭정이나 섭정 회의를 금지했다. 하지만 예전부터 루이 14세와 사이가 좋지 않았던 파리 고등법원은 그의 유서를 인정하지 않았다. 대신, 루이 14세의 조카인 오를레앙 공 필리프의 1인 섭정을 지지했다. 그러나 오를레앙 공은 나라를 이끌 만한 재목이 못 되었다. 그는 루이 14세

▼ 1723년 10월, 열세 살의 루이 15세가 랭스 대성당에서 대관식을 열고 정식으로 왕이 되었다.

▲ 18세기 유럽에서 유행한 화훼무늬가 그려진 접시

가 시행한 정책을 모두 취소하고, 무능력한 사람들을 고용해서 프랑스 외교와 재정을 엉망진창으로 만들었다.

1723년에 오를레앙 공이 병으로 죽은 후, 당시 열세 살이 된 루이 15세는 부르봉 공작을 쫓아내고 직접 정치를 시작했다. 하지만 루이 15세는 정치에 아무런 흥미를 느끼지 못하고 자신이 신임하는 가정교사 플뢰리 추기경에게 국가의 중대사를 모두 맡겼다. 온화한 성품의 플뢰리는 그 후 17년 동안 총리로서 프랑스를 이끌었다. 그는 외교와 내정 문제를 신중하게 처리하며 루이 14세와 오를레앙 공 통치 시기에 일어난 혼란을 수습하기 위해 노력했다. 그의 노력으로 프랑스의 재정 상태는 어느 정도 회복되었고, 외교 분야에서도 만족스러운 결과를 얻었다. 플뢰리가 총리를 지낸 시절은 루이 15세의 재위 기간 중 가장 평화롭고 안정적인 시기였다.

1741년에 유럽의 패권을 차지하고 싶었던 루이 15세는 오스트리아 계승 전쟁에 참여했고, 프로이센과 연합해 오스트리아의 합스부르크 왕가를 공격했다. 연로한 플뢰리는 전쟁을 막을 힘이 없어 그저 전쟁의 불길이 다시 타오르는 모습을 지켜볼 수밖에 없었다. 1743년에 결국 플뢰리는 세상을 떠났다. 오스트리아 계승 전쟁과 플뢰리의 사망은 루이 15세 통치 시기에 일어난 가장 중요한 사건이다. 이 두 사건 이후 태양왕 루이 14세가 이룩한 강대국 프랑스는 내리막길을 걷기 시작했다.

실패한 왕국

플뢰리가 세상을 떠난 이후, 루이 15세는 할아버지 루이 14세처럼 다시 총리를 임명하지 않고 자신이 모든 권력을 장악했다. 하지만 그에게는 루이 14세만큼 뛰어난 재능도 원대한 전략도 없고, 탐욕스러운 관리와 귀족들을 관리할 능력도 없었다. 게다가 그의 우유부단한 성격으로 정치 부패가 점점 심해지자 프랑스 백성은 절망했다. 루이 14세가 임종 전에 그에게 전쟁을 자주 벌이지 말라고 분부했지만, 루이 15세는 이미 할아버지의 유언을 잊은 지 오래였다. 오스트리아 계승 전쟁 결과 이득을 얻은 것은 프로이센뿐이었고, 프랑스는 아무런 성과도 얻지 못했다.

플뢰리가 다져 놓은 영국과의 우호 관계도 무너졌다. 1756년부터 1763년까지 벌어진 7년 전쟁에서 프랑스는 오스트리아, 러시아와 동맹을 맺었고 영국은 프로이센과 동맹을 맺어 식민지와 유럽 패권을 두고 전쟁했다. 프랑스군은 전쟁에서 계속 패하며 큰 손해를 보고 식민지도 대부분을 빼앗겼다. 1763년에 프랑스는 결국 영국과 파리 조약을 체결하면서 인도와 캐나다, 그리고 미시시피 강 서쪽 연안의 식민지를 넘겼다. 하지만 루이 15세도 이 전쟁으로 두 가지 이득을 얻었다. 로렌 지방을 되찾았고, 1768년에 코르시카 섬에서 제노바의 통치에 반대하는 반란이 일어난 틈을 타 코르시카 섬을 헐값에 사들였다.

루이 15세는 대외적으로 국가의 위신을 세우지 못했고, 대내적으로 재정 위기 등 문제를 해결할 효과적인 정책을 내놓지 못했다. 심지어 그는 정부情婦가 나랏일을 관리하게 했다. 그리고 자신은 매일 여자와 사냥에 온 정신을 쏟으며 허무하게 시간을 보냈다. 재정총감이 재정 적자에 대해 보고할 때도 그는 항상 듣는 둥 마는 둥 했다. 루이 15세는 나라가 바람 앞의 등불처럼 위태로운 상황인 것을 알면서도 그것을 모른 척하려고 했다. 그는 이렇게 말했다. "내가 죽은 후에 하늘이 무너지든 말든!" 이 '명언'에서 알 수 있듯이 그는 너무나 비관적이고 무책임한 사람이었다.

절벽 끝에 선 봉황

루이 15세가 후세 사람들에게 가장 크게 비난받는 부분은 바로 문란한 생활이다. 어려서 어머니를 잃은 루이 15세는 자라면서 여자에게 집착하는 성향을 보였고, 인생의 많은 시간을 여색에 빠져 지냈다. 루이 15세는 왕비와의 사이에 자녀가 10명 있었다. 그런데도 그는 여전히 여자를 좋아하고 끊임없이 구애했다. 귀족들이 가장 이해하지 못한 것은 그가 신분이 비천한 여자에게 더 호기심을 보이며 심지어는 평민의 딸을 후궁으로 들이기도 했다는 점이다. 루이 15세에게는 이미 정부가 있었다. 하지만 그는 아예 '사슴 정원(Parc Aux Cerfs)'이라는 곳을 지어서 그곳에 젊은 여성들을 모아 놓고 향락을

▲ 〈퐁파두르 부인〉 유화
퐁파두르 부인은 루이 15세의
정부로 20년 동안 왕궁에서 지
냈다. 그녀는 자신과 루이 15세
의 관계를 이용해서 볼테르에게
궁의 일자리를 마련해주고 보조
금을 지원하기도 했다.

즐겼다. 루이 15세는 방탕한 생활로 끊임없이 스캔들의 주인공이 되었고, 민심은 점차 그를 떠나갔다.

루이 15세가 거느린 수많은 여인 가운데 가장 유명한 사람은 퐁파두르 부인이다. 우아하고 매혹적이었던 퐁파두르 부인은 1745년 이후 거의 20년 동안 프랑스 궁정을 지배했다. 파리의 금융가 집안에서 태어난 퐁파두르 부인은 잔느 앙투아네트 푸아송이 본명이며, 귀족 샤를 기욤 르 노르망 드 티올과 결혼하면서 상류 사회에 발을 들였다.

잔느 앙투아네트 푸아송은 루이 15세가 자주 가는 숲 속 사냥터 부근에 있는 별장에 살았다. 그곳에서 그녀는 왕의 눈에 띄기 위해 일부러 연한 남색 드레스를 입고 분홍색 마차에 타고는 영화처럼 루이 15세의 앞에 자주 나타났다. 그녀가 계획한 대로, 루이 15세는 이 아름답고 총명한 젊은 부인에게 금세 빠져버렸다. 궁전에서 가면무도회가 열리던 날, 그녀는 붉은색 옷으로 치장한 루이 15세와 정을 나누었다. 1745년에 스물네 살이 된 그녀는 남편과 헤어지고 퐁파두르 부인이 되어 궁에 들어갔다. 이 일로 프랑스 사회에는 큰 파문이 일어났다. 프랑스인들은 평민의 딸이 귀족보다 높은 지위에 오를 수 있다고는 생각해본 적이 없었기 때문이다. 퐁파두르 부인이 궁에 들어갔을 때, 모든 사람이 그녀를 비웃었다. 그러나 놀랍게도 그녀는 나무랄 데 없이 우아했으며, 능숙하게 궁 안의 사람들을 다루었다.

프랑스의 '여주인'

궁에 들어간 후, 퐁파두르 부인은 루이 15세의 정부이자 궁의 실질적인 여주인으로서 숨은 권력자가 되었다. 루이 15세는 퐁파두르 부인을 몹시 아끼며 시간만 나면 그녀의 방에 머물렀다. 심지어 신하들을 만날 때에도 그녀와 함께하면서 의견을 구하기도 했다. 퐁파두르 부인은 국왕의 이러한 깊은 신임을 등에 업고 왕실의 권력을 장악했고, 자신의 뜻을 거역하는 신하들은 궁에

▲ 18세기에 프랑스 귀족들 사이에서는 살롱을 여는 것이 유행이었다.

서 내쫓았다. 당시 프랑스에서는 관직을 얻고 싶으면 루이 15세보다 퐁파두르 부인을 찾아가는 편이 나을 정도였다. 퐁파두르 부인은 가늘고 하얀 손을 휘두르며 나라를 좌지우지했다. 그녀는 왕의 마음을 사는 데도 일가견이 있고 예술적인 안목도 있었지만, 나랏일을 처리하는 데에는 아무런 능력이 없었다. 그녀가 프로이센을 견제하기 위해서 오스트리아와 손을 잡지 않았다면, 프랑스는 7년 전쟁에 휘말리지도, 전쟁에서 그렇게 큰 패배를 당하지도 않았을 것이다.

퐁파두르 부인은 국가 권력을 장악했을 뿐만 아니라 예술 양식의 유행까지도 이끌었다. 그녀는 예술을 매우 사랑했고 특히 로코코 양식을 좋아했다. 그녀의 지원을 받아 화려하고 몽환적이며 경쾌한 특징이 있는 로코코 양식이 당시 프랑스 사회에서 크게 유행했다. 그런 한편 그녀는 씀씀이가 지나치게 커서 궁에서 생활하는 동안 엄청난 돈을 썼다. 1764년 그녀가 세상을 떠난 후 공증인 2명이 그녀가 써버린 국가 재정 명세서를 정리하는 데에만 1년이 걸렸다고 한다.

퐁파두르 부인은 문학에 관심이 많았고, 그녀가 연 살롱은 당시에 가장 영향력 있는 사교 장소였다. 볼테르, 루소, 디드로 등 많은 유명인사가 그곳을 찾아 프랑스의 숨은 권력자 곁에서 사상과 문화, 철학을 논했다. 이렇듯 퐁파두르 부인의 지원으로 프랑스의 문화 예술은 더욱 발전했다.

살롱은 원래 이탈리아어로 '큰 응접실'이라는 뜻이다. 이것이 프랑스로 전해진 후 귀부인들이 응접실에서 유명 인사들과 학자들의 모임을 연다는 의미로 확대되었다. 제일 처음으로 문학 살롱을 연 사람은 마르키스 드 랑부예 후작 부인(1588~1655)이었다. 귀족 출신의 그녀는 복잡하고 저속한 궁중의 관계를 매우 싫어했다. 하지만 한편으로 사교계와 멀어질까 봐 걱정되어 집 안에서 모임을 열기로 했다. 그녀의 살롱은 1610년부터 손님을 받기 시작했고, 소문이 빠르게 퍼져 나갔다. 살롱에 모인 사람들은 예의 바르고 점잖았다. 그들에게 살롱은 낯설었지만 귀족으로서 우아한 품위를 잊지 않았다. 살롱에 모인 사람들의 토론 주제는 광범위해서 문학과 정치, 유행과 유언비어까지도 포함되었다. 살롱은 대부분 귀족 출신 여성이 관리했다. 그녀들은 지성과 미모, 재치, 우아함을 모두 갖추어 '여성 지식인'으로 불렸다. 18세기 이후 살롱에서 이루어진 토론의 범위는 과학으로까지 확대되었다. 또 가끔 급진적인 사상 토론이 벌어지면서 살롱은 혁명이 탄생할 수 있는 기반을 제공해주었다. 프랑스 대혁명 기간에는 살롱에서의 토론 활동이 금지되었다. 그 후 살롱은 다시 열렸지만, 예전의 지위를 되찾지는 못했다. 현재 살롱은 미술 전람회를 뜻하는 말로 바뀌었다.

퐁파두르 부인은 얼굴도 아름다웠지만 머리도 매우 영리했다. 시간이 지나면서 그녀에 대한 루이 15세의 사랑은 서서히 식었지만, 그녀는 그동안 쌓인 정과 가족애로 부부 사이를 문제없이 유지했다. 이렇게 해서 그녀는 자신보다 젊고 예쁜 여자가 나타나도, 또 어느 집단에서 그녀를 몰아내려는 음모를 꾸며도 전혀 흔들리지 않을 만큼 확고한 입지를 다졌다. 그러나 이렇게 모든 것이 완벽했던 그녀도 결국에는 병 앞에 무너졌다. 1764년에 퐁파두르 부인이 병으로 세상을 떠나면서 한 시대를 손에 쥐고 휘두른 후궁은 역사 기록 속으로 사라졌다.

루이 15세는 퐁파두르 부인의 죽음을 겪고 깊은 상처를 받았다. 그러나 슬픈 시간이 지나가자 그는 또다시 젊고 예쁜 후궁을 찾았다. 이 유별난 호색가가 혼자서 자신의 생리적 욕구를 해결한다는 것은 상상할 수도 없는 일이었다. 이유가 어떻든 이런 그의 무절제한 생활은 사람들의 혐오와 증오를 샀고, 심지어는 그를 암살하려는 시도도 있었다.

루이 15세는 1774년에 베르사유 궁전에서 천연두로 사망했다. 그의 장례식은 깊은 밤에 비밀리에 진행되었고, 극소수의 사람만 참여했다. 쓸쓸하고 적막한 장례식은 루이 15세 생전의 화려한 모습과는 매우 비교되었다. 프랑스인들은 그의 죽음과 함께 루이 15세와 그가 지배한 시절을 모두 잊고 싶었지만, 그러기에는 너무 늦었다. 루이 15세가 이후의 프랑스에 몰고 온 위기는 사람들의 예상을 훨씬 뛰어넘었다.

러시아의 옐리자베타 여제

표트르 대제는 러시아 역사의 새로운 시대를 열며 영웅으로 이름을 남겼다. 그러나 그에게는 자신의 뒤를 이을 유능한 아들이 없었다. 그가 세상을 떠난 후 15년 동안 러시아는 무질서한 혼돈 상태에 빠졌다. 그 결과 표트르가 추진한 개혁과 영토 확장도 멈춰버렸다. 그나마 다행인 것은 표트르 대제의 딸이 수많은 난관을 거쳐 결국 왕에 올랐다는 것이다. 그녀는 아버지의 뜻을 이어받아 러시아를 발전시키기 위해 힘썼다.

15년 동안의 혼돈

표트르 1세, 즉 표트르 대제는 개혁을 통해 러시아의 근대화에 크게 이바지했다. 그러나 개혁이 광범위하게 진행되면서 기득권에 피해를 본 귀족과 종교 세력들은 표트르 대제에게 불만을 품었다. 그들은 모두 이 개혁 군주가 하루빨리 없어지길 바랐다. 표트르 1세에게는 알렉세이라는 아들이 있었는데 그는 아버지처럼 웅대한 포부가 없었고 오히려 개혁에 반대했다. 게다가 자신이 아버지의 뒤를 이어 황제가 되면 군대를 해산하고 발트 해를 스웨덴에 돌려주겠다고 선언했다. 표트르는 이에 매우 화가 났고, 알렉세이가 훌륭한 군주가 될 수 없을 것이라고 생각했다. 그리고 결국 명령을 내려 자신의 아들을 죽이고 말았다.

왕위를 이을 아들이 없어졌으니 표트르는 왕위 계승 규정을 수정할 수밖에 없었다. 그래서 차르가 직접 왕위 계승자를 선택할 수 있도록 규정을 바꿨다. 하지만 이 수정된 규정으로 인해 러시아는 이후 15년 동안 혼돈에 빠졌다. 이 기간에 러시아에는 무려 황제가 4명이나 나타났다가 사라졌고, 이 때문에 국가 정책은 연관성 있게 시행되지 못했다.

표트르 1세가 죽은 후 그의 두 번째 아내가 신하들을 부추겨서 스스로 황제의 자리에 올랐다. 그녀가 바로 예카테리나 1세이다. 예카테리나 1세는 황후

▼ **여제 옐리자베타**
옐리자베타는 표트르 1세와 예카테리나 1세 사이에서 태어난 딸로, 1741년에 러시아의 황제가 되었다. 그녀는 미모가 빼어났지만 평생 결혼하지 않았고, 1762년에 병으로 사망했다.

▲ 말에 올라 탄 여제

1743년에 그려진 초상화로, 그림 속 황제는 옐리자베타 페트로브나(1709~1762)이다.

였지만 아는 것이 없는 일자무식이었다. 그녀는 원래 스웨덴 농부의 딸로, 러시아군이 스웨덴을 침공했을 때 포로로 잡혔다가 표트르 1세가 그녀의 아름다운 미모에 반해서 황후가 되었다. 표트르 1세의 첫 번째 아내가 수도원으로 쫓겨난 후였기 때문에 그녀는 하루아침에 러시아의 안주인이 되었다.

예카테리나 1세는 나라를 다스릴 만한 능력이 없었다. 그녀는 황제의 자리에 오른 후 모든 권력을 자신의 정부情夫인 알렉산드르 멘시코프에게 넘기고, 자신은 음탕한 생활에 빠져 지냈다. 2년 후 예카테리나 1세는 건강이 나빠져 세상을 떠났고, 알렉세이의 아들이 열두 살의 나이에 즉위하여 표트르 2세가 되었다.

표트르 2세가 황제가 된 후에도 멘시코프는 여전히 정권을 장악하고 실질적인 지배자 역할을 했다. 그가 권력을 이용해 부패를 저지르기 시작하자 귀족들은 불만을 품었다. 그래서 일부 귀족이 힘을 합쳐 멘시코프를 자리에서 끌어내리고 시베리아로 유배를 보냈다. 이후 1730년에 표트르 2세가 천연두에 걸려 세상을 떠나면서 로마노프 왕조는 적통이 끊겼다.

표트르 2세 이후, 표트르 1세의 조카인 안나가 근위대의 지지를 얻어 황제의 자리에 올랐다. 여제 안나는 집권 기간에 터키와 전쟁을 벌였다. 하지만 터키의 영토 일부를 손에 넣고도 평화 협약서 한 장 때문에 모든 땅을 도로 돌려주고 말았다. 즉, 러시아는 전쟁에서 승리했지만 아무것도 얻지 못했다.

1740년에 안나는 임종을 앞두고 여자 조카 안나 레오폴도브나(Anna Leopoldovna)의 한 살을 갓 넘은 아들을 다음 황제로 임명했다. 그러면서 새 황제의 나이가 너무 어리므로 열일곱 살이 될 때까지 자신의 정부인 에른스트 비론이 섭정을 맡도록 했다. 하지만 궁전 안팎에서 이미 비론의 '게르만풍'에 대해 비난이 거셌기 때문에 그는 얼마 지나지 않아 궁에서 쫓겨났다. 그리고 안나 레오폴도브나가 섭정을 시작했다. 그러나 러시아의 혼돈은 여기서 끝나지 않았다. 조용히 러시아의 왕위를 주시하는 사람이 한 명 더 있었기 때문이다. 바로 표트르 1세의 딸 옐리자베타 페트로브나였다.

차르가 된 옐리자베타

1741년 12월 4일, 섭정을 맡은 안나 레오폴도브나가 옐리자베타를 궁으로 불렀다. 며칠 전에 옐리자베타가 프랑스와 스웨덴의 도움을 받아 반란을 일으키려고 한다는 내용의 투서를 받았기 때문이었다. 옐리자베타는 사실이 아니라고 주장했지만, 안나는 들으려 하지 않았다. 결국 옐리자베타가 눈물바람으로 억울함을 호소하고 나서야 안나는 옐리자베타를 용서했다.

사실, 안나가 입수한 정보가 완전히 유언비어인 것은 아니었다. 당시 안나를 반대하는 이들이 하나둘씩 옐리자베타 쪽으로 모여들었고, 그들은 발 빠르게 움직이며 궁전을 지키는 금위군의 지지를 얻어냈다. 또 프랑스와 스웨덴 등은 안나가 프로이센과 우호적인 외교 관계를 맺으려고 하자 옐리자베타를 돕겠다고 나섰다.

옐리자베타는 이미 안나의 귀에 소문이 들어간 이상 시간을 끌 필요가 없다고 판단하고 바로 행동을 시작했다. 1741년 12월 5일 깊은 밤, 옐리자베타가 금위군 복장을 한 채 썰매를 타고 왕실 근위대의 군영으로 갔다. 정변을 일으키려면 근위대의 도움이 필요했다. 그녀는 그들에게 말했다. "너희는 내가 누구인 줄 아느냐? 누군가가 지금 나를 위험에 빠뜨리고 있다. 너희는 어떻게 하겠느냐?" 근위대는 표트르 1세가 직접 조직해서 키워낸 부대였다. 그들은 자신들의 영웅이었던 표트르 대제의 딸인 옐리자베타가 찾아와 이렇게 말하자 조금씩 마음이 움직이기 시작했다. 이윽고 그들은 어둡고 스산한 밤에 궁으로 가서 안나의 측근을 모두 체포하고, 안나와 그의 남편도 함께 잡아들였다.

이렇게 해서 옐리자베타는 피 한 방울 흘리지 않고 정변을 끝내고 러시아의 새로운 차르가 되었다. 1742년 5월, 옐리자베타는 성대한 의식을 열어 황제의 자리에 올랐다. 전에는 알아주는 사람 하나 없

엘리자베타와 과학자

엘리자베타는 과학과 예술을 매우 중요시했고 인재를 모으기 위해 애썼다. 그녀가 황제의 자리에 오른 해에 과학자 미하일 로모노소프가 서양에서 공부를 마치고 득의양양하게 귀국했다. 그는 엘리자베타의 신임을 얻고 싶었다. 어느 날 엘리자베타가 그와 이야기하던 중에 이렇게 말했다. "러시아어는 참 훌륭한 것 같아요." 그러자 로모노소프가 바로 대답했다. "맞습니다, 폐하. 러시아어에는 프랑스어의 민첩함과 독일어의 신중함, 그리고 이탈리아어의 온화함과…" 그는 순간적으로 엘리자베타의 한 마디에 대답하기 위해 러시아어의 수많은 장점을 찾아냈다. 엘리자베타는 그의 대답에 매우 만족해 그 자리에서 로모노소프를 러시아과학원의 원장으로 임명하고, 그의 연구를 적극적으로 지원했다.

이 냉대만 받던 공주였지만 이제 일약 여제가 되었다.

사실 엘리자베타는 1730년에 이미 황제의 자리에 오를 기회가 있었다. 그러나 결혼하지 않았다는 이유로 추밀원[44]에서 왕위 계승 자격을 인정받지 못했고, 결국 안나가 그 자리를 차지했다. 엘리자베타는 차르가 되기 위해 11년을 기다린 것이다.

엘리자베타는 1709년에 태어났다. 하지만 당시 예카테리나 1세는 표트르 대제와 정식으로 결혼하기 전이었기 때문에 그녀는 사생아 취급을 받았고, 이런 과거는 엘리자베타의 운명을 바꿔놓았다. 1725년에 예카테리나 1세는 프랑스의 사신을 만났을 때 양국의 혼인을 요청했다. 프랑스 사신은 부탁을 받았을 때에는 거절하지 않았지만, 프랑스로 돌아간 후 아무런 소식도 주지 않았다. 프랑스 왕실에서는 러시아의 공주라고 해도 사생아였던 엘리자베타를 자국의 왕비로 받아들이기는 어렵다고 판단한 것이었다. 이 일로 엘리자베타는 큰 상처를 입었다. 그 후에 예카테리나 1세가 딸을 위해 외모가 준수한 짝을 찾아 주었지만, 결혼하기 전에 남자가 병에 걸려 죽고 말았다. 그러자 엘리자베타는 이후로 다시는 결혼을 생각하지 않기로 했고 매일 향락에 빠져 지냈다. 이런 생활은 평생 이어졌고, 그녀가 집권한 시기에는 더욱 심했다.

공로와 과실

엘리자베타는 차르가 된 후 안나 시절의 '게르만풍'을 없애고 러시아 전통을 회복시켰다. 그리고 정변에 힘을 보탠 사람에게는 그에 맞는 대가를 주었다. 지위가 높지 않았던 금위군의 장교들은 귀족의 칭호를 받아 특권을 누리게 되었다. 엘리자베타는 전대 왕들이 축소했던 귀족의 특권을 부활시켰다. 이에 따라 귀족은 언제든 농민들을 소집하고, 처벌할 수 있으며, 그들의 땅을 빼앗을 수도 있었다.

엘리자베타는 아버지처럼 웅대한 포부를 품지는 않았지만, 최대한 유언을 따르고자 애썼고 진지하게 나라를 이끌었다. 그녀는 예전에 추밀원과 외교부 회의에 참여한 적이 여러 차례 있었고, 그곳에서 자신의 의견을 밝히기도 했다. 러시아는 표트르 1세의 생전에 현대화된 군대를 양성했지만, 15년의 혼란기를 거치면서 대외적으로 아무런 업적도 세우지 못했다. 그래서 엘리자베타는 아버지의 뜻을

---

44) 러시아제국 황제의 자문 기관

받들어 엄격하게 군대를 통솔했다. 그녀가 거느린 육군 33만 명 가운데 20만 명 정도가 영토 확장에 동원되었다. 그리고 그녀는 갈수록 강해지는 프로이센이 훗날 러시아에 가장 큰 화근이 될 것으로 내다보았다. 그래서 오스트리아 편에 서서 프로이센을 공격했다. 7년 전쟁에서 그녀는 '최고궁정회의'를 소집해 전쟁을 지휘하고 프리드리히 2세와 프로이센에 대한 맹렬한 공격을 명령했다. 하지만 프리드리히가 공격을 받아 거의 막다른 골목에 이르렀을 때 옐리자베타는 병으로 세상을 떠나고 말았다.

그 밖에 옐리자베타는 문화와 예술의 발전을 매우 중시해서 재위 기간에 러시아의 예술을 부흥시켰고, 러시아 극장에서 이탈리아의 오페라를 공연하기도 했다. 그녀는 또 전문 예술학원을 설립했고, 그러한 노력의 결과 얼음으로 뒤덮인 러시아 대륙에도 유럽의 예술이 스며들기 시작

▲ 러시아 전통문화의 특색이 잘 드러난 수공예 자수용품은 바느질이 섬세하고 무늬가 아름답다.

했다. 게다가 러시아의 전통문화도 빠르게 발전했다. 유럽에서 공부하고 돌아온 예술가들은 유럽과 러시아의 전통문화를 결합해서 새로운 예술을 만들어냈다. 1755년에 러시아에 처음으로 대학이 지어졌는데 그곳이 바로 모스크바 대학이다. 모스크바 대학의 교과 과정은 자연과학과 사회과학으로 나뉘었다. 이곳은 유럽과 달리 대학이 추구하는 목표는 과학과 이성이라고 생각했기 때문에 신학 과정은 만들지 않았다.

옐리자베타가 차르로 있는 동안 러시아는 안정을 유지했다. 그러나 그녀의 사생활은 화려하고 또 문란했다. 그녀는 엄청난 미인이었는데 자신보다 예쁜 여인은 용서하지 않았고, 옷과 신발에 매우 집착해서 드레스 1만 5,000벌, 구두 2,500쌍, 그리고 산더미처럼 많은 양말을 가지고 있었다. 또 궁전을 장식하기 위해 엄청나게 많은 돈을 썼다. 그 밖에도 그녀는 수많은 미남 정부가 있었는데, 모두 평생 써도 다 쓸 수 없을 만큼 많은 돈을 주었다. 그래서 러시아의 수많은 미소년은 여황제의 정인이 되기 위해 고군분투했다. 1762년에 옐리자베타가 세상을 떠나고, 표트르 3세가 러시아의 차르가 되었다.

예카테리나 2세

러시아의 여제 예카테리나 2세는 18세기 유럽에서 가장 막강한 권력을 휘두른 여인이다. 그녀는 고지식하고 무능한 남편 표트르 3세가 국가를 제대로 이끌어가지 못하자 가차없이 그를 끌어내리고 러시아제국의 주인이 되었다. 그녀의 통치 시기에 러시아는 서유럽의 발전에 대한 연구를 계속했고, 표트르 대제의 개혁 사업도 러시아의 얼음 벌판에 뿌리를 내리고 싹을 틔워 풍성한 열매를 안겨주었다.

러시아로 돌아온 표트르 3세

1762년에 옐리자베타는 평생의 소원을 이루지 못한 채 숨을 거두었다. 그녀는 러시아에서 서유럽으로 향하는 길을 만들기 위해 평생 프리드리히 2세와 대적했다. 그러나 그녀 수하의 장교들은 하나같이 겁이 많고 소심해서 전쟁에서 다 이겨 놓고도 프리드리히 2세의 군대를 놓쳐버렸다. 이 장교들은 표트르 3세가 황제가 되면 자신들을 파면하고 처벌할까 봐 두려워했지만, 표트르 3세는 평화주의자

▼ 예카테리나와 표트르 3세

였고 더욱이 프리드리히를 매우 존경한 인물이었다.

표트르 3세는 여제 옐리자베타의 여동생인 안나 페트로브나의 아들이었다. 그는 1728년에 태어나 프로이센에서 성장했기 때문에 그곳을 매우 좋아했다. 1743년에 표트르가 러시아로 돌아왔을 때 옐리자베타는 훗날 차르가 될 그의 모습을 보고 너무 놀라서 입을 다물 수가 없었다. 표트르는 그녀의 생각과 다르게 너무나 시대에 뒤떨어져 있었다. 옐리자베타는 바로 그를 대공으로 임명하고, 그에게 러시아 정교로 개종할 것을 부탁하며, 실력 있는 교사를 찾아 교육을 받도록 했다. 러시아로 돌아온 표트르 3세가 할 줄 아는 것이라고는 술주정 하나밖에 없었다. 그러나 광활한 영토의 러시아제국에서 나라 안팎을 모두 관리하려면 반드시 문무와 책략을 겸비한 차르가 필요했다. 그래서 옐리자베타는 고민에 빠졌다.

표트르 3세의 아내

1744년에 옐리자베타는 표트르에게 그의 허물을 감싸줄 수 있는 아내를 찾아주기로 했다. 아내가 될 여성은 반드시 외모와 성품이 모두 뛰어나며 건강하고 지혜로운 유럽의 귀족이어야 했다. 당시 유럽 왕실 간의 결혼은 자주 있는 일이었다. 옐리자베타는 유럽 전역을 샅샅이 뒤져서 마침내 자신의 마음에 꼭 드는 조카며느리를 발견했다. 그녀가 바로 예카테리나 2세다.

예카테리나의 본명은 소피 프리데리케 오귀스트로이며, 프로이센 어느 공작의 딸로 태어나 어려서부터 어머니를 따라 유럽의 여러 도시를 여행했다. 그녀의 집안은 명문가는 아니었지만 소피는 어려서부터 좋은 교육을 받고 자란 덕분에 말투와 태도가 예의 바르고 겸손했다. 특히 풍부한 경험과 기품 있는 행동으로 많은 귀족의 사랑을 받았다.

프리드리히 2세는 프로이센과 러시아의 관계를 매우 중요하게 생각했다. 러시아는 결코 프로이센이 만만하게 볼 상대가 아니라고 생각했기 때문이었다. 그는 양국의 관계를 개선하기 위해 옐리자베타에게 소피를 소개했다. 옐리자베타는 곧 소피의 가족을 러시아로 초대했다. 그런데 초대장을 받은 소피의 가족은 모두 러시아로 가는 것을 주저했다. 프로이센에서 모스크바까지 가는 여정이 너무 멀기 때문이었다. 하지만 소피는 오히려 러시아에 너무나 가고 싶어했다. 표트르 대공의 아내가 될 기회를 놓치고 싶지 않던 것이다.

1744년 1월 12일에 소피의 가족은 드디어 러시아로 향하는 여정에 올라 눈보라와 비바람을 헤치고 모스크바에 도착했다. 옐리자베타는 소피를 아주 마음에 들어했고, 가정교

▼ 러시아 역사상 예카테리나 2세는 표트르 대제에 버금가는 황제로 평가받는다. 그녀는 재위 기간 동안 터키와 두 차례 전쟁을 벌이고 폴란드 분할에도 세 차례 참여하여 영토를 넓혔으며, 크리미안 칸국(Crimean Khanate)을 러시아 영토로 편입시켜 흑해로 진출할 수 있는 발판을 마련하여 인류역사상 유래가 없는 거대한 러시아제국을 만들었다.

사 3명을 불러서 그녀에게 러시아어와 종교, 춤을 가르치게 했다. 어느덧 러시아에 익숙해진 소피는 이 나라를 좋아하게 되었고, 훗날 러시아의 황후가 되고 싶다는 소망도 품었다.

1744년 7월에 소피는 러시아 정교로 개종했고, 예카테리나 알렉세예브나라는 이름을 얻었다. 후세 사람들은 그녀를 예카테리나라고 불렀다. 1745년 8월에 열여섯 살의 예카테리나와 열일곱 살인 표트르가 상트페테르부르크에서 결혼식을 올렸다.

예카테리나는 기쁜 마음으로 표트르의 아내 역할에 충실했고, 앞으로 펼쳐질 아름다운 날을 상상했다. 하지만 결혼 후 17년 동안 그녀는 일생에서 가장 우울하고 힘든 시기를 보냈다. 표트르는 대공이자 러시아의 차르가 될 인물이었지만, 황태자의 책무를 다하지 않았다. 나라를 다스리는 데는 관심이 없고, 매일 술주정만 했다. 그와 반대로 예카테리나는 매일 고전을 읽었고, 특히 플라톤과 플루타르코스, 몽테스키외의 작품을 가장 좋아했다.

또 표트르는 사방팔방으로 여인을 찾아다녔다. 당시에는 이런 일이 흔했지만, 걱정스러웠던 점은 표트르가 매일 러시아 총리의 여조카와 얽혔다는 것이었다. 그녀는 표트르에게 달라붙어서 결혼해달라고 졸랐다. 하지만 그렇게 된다면 예카테리나의 황후 자리는 장담할 수 없을 것이 뻔했다. 예카테리나는 불안해졌고, 이렇게 해서 부부간의 전쟁이 시작되었다.

황위에 오른 예카테리나

1762년에 옐리자베타가 세상을 떠난 후 표트르가 그 자리를 이어 표트르 3세로 즉위했다. 표트르 3세는 황제가 된 후에 국내외 정책을 대폭 수정했다. 그는 관용 정책을 펼쳐서 옐리자베타가 시베리아로 유배 보낸 죄인들을 불러들이고, 경찰의 통치권을 폐지하고, 간통죄를 지은 사람들에게 면죄부를 주었다. 표트르 3세의 이런 관용 정책은 백성에게 환영받았고, 특히 수도 외곽의 백성에게 큰 지지를 얻었다. 또 그는 농노의 해방을 선언하고, 교회의 토지를 국가 재산으로 돌렸으며, 이에 따라 선교사들은 국가의 녹을 먹는 관리가 되었다. 그리고 아무런 조건 없이 프로이센에 대한 전쟁을 중지하고, 예전의 동맹국인 오스트리아에 총부리를 겨누었다. 그의 이런 정책들은 지주와 선교사, 그리고 군인들에게 큰 불만을 샀다.

　표트르 3세는 황제에 오른 후 예카테리나에게 더 차갑게 굴었다. 정부에게는 매우 잘해주었지만, 예카테리나에게는 항상 모욕감을 주었다. 당시 예카테리나는 임신 중이었기 때문에 함부로 행동할 수가 없었고, 결국 남편이자 원수인 표트르 3세가 황제에 오르는 것을 가만히 지켜볼 수밖에 없었다. 부부의 갈등은 갈수록 격해져서 1762년 6월 14일에 표트르 3세는 갑자기 예카테리나를 체포해서 아무 이유도 없이 수도의 외곽으로 내쫓았다. 이제 예카테리나는 어디에서도 안전을 보장받을 수 없었다. 6월 28일 새벽, 서른셋의 예카테리나는 근위대 교관인 알렉세이 오를로프, 그리고리 오를로프 형제의 도움을 받아 정변을 일으켰다. 그리고 도망치려고 한 표트르 3세를 붙잡아 감옥에 가두었다. 표트르 3세는 예카테리나의 협박에 못 이겨 황제의 자리에서 물러나겠다는 내용의 각서에 서명했고, 얼마 후 의문의 죽음을 당했다.

　예카테리나는 자신의 권력 기반을 튼튼히 하기 위해 무척 애썼다. 표트르 3세는 비록 지주와 귀족에게는 환영받지 못했지만 수도 밖의 백성에게는 좋은 군주였다. 그리고 러시아 정교회에서는 표트르 3세의 아들인 파벨이 황제에 오르고 그가 성인이 될 때까지 예카테리나가 섭정을 맡다가 권력을 넘겨줘야 한다고 주장했다. 그러나 예카테리나는 아무리 자신의 아들일지라도 평생 다시 얻기 어려운 이 기회를 빼앗길 수 없었다.

예카테리나는 이제 어린 소피 아가씨가 아니었다. 그녀는 10년 넘게 러시아에서 생활하는 동안 정치가 어떤 것인지를 터득했다. 표트르 3세가 이렇게 빨리 황제의 자리에서 쫓겨난 것은 아내와의 갈등 때문이기도 했지만, 더 중요한 이유가 있었다. 바로 그의 급진적인 개혁 정책이 기득권 세력과 마찰을 일으켰기 때문이었다. 예카테리나도 군대와 교회의 지지를 받지 못했다면 그렇게 쉽게 황제의 자리를 차지하지 못했을 것이 분명하다.

순조롭게 황제의 자리에 오른 예카테리나는 즉위하고 나서 표트르 3세의 개혁 정책을 모두 뒤집고, 귀족들과 타협했다. 귀족들은 자신들의 자금과 군사력으로 언제든 마음만 먹으면 황제를 끌어내릴 수 있었다. 이러한 사실을 누구보다 잘 알았던 예카테리나는 그들에게 협력할 수밖에 없었다.

계몽전제주의

예카테리나 2세가 황제에 올랐을 때 러시아 국내의 상황은 매우 열악했고, 재정적으로도 큰 위기에 처해 있었다. 그녀가 일기에 8개월 동안이나 병사들에게 임금을 주지 못했다고 기록한 것으로 보아 당시 러시아는 전체적으로 혼란에 빠져 있었다. 특히 러시아는 부채 1,700만 루블을 안고 있었다. 시장에는 1억 루블이 유통되었지만, 나라의 국고 사정을 아는 사람은 아무도 없었다. 정치적으로도 불안정했다. 귀족들은 황제를 압박하고, 전국의 공장과 광산, 사원에서 일하는 농노 20만 명이 반란을 일으켰다. 심지어 국가의 정치 제도와 형벌, 사법 제도까지도 모두 돈으로 거래할 수 있었다. 나라 전역이 뇌물과 횡령, 부정행위와 불공정한 법 집행 등으로 들끓었고, 백성의 원성이 자자했다. 이런 상황에서 예카테리나 2세는 난장판이 된 국정의 여러 문제를 침착하고 엄격하게 처리해나갔다. 더불어 표트르 대제의 개혁 사업을 다시 실행해 러시아를 강성한 제국으로 만들었다.

예카테리나 2세는 이런 문제들을 처리하기 위해 개혁을 단행했고, 이 개혁을 '계몽전제주의'라고 한다. '계몽전제주의'의 주요 대상은 귀족으로 목적은 단 두 가지였다. 하나는 자신의 권력을 보호하기 위해 귀족의 권익을 보장해주는 것이고, 또 하나는 당시 러시아는 재정적으로나 군사적으로 모두 뒤처졌으므로 유럽에서 세력을 확대할 힘을 모으기 위해 러시아의 대외 정책을 적극적으로 수정하는 것이었다. 그녀는 표트르 3세가 덴마크에 보낸 선전포고를 취소하고, 1762년 6월 19일에 프랑스와 동맹을 맺어 프로이센에 파견된 러시아 군대를 불러들였다. 또한 그녀는 오스트리아와 프랑스 대사를 초청해 두 나라에 대한 러시아의 우호적인 뜻을 표현하고 유럽 대륙의 평화를 지지했다. 이는 모두 엄청난 군사비 부담을 해결하고 군대의 지지를 받으려는 계획이었다. 아울러 그녀는 러시아의 외교 정책을 이용해 귀족과 상인들의 이익을 보호했고, 이후 유럽을 장악하기 위한 준비를 시작했다.

예카테리나는 자신이 실행하려고 하는 계몽전제주의 사상을 담은 새로운 법전을 만들었다. 그 시절에 러시아는 여전히 1649년에 알렉세이 미하일로비치 황제가 발표한 《법률전서》를 사용하고 있었다. 하지만 러시아의 경제와 정치 및 다른 나라와의 관계에 변화가 생기면서 이 법전은 현실과 맞지 않는 부분이 생기기 시작했다. 그래서 예카테리나는 국내의 상황 변화에 적응하고 미래의 문제들을 해결하기 위해 서유럽을 따라서 새로운 법전을 편찬하기로 했다. 새로운 법전은 러시아의 전통적인 전제주의를 보호하고 서유럽의 근대 문명을 수용할 수 있어야 하며, 러시아뿐만 아니라 다른 나라에도 모범이 될 수 있어야 했다. 예카테리나는 당시 유럽의 계몽 사상가였던 디드로, 볼테르 등과 힘을 합쳐 18세기 계몽 사상을 대표하는 새로운 법전을 만들었다. 이 《헌법》은 오늘날 러시아 법률 역사에 여전히 영예로운 한 페이지를 기록하고 있다.

《헌법》에는 자유와 평등, 자선, 공정, 이성과 같은 단어들이 자주 등장했다. 그리고 당시에는 범죄를 막는 가장 좋은 방법이 '애국심'을 기르는 것이라고 여겼기 때문에 《헌법》에서도 '애국심'을 중요시했다. 또 빈부 격차의 위험을 지적하며 권력과 부를 가진 사람들이 가난한 사람을 억압하지 못하도록 규정했다. 따라서 《헌법》은 급진적인 사상을 수용하면서도 전통적인 형식을 지켰고, 평등을 외치면서도 귀족들의 특권을 중시했다. 그리고 전제주의 체제를 보호하면서 관용주의 정책도 일부 받아들여, 말하자면 자유주의와 갈등이

귀족 황제

예카테리나는 남편의 자리를 빼앗고 그 자리를 지키는 데에는 모두 귀족들의 힘이 반드시 필요하다는 것을 잘 알고 있었다. 그래서 황제의 자리에 오른 후 귀족들에게서 더 큰 지지를 받기 위해 몇 가지 규정을 새로 발표했다. 1762년에 예카테리나는 황제의 이름으로 '러시아의 모든 귀족 계층에게 자유를 수여한다'는 조서를 공표했다. 이 조서에 따라 귀족들은 국가에 대한 의무를 면제받고, 개인 재산을 관리하며, 자유롭게 출국하는 등 여러 가지 특권을 누리게 되었다. 또 예카테리나는 상류 귀족들의 지지를 얻기 위해 전통적으로 차르가 사용하던 개인 예산을 포기했다. 그녀는 귀족들의 특권을 확대하고 이들과 협력을 강화하는 한편 횡령과 뇌물, 부정행위와 법원에서 자행되는 친분에 의한 부정 재판 등을 모두 엄격히 금지하는 법치주의를 실천하여 상류 귀족들로부터 호평을 받았다. 아울러 국정을 안정시키기 위해 육군을 파견해서 농노들의 봉기를 진압했으며, 이 일로 귀족과 지주들의 신임을 얻었다. 예카테리나의 이러한 정책들은 중앙의 권력을 공고히 하는 데 큰 역할을 했고, 그녀는 이런 기반을 바탕으로 러시아 역사상 표트르 대제와 어깨를 나란히 하는 유일한 여황제가 되었다. 황제로 재위한 34년 동안 그녀는 안팎으로 귀족들의 찬양을 받으며 '귀족 황제'로 불렸고, 귀족들에게도 이때가 황금기나 마찬가지였다. 예카테리나가 시행한 개혁과 정책의 목표는 중앙집권을 강화하고 농노제를 확장하는 것이었다. 하지만 이러한 그녀의 정책들이 사회의 가장 기본 단위인 백성과 마찰을 빚으면서 러시아의 봉건적인 농노 제도는 전환점을 맞이했다.

▲ 〈마지막 여행〉
러시아 화가 바실리 페로프의 작품이다. 서정적인 회화로, 마차로 시신을 옮기는 러시아의 가난한 농촌 백성의 모습을 표현했다.

마구 뒤섞인 모습이었다.

　예카테리나가 실행한 '계몽 전제주의'의 목표는 자신의 통치를 공고히 하고 전제주의 제도를 강화하는 것이었다. 그래서 그녀가 말한 '계몽전제주의'의 '계몽'은 극히 유한하고 표면적이며 임시적인 것이었고, '전제주의'는 무한하고 실질적이며 장기적이고 또 강력한 것이었다. 예카테리나는 역대 차르의 의견을 계승하여 '계몽'이라는 명분으로 전제군주제와 농노제를 유지했다. 그녀는 자신이 마치 농노제에 반대하고 공정한 재판을 옹호하는 사람인 척했다. 그러나 실제로는 귀족과 지주들의 이익을 보호하고, 농노제를 실행하는 지역을 확대하며, 농노들의 봉기를 철저히 진압했다. 그리고 이전보다 훨씬 강력하고 가혹하게 농노 제도를 시행했다.

예카테리나와 계몽사상가

예카테리나는 온종일 사무에 시달렸지만, 바쁜 틈틈이 시간이 나면 계몽 사상가들의 작품을 읽었다. 또 그녀는 프랑스의 계몽 사상가들과 자주 교류했고 사상가들은 예카테리나의 지식에 감탄했다. 예카테리나는 철학과 예술 방면에 지식이 풍부했다. 그래서 프랑스 계몽 사상가들은 기꺼이 얼음 제국 러시아까지 와서 그녀와 이야기를 나누었다.

예카테리나가 가장 존경한 사상가는 볼테르였다. 어렸을 적 그녀의 책상에는 항상 볼테르의 작품이 놓여 있었다. 황제에 오르고 나서는 볼테르와 자주 편지를 주고받았고, 두 사람은 이윽고 서로 존경하며 사모했다. 볼테르도 예카테리나를 매우 존경했고, 어디서나 그녀를 변호했다. 볼테르는 프랑스의 전제군주제를 크게 규탄했지만, 러시아의 전제주의에 대해서는 아무런 평가도 하지 않았다. 표

▼ 예카테리나 2세와 로모노소프
미하일 로모노소프는 러시아의 위대한 수학자이자 물리학자, 철학자 겸 언어학자이다. 예카테리나 2세는 재위 기간에 그의 이름을 따서 모스크바 국립 로모노소프 대학을 세웠다.

트르 3세가 갑자기 사망했을 때, 프랑스 사교계에서는 그가 분명히 예카테리나에 의해 암살당했을 것이라는 소문이 퍼졌다. 그러자 볼테르가 예카테리나의 명예를 지켜주기 위해 친구들을 동원해서 변론하기도 했다. 볼테르의 눈에 표트르 3세는 그저 술주정뱅이일 뿐 애초에 나라를 다스릴 만한 인물은 아니었다.

볼테르뿐만 아니라 디드로도 예카테리나와 각별한 사이였다. 한 번은 디드로가 딸이 시집가는 데 필요한 혼수품을 마련하기 위해 자신이 소장한 책을 모두 내다 팔려고 했다. 그 소식을 들은 예카테리나는 바로 그를 돕기 위해 나섰다. 그녀는 그가 내놓은 책을 모두 비싼 값으로 샀고, 그 책을 다시 디드로의 서재에 놓아

주었다. 또 디드로를 개인 도서관 관장으로 임명하고 매년 엄청난 액수의 보수를 주어 디드로는 그녀에게 무척 감동했다. 그래서 디드로는 1773년에 예순이라는 나이에도 불평 한 마디 없이 먼 길을 헤치고 예카테리나를 만나러 갔다. 두 사람은 처음 만났지만 마치 오래된 친구를 본 듯 반가워했다. 디드로는 5개월이 넘는 동안 상트페테르부르크에 머물며 거의 매일 그녀와 대화를 나누었다. 물론 예카테리나가 디드로의 현실성 없는 정책 제안을 받아들이지는 않았지만, 디드로와의 수다는 언제나 즐거워했다.

예카테리나와 프랑스 지식계의 사이가 가까워지자 다른 나라의 군주들도 계몽 사상가들과 친분을 쌓고자 노력했다. 그들은 계몽 사상가들의 글과 입을 빌려서 자신의 원래 모습을 감추고 계몽 군주의 이미지를 얻고 싶어했다.

제1차 폴란드 분할

18세기 후반에 폴란드를 둘러싸고 벌어진 영토 분할 전쟁으로 중유럽의 정세에도 여러 가지 변화가 나타났다. 폴란드는 광활한 영토를 다스리는 중유럽의 대국이었지만, 지나친 낭비로 결국에는 몰락하고 말았다. 당시 프로이센과 러시아, 오스트리아 등이 세력을 키워 강대국이 되었을 때, 폴란드는 여전히 봉건 왕국의 늪에서 빠져나오지 못하고 있었다.

망국의 조짐

18세기에 들어 유럽에서는 계몽 전제주의가 크게 유행했고, 강력한 국가를 세우는 것이 시대의 흐름이 되었다. 중앙의 권력이 강해지면 나라의 질서가 안정되고, 대외적으로 전쟁을 벌여 영토를 넓힐

▼ 〈바르샤바 거리〉
바르샤바 풍경 시리즈의 하나로, 18세기 이탈리아 화가 베르나르도 벨로토(1721~1780)가 그린 작품이다.

수 있었기 때문이다. 하지만 폴란드는 여전히 깊은 잠에 빠져 있었다. 폴란드에는 국왕은 있지만 중앙 정부는 없고, 의회는 있지만 의논만 할 뿐 아무런 결론도 내리지 못했다.

중유럽에 자리한 폴란드는 오데르 강에서 스몰렌스크 주까지 이어지는 넓은 평원이 있었다. 높고 험한 지형이 없어서 기동성 좋은 기마병들이 공격해온다면 제대로 방어하기가 어려웠다. 폴란드는 비옥한 땅에서 여러 민족이 함께 생활했는데, 모두 종교와 조직 체계가 달랐다. 그래서 서로 공동체 의식이나 친밀감을 느끼지 못했다. 천주교를 믿는 사람이 가장 많았고, 동방정교회를 믿는 슬라브인과 유대인도 있었다. 각지에 분포한 귀족들은 각자 자신의 토지를 다스리며 전형적인 봉건주의 소왕국을 건설했다. 귀족들이 만든 의회는 그저 싸움터에 지나지 않았다. 모든 제안과 정책은 반드시 귀족 전체의 찬성을 받아야만 실행될 수 있었기 때문이다. 단 한 명이라도 반대하면 그 제안은 휴지조각이 되었다. 그래서 논쟁이 되는 의견들은 결론을 내리지 못했고, 국가의 사업도 실현되기가 어려웠다. 이런 점이 바로 훗날 폴란드를 무너뜨린 망국의 씨앗이 되었다.

당시 폴란드의 토지와 재물, 노동력은 모두 3대 귀족에게 집중되었다. 3대 귀족은 바로 라치빌, 차르토리스키, 포토츠키 가문이었다. 그중 차르토리스키와 포토츠키는 폴란드 정계에서 가장 큰 영향력을 행사했다. 당시 폴란드 의회는 만장일치제를 적용하고 있었는데 차르토리스키 가문은 강력한 폴란드를 만들기 위해 만장일치제를 다수결제로 바꾸려고 했다. 그러나 귀족들이 이에 반대하고 포토츠키 가문이 만장일치제를 끝까지 수호하려고 하면서 두 가문 사이의 마찰은 끊이지 않았다.

허울뿐인 왕국

폴란드의 국왕은 귀족들의 선거로 선출되며, 선출된 왕은 귀족들의 일에 간섭하지 않겠다는 선서를 했다. 만일 약속을 지키지 않으면 국왕의 자리를 지키기가 어려웠다. 18세기에 폴란드의 국왕은 대부분 다른 나라에서 온 사람이었으며, 아우구스트 2세와 3세 모두 나라에 아무런 도움도 주지 못했다.

7년 전쟁의 불길이 가라앉기 시작하던 1763년, 폴란드의 국왕 아우구스트 3세는 지루하고 따분한 국왕 생활을 마감했다. 그는 재위 기간에 아무런 성과도 올리지 못했다. 그의 사후에 폴란드는 다시 왕위 계승 전쟁에 휘말렸다. 포토츠키 가문은 열강의 침략을 막기 위해 10만 대군을 양성해야 한다고 주장했지만, 차르토리스키 가문은 러시아에 도움을 요청했다.

예카테리나 2세는 자신의 정인이던 포니아토프스키를 폴란드 국왕으로 만들고 싶었다. 그러자 차르토리스키 가문은 러시아의 뜻에 따라 그를 후계자로 내세웠다. 러시아는 폴란드 내의 동방정교회 신도들을 보호한다는 명목으로 군대를 파병했고, 프랑스는 프로이센과 연합해서 러시아를 견제하려고 했다. 그러나 7년 전쟁에서 너무 지쳐버린 프리드리히 2세는 다시 예카테리나와 전쟁하고 싶지 않았다. 그래서 러시아와 비밀 협약을 맺어 두 나라가 전쟁하지 않는 데 동의를 얻고 러시아가 폴란드 국왕을 추천하는 데 찬성했다. 하지만 새로운 국왕이 선출된 후에도 폴란드의 헌법은 바뀌지 않았다.

열강의 각축전

1764년 9월 7일에 포니아토프스키가 예카테리나의 도움으로 폴란드의 왕위에 올랐고, 이후 폴란드는 러시아의 꼭두각시가 되었다. 예카테리나는 러시아의 뜻이라면 무엇이든 복종하는 폴란드가 아주 마음에 들었다. 그리고 큰 문제만 일어나지 않는다면 폴란드가 계속해서 가난하고 무능력한 상태를 유지했으면 좋겠다고 생각했다. 하지만 폴란드의 서쪽에 있는 프로이센의 황제 프리드리히 2세는 폴란드의 땅을 분할하려는 야심이 있었다. 프로이센의 본토와 따로 떨어져 있는 동프로이센을 하나로 합치고 싶었다. 프로이센이 7년 전쟁으로 입은 상처에서 서서히 회복되면서, 폴란드 영토를 원하는 프리드리히의 욕심도 점점 커졌다.

프리드리히 2세는 폴란드 내부에서 반란이 일어나길 바랐다. 그러면 프로이센이 폴란드에 군대를 보낼 명분이 생기기 때문이었다. 그래서 프로이센은 폴란드의 천주교를 지원했다. 그러던 중 예카테리나가 폴란드에 러시아군 8만 병력을 보내면서 프리드리히는 천주교를 계속 지원하기가 어려워졌다. 그러나 다행히 폴란드 내의 천주교 신도들이 러시아에 대항하기 위해 재빨리 힘을 합쳐서 '바르 동맹'을 맺었다. 얼마 전까지만 해도 프리드리히는 속으로 폴란드의 천주교 신도들을 생각 없는 오합지졸이라고 무시했지만, 이제는 그 오합지졸이 프리드리히를 도와주는 형국이 되었다.

바르 동맹이 빠르게 세력을 확장하자 포니아토프스키도 이 동맹과 손을 잡고자 했다. 하지만 바르 동맹은 그를 나라를 팔아먹은 왕이라고 비난했고, 그가 연맹과 손을 잡으려 한다면 사형시키거나 폐위시키겠다고 협박했다. 포니아토프스키는 그들의 반응에 화가 났지만 물러나 있을 수밖에 없었다. 예카테리나는 폴란드에 주재하는 폴레닌 대사에게 반란 세력을 진압하라고 명령했다. 이렇게 해서 러시아군과 바르 동맹이 전투를 벌일 때, 오스트리아와 터키가 잇달아 바르 동맹에 합세하여 엄청난 무기를 공급해주었다. 오스트리아와 터키는 이렇게 함으로써 폴란드 내에서 러시아의 세력을 견제하고자 했다.

그러나 바르 동맹은 러시아군의 공세에 버텨내기가 어려워 1768년에 폴란드 국경까지 후퇴했다. 그러던 중에 러시아군이 국경에 자리한 터키의 한 마을을 불태우자 터키는 러시아에 선전포고를 했다. 터키의 지원을 받은 바르 동맹은 몇 차례 전투에서 승리를 거두었고, 포니아토프스키를 포로로 삼아 그를 폐위시키겠다고 협박했다. 하지만 포니아포프스키는 운 좋게 바르 동맹에서 빠져나와 러시아로 도망쳤다. 바르 동맹은 이후 러시아의 맹렬한 공격을 받아 결국 무너졌고, 살아남은 사람들은 터키에 남게 되었다.

러시아는 순조롭게 폴란드의 반란 세력을 진압했고, 예기치 못한 상황이 발생하지만 않는다면 폴란드 전체는 이대로 러시아의 차지가 될 것이 뻔했다. 물론 프로이센과 오스트리아 모두 러시아 혼자서 폴란드를 독식하는 것에 반대했지만, 프로이센은 이미 러시아와 공수 동맹[45]을 맺었기 때문에 러시아가 공격을 당하면 반드시 지원군을 보내야 했다. 이 시기에 러시아는 흑해 연안에서 계속해서 진군했고, 이 발걸음을 막지 않는다면 러시아가 장차 폴란드를 차지하고 흑해의 주인이 될 상황이었다.

당시 폴란드와 임시 협약을 맺은 터키는 러시아를 견제하기 위해 오스트리아에 도움을 요청하며 이후 함께 폴란드를 분할하자고 제안했다. 그러나 프리드리히 2세는 프로이센과 오스트리아, 러시아 3국만 폴란드 분할에 참여하길 원했다. 이처럼 폴란드는 이미 열강의 식탁에 오른 고깃조각이나 다름없었다.

---

45) 제3국의 공격에 대하여 공동으로 방어와 공격을 하기 위해 맺는 두 나라 이상의 군사 동맹

폴란드 분할

1769년부터 폴란드를 둘러싼 열강의 논의가 시작되었다. 이때 폴란드 국내에서는 여러 정당이 생겨났는데 서로 의심하며 비판했다. 국가의 생사가 걸린 위급한 시기였지만 폴란드의 정당들은 과거의 감정을 버리고 함께 외세에 맞서기는 커녕, 오히려 내부 투쟁을 일삼는 데 혈안이 되어 있었다.

더 이상 기다릴 수가 없던 프리드리히는 예카테리나에게 편지를 써서 폴란드 분할을 제안했다. 이에 예카테리나는 프로이센과 오스트리아가 러시아를 도와서 폴란드에서 터키군을 몰아낸다면 프로이센이 폴란드의 땅 일부를 차지하는 것에 동의하겠다고 답장을 써 보냈다. 그러자 프리드리히 2세는 당장 자신의 동생 아우구스트 빌헬름 왕자를 러시아의 상트페테르부르크로 보내서 분할 문제를 정확히 매듭짓게 했다.

사실 프로이센과 러시아는 각기 다른 속셈이 있었다. 러시아는 프로이센과 연합해서 오스트리아와 터키 연합군에 대항하려고 했고,

◀ 1772년에 프로이센과 러시아, 오스트리아 3국이 함께 폴란드의 영토를 분할했다. 이것은 러시아, 프로이센, 오스트리아의 제1차 폴란드 분할이었다. 이어서 1793년과 1795년에 러시아와 프로이센, 오스트리아가 다시 폴란드 영토를 침범하면서, 폴란드의 영토는 모두 열강의 손에 넘어갔다.

169

프로이센은 폴란드를 희생양으로 삼아 러시아가 흑해로 세력을 확장하지 못하게 막으려고 했다. 폴란드 영토 분할에 대한 논의는 1년이 넘도록 계속되었다. 1771년에 열린 한 무도회에서 예카테리나는 마침내 폴란드 영토 분할 방안에 최종적으로 찬성했다.

1772년 2월 7일, 프로이센과 러시아 양국은 폴란드 분할 협의서에 서명했다. 이로써 프로이센은 그단스크와 토룬 외에도 서프로이센을 얻었다. 서프로이센은 비록 면적은 작지만 동프로이센과 프로이센 본토를 하나로 연결해주는 곳이었다. 그리고 러시아는 동방정교회 신도들이 사는 벨로루시를 차지했다. 프로이센과 러시아의 협상이 한창일 때, 터키와 오스트리아 역시 협력 방안을 논의하며 서로 힘을 합쳐서 러시아가 흑해 연안으로 진출하는 것을 막으려고 했다. 예카테리나는 이런 오스트리아를 달래기 위해 오스트리아의 국경에 있는 러시아군을 철수시켰고, 1772년 8월 5일에 오스트리아의 요제프 2세는 결국 분할 협의서에 서명했다.

이 협의서에 잉크가 채 마르기도 전에 3국은 대군을 이끌고 가 각기 원하는 지역을 점령했고, 이로써 폴란드의 영토는 갈기갈기 찢어졌다. 포니아토프스키가 서유럽의 다른 나라들에 도움을 요청했지만, 다른 나라들도 한창 전쟁 중이어서 폴란드의 상황에 관심이 없었다. 심지어 영국의 조지 3세는 차라리 하느님에게 도움을 요청해보는 것이 어떻겠느냐고 비꼬기까지 했다. 한편, 러시아와 프로이센, 오스트리아 3국이 합법적으로 폴란드 땅을 차지하려면 폴란드 국회의 동의가 꼭 필요했다. 그래서 3국은 포니아토프스키에게 의회를 열어서 협의서에 서명하라고 요구했다. 그리하여 1년 후에 포니아토프스키가 3국의 폴란드 영토 분할 협의서에 서명하면서 폴란드는 강대국의 차지가 되었다.

스웨덴왕국의 몰락

스웨덴은 17세기 북유럽의 맹주이자 발트 해의 지배자였다. 하지만 18세기에 들어 여러 차례 전쟁을 겪으며 결국 강대국의 대열에서 빠지게 되었다. 북방 전쟁 이후 스웨덴에서는 '자유의 시대'가 시작되어 귀족들이 권력을 독점했으며, 사회는 혼란했다. 구스타프 3세가 왕에 오른 후, 스웨덴은 다시 한 번 대국으로 발돋움하기 시작했다. 그러나 구스타프 3세가 허무하게 사망하면서 강대국을 향한 스웨덴의 바람도 함께 끝나고 말았다.

자유의 시대

칼 12세는 전제 군주였기 때문에 그가 통치하던 시절에는 귀족들의 권력이 크게 축소되었다. 그러다 칼 12세가 세상을 떠난 이후 귀족들은 자신들의 이익을 보호해줄 사람을 찾기 시작했다. 얼마 지나지 않아 귀족들은 칼 12세의 처남을 왕위에 올렸다. 그는 바로 프레드리크 1세였다. 하지만 프레드리크 1세는 실질적 권력이 없어 그저 귀족들이 정해 놓은 이런저런 제약을 받아들일 수밖에 없었다. 1723년에 귀족들은 의회를 열어 헌법을 제정했는데, 국왕에게는 이름 외에는 아무런 권력도 주지 않았다. 의회는 스웨덴 권력의 핵심이었고, 세금 징수와 전쟁, 외교에 대한 문제는 모두 국회를 통해 결정되었다.

스웨덴의 의회는 주로 귀족들에 의해 조직되었는데, 작위와 재산에 따라 각기 다른 등급이 부여되었다. 백작과 남작은 가장 높은 1등급을 차지했고, 그다음 2등급은 참정원 귀족들, 그리고 그 밖의 귀족들은 마지막 3등급에 속했다. 공업과 상업이 발달함에 따라 상인들 역시 정치 문제에 자신들의 의견을 반영하고 싶어했다. 그래서 국회는 귀족과 선교사, 중산 계층, 그리고 농민을 대표하는 4개 기관을 만들었다.

스웨덴의 농민들은 농노제에 해당하지 않는 자유로운 신분이었고, 그들은 경제적으로나 정치적으로 유럽 다른 나라의 농민들보다 양호한 생활을 했다. 당시 동유럽에는 농노제가 성행했지만 스웨덴에서는 일반 농민들이 나라의 절반 가까이 되는 토지를 소유했다. 그러나 농민대표기관에 간접적인 선거를 통해 선출된 의원 100명이

린네와 제자들

스웨덴의 '자유의 시대'에 18세기 최고의 과학자로 불리는 린네가 등장했다. 그는 농촌에서 태어나 어려서부터 식물에 관심이 많았다. 자라서는 박물학을 공부해 우수한 성적을 거두자 스웨덴에는 그를 추종하는 사람이 넘쳐났다. 그와 제자들은 스웨덴 곳곳을 돌아다니며 식물 표본을 채집해 식물의 분류에 대한 체계적인 학문을 완성했다. 훗날 제자들이 린네의 연구를 더욱 발전시켜 전 세계에 알렸고, 덕분에 그의 연구는 생물학의 발전에 길이 남을 업적이 되었다.

있어도 역시나 정치 문제에서는 목소리를 내기가 어려웠다. 국회의 규정에 따르면, 모든 법률과 정책은 반드시 3개 기관의 동의를 받아야만 통과될 수 있었다. 당시 스웨덴 국회에서는 귀족, 선교사, 중산 계층의 대표 기관이 매번 힘을 합쳐서 농민들에게 불리한 정책을 통과시켰다.

국회가 열리자 농민을 제외한 귀족 50명과 선교사 25명, 중산 계층 25명이 모여 100인의 비밀위원회를 조직하고 국가 대사를 처리했다. 이들은 사람이 너무 많으면 국가 기밀 사안의 보안을 유지하기가 어렵다는 이유를 들어 소수의 인원만 모여서 정책 결정에 참여했다. 국회가 문을 열지 않을 때에는 다른 위원회를 열었는데, 위원회의 수장은 국왕이지만 실제 권력은 수석인 재무장관에게 있었다.

▲ 구스타프 3세의 조각상
구스타프 3세는 스웨덴 역사상 가장 논란이 되는 왕 중 한 명이다. 그는 스웨덴의 위엄을 세워 강대국의 입지를 회복하고자 했지만 결국 꿈을 이루지 못했다.

스웨덴에서는 이러한 정치 구조로 귀족들의 권력과 자유가 점점 늘어났다. 그들은 이 시기를 '자유의 시대'라고 불렀는데, 사실 이는 귀족들이 누리는 자유였을 뿐 다른 계층은 여전히 자유롭지 못했다.

국왕의 정변

칼 12세에서 프레드리크 1세를 지나 구스타프 3세로 이어지는 반세기 동안 스웨덴을 장악한 의회에는 두 부류의 당파가 있었다. 바로 '일반모자파'와 '실크모자파'였다. 이 이름은 두 당파가 서로를 공격할 때 부른 별명으로, 미국에서 민주당을 '당나귀'에 비유하고 공화당을 '코끼리'라고 부르는 것과 마찬가지이다.

처음에는 '일반모자파'가 권력을 잡았다. 그들은 칼 12세의 호위대장이던 후른을 당대표로 내세워 스웨덴의 평화를 유지하기 위해 힘썼고, 러시아와의 관계에서도 유화 정책을 실시했다. 당시 연이어 벌어진 전쟁으로 스웨덴의 국내 상황은 열악했으며 잠시 휴식하며 회복할 시간이 필요했다. 후른이 권력을 잡은 동안 스웨덴은 전쟁의 상처를 회복했고, 공업과 상업이 발달했으며, 인구도 빠른 속도로 증가했다. 후른의 정책에 반대하는 사람들은 그들을 '일반모자파' 혹은 '잠옷모자파'라고 불렀다. 그들이 모두 나이가 들어 눈이 침침한 탓에 상황을 제대로 보지 못하고 흐리멍텅하게 꿈을 꾸는 것 같다며 비꼬는 의미였다. '일반모자파'는 '실크모자파'를 공격하면서 러시아에 빼앗긴 영토를 되찾고 중상주의를 실행해 공업과 상업을 발전시켜야 한다고 주장했다.

'실크모자파'는 1739년에 '일반모자파'를 물리치고 정권을 잡았다. 그 후로 두 당파는 주거니 받거니 돌아가며 의회를 장악했다. 하지만 이런 과정에서 국왕은 여전히 아무런 권력도 갖지 못했다. 물론 이 시기에 권력을 장악하려 노력한 국왕도 있었지만 귀족들이 동의하지 않았다. 그들은 스웨덴에 강력한 중앙정부가 세워지는 것을 반대했고, 차라리 그럴 바에는 스웨덴이 혼란에 빠지는 편이 낫다고 생각했다.

1771년에 국왕 아돌프 프레드리크가 사망하고, 그의 아들 구스타프가 왕에 올라 구스타프 3세가 되었다. 역대 국왕 중에는 스웨덴 사람이 아닌 왕도 있었지만, 구스타프는 스웨덴에서 나고 자란 토박이였다. 그는 어려서부터 수준 높은 교육을 받았고, 스웨덴의 역사에 관한 책을 즐겨 읽었다. 특히 그는 아돌프 구스타프와 구스타프 바사(구스타프 1세) 시대의 역사를 읽을 때면 피가 뜨거워지는 것을 느꼈고, 자신도 그들과 같은 위대한 업적을 세운 왕이 되고 싶다고 생각했다.

구스타프 3세는 총명하고 공부하길 좋아했으며, 프랑스 문학과 철학에 관심이 많았고 글재주도 뛰어났다. 그는 프랑스의 계몽 전제주의와 중농주의 이론에 많은 영향을 받았는데, 중농주의를 실현하려면 강력한 중앙 정부와 현명한 군주가 필요했다.

그 시기에 스웨덴 사회에는 수많은 갈등이 존재했다. '실크모자파'가 귀족들의 이익을 대표했기 때문에 '일반모자파'는 반대로 평민들의 지지를 받았다. 구스타프 3세는 두 당파의 갈등을 해결하기 위해 안간힘을 썼다. '실크모자파'는 프랑스의 지지를 잃은 뒤 스웨덴에서도 힘을 잃었고, 그 자리를 '일반모자파'가 대신했다. 구스타프 3세는 왕권을 강화하려 했지만 '일반모자파'는 끝까지 동의하지 않았다. 그들은 오히려 구스타프에게 왕권을 강화하려 하지 않겠다는 합의서에 서명하라고 요구했다. 국왕이 권력을 가질 수 없게 규정한 스웨덴의 헌법에 불만을 품은 구스타프 3세는 프랑스의 지지

를 얻어 정변을 일으킬 준비를 시작했다.

세력을 잃은 일부 귀족과 장교들이 모두 구스타프의 편으로 모여들면서 빠르게 정변을 일으킬 준비가 갖춰져 갔다. 구스타프는 치밀한 계획을 세워 소리 소문 없이 정변을 일으켰고, 1772년 8월 19일에 국회를 좌우하던 '일반모자파' 의원들을 모두 체포해서 파직시켰다.

▲ 1771년에 스웨덴 국왕 구스타프 3세(1746~1792)가 대관식을 열고 있다.

정변이 성공한 후 구스타프는 위풍당당하게 군중 사이를 행진했다. 아무도 이번 정변을 비난하는 사람이 없었다. 그들은 능력 있는 군주가 나타나 자신들을 보살펴주길 바랐기 때문이다. 이틀 후, 구스타프는 백성에게 이렇게 연설했다. "짐은 결코 백성의 자유를 침해하지 않을 것이다. 또한 당파 싸움을 끝내고 우리의 필요와 전통에 맞는 안정적인 정치 체제를 세우기 위해 노력할 것을 약속한다."

구스타프가 정변에 성공한 후 스웨덴에는 진정한 변화가 시작되었다. 자유의 시대에 사용된 헌법을 폐지하고 새로운 헌법을 제정해 왕이 육군과 해군을 통솔하고 외교권을 장악했으며, 대신들의 임명권도 행사하게 되었다. 왕은 이제 이름만 있는 장식품이 아니라 직접 나라를 다스리는 권력자였다. 더불어 구스타프는 앞으로 6년 동안 의회를 열지 않겠다고 선포했고, 그동안 자신이 모든 국사를 직접 결정했다.

최후의 반란

구스타프 3세는 정변을 통해 권력을 얻었지만, 세금 징수와 전쟁을 결정하는 문제에 관해서는 여전히 국회의 동의가 필요했다. 국회를 열지 않는 6년 동안 구스타프는 헌법에 따라 권력을 사용했고,

스웨덴 정국은 차츰 안정을 되찾았다.

구스타프 3세는 현실에 안주하는 평범한 군주가 아니었다. 그는 낭만주의적 감성이 풍부한 영웅적 인물이었다. 그는 역대 군주들이 쌓은 위대한 업적에 감탄하고 자신도 러시아에 빼앗긴 땅을 되찾고 다시 발트 해에서의 패권을 장악하겠다는 목표를 세웠다. 그는 스웨덴의 군대를 정비하고 육군과 해군 병력을 확충하면 언젠가 반드시 스웨덴의 위엄을 되살릴 수 있을 것이라고 믿었다.

1786년에 스웨덴의 국회가 다시 열렸다. 하지만 구스타프 3세는 의원들이 자신의 의견에 모두 호응하지 않고 사사건건 제약한다는 이유로 국회를 다시 닫아버리기도 했다. 그 후 구스타프 3세는 스웨덴의 주변 상황을 살피기 시작했다. 당시 러시아는 터키와 전쟁 중이었으며, 만일 러시아가 승리

▲ **구스타프 실제 착용했던 의상**
구스타프 3세의 재위 기간에 스웨덴에서는 문학과 음악, 희곡이 왕성하게 발전했다. 그래서 사람들은 이 시기를 문예 부흥의 의미로 '구스타프 시대'라 불렀다.

한다면 아마 그다음에는 스웨덴으로 시선을 돌릴 가능성이 있었다. 게다가 러시아는 1773년에 스웨덴의 이웃인 덴마크와 한쪽이 스웨덴의 공격을 받으면 다른 한쪽이 지원군을 보내주는 내용의 비밀 조약을 맺었다. 구스타프는 가만히 앉아서 당할 바에는 먼저 움직이는 쪽이 낫다고 생각하고 1788년에 러시아에 선전포고를 했다.

구스타프 3세는 먼저 바다에서 러시아군을 무찌르고 곧바로 상트페테르부르크로 진격할 계획을 세웠다. 전쟁은 생각만큼 순조롭지 않았으나, 구스타프 3세는 포기하지 않았다. 그는 국회에서 통일안전법을 통과시켜 더 큰 권력을 얻었다. 또 백성의 애국심을 자극해 많은 청년이 군대에 자원입대하게 하고, 이 병력으로 해상 전투에서 승리를 거두며 전세를 뒤집었다.

한편, 구스타프 3세는 나라를 배반한 귀족들을 엄하게 처벌하고 그들의 권력을 빼앗았다. 귀족들은 이러한 왕의 행동에 큰 불만을 품고 암살을 모의했다. 1792년 3월 16일에 구스타프는 익명의 편지 한 통을 받았다. 그날 밤 열리는 가면무도회는 위험하니 가지 말라

는 내용이었다. 하지만 그는 편지 내용에 아랑곳하지 않고 무도회장으로 향했고, 결국 그날 밤 암살당했다. 포부가 담대했던 스웨덴의 국왕은 그렇게 사람들의 곁을 떠났다. 이 사건으로 스웨덴 백성은 큰 상실감에 빠졌고, 스웨덴은 다시 몰락으로 치닫는 내리막길을 걷게 되었다.

퐁발의 개혁

한 나라의 전성기는 항상 한 인물과 연관된다. 프랑스의 전성기를 이끈 루이 14세와 프로이센을 강대국으로 만든 프리드리히 2세, 그리고 러시아를 부흥시킨 예카테리나 2세처럼 말이다. 이베리아 반도 끝에 자리한 포르투갈은 18세기가 되어서야 자신들이 처한 상황을 인식했다. 이후 퐁발 (Pombal) 수상이 권력을 잡으며 포르투갈은 예전의 악습을 끊어내고 활력이 넘치는 지중해 국가로 다시 태어났다.

타락에 물든 황금 왕국

포르투갈은 서유럽에서 항해 탐험 열풍을 일으킨 주역이다. 페르디난드 마젤란은 전 세계를 항해했고, 바스코 다 가마는 인도로 가는 항로를 발견했으며, '항해 왕'으로 불린 하인리히 왕자는 포르투갈의 자랑이었다. 하지만 시간이 흐르면서 포르투갈은 더 이상 자신들의 선대처럼 세계를 누비려 하지 않았고, 세계 곳곳에 있는 식민지만이 그들의 찬란했던 과거를 증명해줄 뿐이었다.

18세기 포르투갈은 이미 진취적이고 웅장한 기개를 잃고 이베리아 반도 구석에서 현실에 안주하며 살아갔다. 대서양 연안에 자리한 브라질은 포르투갈의 식량 창고이자 금고였다. 브라질에서 엄청난 양의 금과 은이 계속해서 포르투갈로 흘러들어 가 포르투갈은 굳이 노력하지 않아도 부족한 것 없이 마음대로 돈을 쓰며 살 수 있었다. 아마 포르투갈 사람들에게서 그들의 선조들이 지녔던 기개를 앗아간 것은 바로 산처럼 쌓인 황금 덩어리였을 것이다. 편한 것을 좋아하고 일하기를 싫어하는 것이 사람의 본성인데, 국가의 본성도 이와 다르지 않기 때문이다. 과거에 포르투갈인이 높고 험한 파도를 헤치며 바다로 향했던 것은 가난했기 때문이었다. 그들은 바다

▼ 퐁발(1699~1782)
포르투갈의 수상으로, 1759년에 귀족이 되었고 1770년에 퐁발 후작으로 봉해졌다. 1755년 11월에 그는 리스본 지진이 일어났을 당시 수도 재건 사업을 주도했고, 여러 개혁 정책을 시행했다.

를 건너 황금을 찾으러 떠났다. 하지만 지금은 황금이 충분하니 다시 바다로 나가 고생할 필요가 없었다. 포르투갈인들은 그저 지금 있는 황금으로 평생 편하게만 살고 싶었다.

1640년 당시 스페인의 지배를 받던 포르투갈은 강압적인 세금 정책에 불만을 품고 반란을 일으켰다. 그 결과 포르투갈은 스페인으로부터 독립했다. 그 후 포르투갈 왕의 권력이 강해지자 국회는 차츰 권력이 줄어들었다. 그러자 국회는 왕이 세금을 과도하게 징수하지 않도록 감시하고, 국왕이 새로운 세금을 걷어야 할 때에는 반드시 국회의 동의가 필요하도록 법을 제정했다. 하지만 포르투갈 왕은 브라질이라는 마르지 않는 우물이 있었기 때문에 다른 세금은 필요하지 않았다. 왕은 금은보화에 둘러싸여 매일 글을 쓰고 그림을 그리며 한가롭게 시간을 보냈고, 귀족들은 호화로운 저택을 지었다. 백성도 금은보화로 유럽 어디서든 자신이 원하는 물건을 샀고, 일반용품에서 사치품까지 그 종류도 다양했다.

포르투갈은 이렇게 소비 국가가 되었다. 나라 안에는 제대로 된 공업 시설이 세워지지 않았고, 상업도 영국인이 독점하다시피 했다. 포르투갈은 결코 척박한 땅이 아니었지만, 식량을 자급하지 못했다. 유일하게 수출하는 상품은 와인이었는데, 영국과 조약을 맺은 후로는 경제적인 자주권마저 잃었다. 포르투갈로 대량 수입된 영국의 방직물은 포르투갈의 광대한 식민지로 팔려나가며 영국 상인들의 배를 불려주었다. 또 포르투갈은 강력한 해군이 없어서 금은보화를 싣고 돌아오는 선박은 항상 영국 해군의 보호를 받아야 했다. 18세기 포르투갈은 광활한 면적의 많은 식민지를 두었지만, 본토는 영국의 식민지나 마찬가지였다. 당시 유럽의 열강이 자국의 산업과 공업을 발전시키기 위해 노력할 때, 포르투갈은 스스로 낙후를 선택했다.

그 밖에 광신도였던 포르투갈 주앙 5세는 로마 교황청의 칭찬을 받기 위해 엄청난 양의 금과 은을 로마 천주교에 기부했다. 그리고 그의 재위 기간에 백성의 10분의 1이 선교사와 수녀가 되었다. 사람들은 왕이 지은 건물은 수도원이고, 왕의 군대는 선교사이며, 왕의 하녀는 수녀라고 말하며 주앙 5세를 풍자했다. 국왕의 보호 아래 포르투갈 예수회는 빠르게 발전했다. 그들은 비옥하고 넓은 논을 차지하고 엄청난 돈을 소비했다. 예수회의 세력이 점점 커지자 교회는 종교 재판을 열어 이단을 심판하고 유대인들을 화형에 처했다. 이러한 공포 분위기로 외국인들은 쉽게 포르투갈에 들어가지 못했고, 그 결과 포르투갈은 외국의 인재들을 불러들일 기회를 잃고 말았다.

18세기 초기, 특히 주앙 5세가 통치하던 시절에 포르투갈은 대외적으로 무기력하게 영국에 의존했고, 대내적으로는 전국이 종교의 압박을 받았다. 매년 브라질에서 배 몇 척 가득 수많은 금은보화를 실어 나른다고 해도, 포르투갈의 몰락을 막기에는 역부족이었다.

포부가 큰 청년

포르투갈에서 교회의 기세는 하늘을 찌를 듯했다. 그들의 세력은 나라 곳곳에 퍼져 있었으며, 주앙 5세는 거금을 들여 로마 교황청에서 종교적 특권을 샀다. 1716년에 포르투갈 궁정의 작은 교회당은 점차 새로운 교구로 바뀌었고, 추기경이 그곳을 관리했다. 그 후 주앙 5세는 리스본에 특별한 교회당을 짓고, 전국에 있는 교회의 재산 4분의 1을 대교회당의 신부가 관리하게 했다. 당시 교회 신부의 지위는 로마 교황에 버금갈 만큼 대단했다. 이베리아 반도의 작은 나라 포르투갈에는 무려 수도원이 900곳, 기사단이 3개, 그리고 기사단 장교가 650여 명이었다.

교회뿐만 아니라 포르투갈 귀족들도 다른 나라와 달랐다. 그들은 높은 관직과 함께 엄청난 재물을 소유했고, 심지어 왕도 그들에게 예의를 표할 정도였다. 1742년에 주앙 5세는 치매에 걸렸고 8년 후에 세상을 떠났다. 이후 그의 아들 조세 1세가 왕위를 이어받았다. 주앙 5세가 사망하자 왕비는 곧바로 외국에서 세바스찬 조세 드 카르발로 이멜로(Sebastião José de Carvalho e Melo)를 불러들여서 그에게 국방과 외교 업무를 맡겼는데, 그가 바로 퐁발 후작이다. 그가 국정을 운영한 27년 동안 포르투갈은 새로운 모습으로 다시 태어났다.

퐁발은 젊었을 때 유명한 운동선수였고, 리스본의 마피아로 활동하기도 했다. 리스본의 마피아는 주로 귀족 자제들로 구성되었으며 퐁발은 바로 그 조직의 두목이었다. 1733년에 퐁발이 한 귀족 아가씨와 야반도주를 했는데, 나중에 퐁발의 재능을 알아본 처가에서 둘의 결혼을 허락하고 값비싼 혼수를 마련해주었다. 그 후 퐁발은 정계에 입문했다. 그는 능숙하고 결단력 있게 맡은 일을 잘해냈지만, 주앙 5세의 눈에는 들지 못했다.

퐁발은 정치 인생 전반기를 대부분 외국에서 보냈다. 그는 우선

퐁발 후작의 말년

1777년 2월 24일, 조세 1세가 죽고 그의 딸이 왕위를 계승하여 마리아 1세로 즉위했다. 그러자 퐁발 후작의 개혁에 반대하던 무리가 마리아 1세에게 그를 엄하게 처벌하라고 요구했다. 퐁발 후작은 총리로 있는 동안 많은 사람에게 미움을 샀고, 그들이 모두 적이 되어버렸다. 퐁발은 어쩔 수 없이 관직을 그만두었다. 그런데 집에서조차 편안히 생활할 수가 없었다. 매일 사람들이 찾아와 퐁발에게 이것저것을 따졌고, 여왕마저도 그를 처벌하려고 했기 때문이다. 하지만 마리아 1세는 나중에 퐁발의 모든 개혁이 자신의 아버지 조세 1세의 허락을 받고 진행된 일이라는 사실을 알게 되자 아버지의 이름을 더럽히지 않기 위해 그를 처벌하지 않기로 했다. 그녀는 평화적인 방식으로 퐁발을 유배 보내고 더는 과거의 개혁에 대해 죄를 묻지 않았다.

런던의 포르투갈 대사로 임명되었고, 다음에는 빈 대사관으로 갔다. 그는 런던에 머무르는 동안 영국의 정치와 경제에 대해 깊이 연구했다. 당시 영국은 이미 정치와 종교가 분리되어 종교는 개인적인 신앙일 뿐 결코 국가 정책에 간섭하지 않았다. 또 퐁발은 영국의 공업 발전에 깊은 인상을 받았다. 그는 그 기간에 포르투갈의 미래를 위한 개혁의 청사진을 세웠다.

개혁을 위한 준비 작업

포르투갈로 돌아온 퐁발은 장관으로 승진했다. 그는 총명하고, 기지가 넘쳤으며, 결단력이 있다는 장점을 바탕으로 서서히 새로운 내각의 핵심 인물로 성장했다. 그러던 중 1755년에 리스본에서 엄청난 지진이 발생했다. 도시가 한순간에 폐허로 변하면서 수천 명이 목숨을 잃었고, 당시 조세 1세는 당황해서 어쩔 줄 몰라 하며 어서 생지옥으로 변해버린 도시를 떠나려고 했다. 그는 떠나기 전에 퐁발에게 이 문제를 어떻게 해결해야 좋을지 물었다. 그러자, 퐁발은 망설임 없이 살아 있는 사람은 구조하고 목숨을 잃은 사람은 묻어주면 된다고 딱 잘라서 말했다. 그 후 퐁발은 상황을 지휘하며 질서 있게 구조 활동을 펼쳤고, 재난으로 혼란스러운 상황을 틈타 도둑질하는 사람은 엄하게 처벌했다. 또 재난 지역에 공급하기 위해 리스본 항구에 정박한 화물선에서 양식과 식품을 모두 내리라고 명령했다. 이렇게 퐁발은 리스본 지진 피해 구조 활동을 지휘하면서 자신의 재능을 유감없이 발휘하고 내각에서 지위를 인정받았다.

퐁발은 여기에 만족하지 않았다. 그의 목표는 포르투갈을 강대한 국가로 발전시키는 것이었고, 리스본을 재건하는 것과 더불어 나라 전체를 다시 세우고 싶었다. 포르투갈의 발전을 방해하는 가장 큰 요인은 교회와 귀족이었고, 포르투갈을 다시 일으켜 세우려면 반드시 이 뱀 두 마리를 처리해야만 했다.

퐁발의 권력이 점점 커지자 귀족과 선교사들은 그를 끌어내릴 음모를 꾸몄다. 이에 퐁발이 그들보다 먼저 조세 1세에게 예수회의 일부 선교사들이 반역을 일으키려 음모를 꾸민다고 보고했고, 조세 1세는 당장 예수회 선교사들을 궁에서 내쫓았다. 이와 동시에 퐁발은 자신의 형제들에게 거금을 주고 로마 교황청의 반反예수회 세력을 포섭해달라고 부탁했다. 이와 더불어 로마 교황청에 주재하는 포르

투갈 대사는 포르투갈의 선교사들이 기독교 신자로서 지켜야 할 도
덕적 의무는 뒷전이고 권력과 재물에만 욕심을 부린다며 그들을 교
회 법정에 고발했다. 이 사건으로 포르투갈 예수회는 엄청난 타격을
입었다.

그 후 또 한 차례 국왕을 암살하려는 사건이 발생했는데, 퐁발을
반대하는 귀족과 선교사들이 이 사건에 연루되었다. 엄청난 권력을
누리던 귀족과 선교사들은 결국 감옥에 갇히거나 처형되었다. 이때
퐁발은 왕에게 교회 재산을 몰수해서 왕권을 강화할 것을 제안했다.
몇 차례 계속된 사건으로 포르투갈 교
회와 귀족들은 세력을 잃어버렸다. 이
제 퐁발은 포르투갈을 다시 강대국으로
발전시키겠다는 자신의 꿈을 위해 마음
껏 실력을 발휘할 수 있게 되었다.

▼ 1755년에 지진이 발생하기 전
의 포르투갈 항구 도시 리스본
의 풍경

퐁발의 개혁

퐁발은 완벽하게 승리했고, 교회와 귀
족들은 그에게 무릎을 꿇었다. 그 후 전
국의 특수 경찰들이 퐁발을 반대하는 무
리를 체포해 모두 감옥으로 보냈고, 퐁
발은 마음 놓고 자신의 계획을 행동으로
옮기기 시작했다. 그는 먼저 교회 소유
의 토지를 몰수했고, 이 조치로 많은 수
도원이 문을 닫았다. 또 스물다섯 살 미
만의 청년은 수도사가 될 수 없게 했다.
국가 경제를 일으키려면 청년 노동력이
필요했기 때문에 그 나이대의 청년 노동
력이 수도원에 들어가서 신학을 공부하
는 것을 원하지 않았던 것이다.

퐁발은 종교의 자유를 주장하며 유대
인과 다른 종교를 차별하는 정책을 폐
지했다. 1773년에 왕은 포르투갈의 모
든 관리와 백성이 국가 정치에 참여하
고 경제 활동을 할 권리가 있다고 규정

하고 종교 재판을 폐지할 것을 명령하는 칙서를 내렸다. 그리고 퐁발은 포르투갈 귀족과 왕실의 사치 풍조를 없애기 위해 노력했다. 또 임금을 많이 받으면서도 제대로 일하지 않는 관리를 모두 내쫓고, 왕실의 지출을 크게 줄였다.

이 밖에 퐁발은 경제 발전을 장려하고, 상공업에 투자했으며, 포르투갈 상인들의 무역 활동을 지원했다. 그리고 교육 기관을 세워 경제 분야의 전문 인재를 양성하고, 육군과 해군 병력을 늘렸다. 이러한 퐁발의 과감한 개혁으로 포르투갈은 타락으로 물들어가던 황금의 왕국이라는 이미지를 벗고 생명력과 활기가 넘치는 모습을 되찾았다.

윌리엄 피트 가문

18세기에 영국은 대영제국으로 발전했다. 그 과정에서 영국의 한 가문이 증인이자 일원으로 참여했는데, 바로 윌리엄 피트 가이다. 윌리엄 피트 가문은 18세기 초에 이름을 날리며 영국 역사의 한 페이지를 장식했다. 7년 전쟁에서는 대피트가, 대프랑스 전쟁에서는 소피트가 영국의 미래와 발전을 위해 이바지했다.

윌리엄 피트 가문의 발전사

윌리엄 피트 가문의 부흥은 대피트의 할아버지인 토머스 피트 시절부터 시작되었다. 토머스 피트는 상선의 선원이었는데, 신분은 낮았지만 야망이 크고 탐험 정신이 강했다. 영국이 막 인도를 식민 지배하기 시작했을 때, 많은 영국인이 일확천금의 기회를 노리며 인도로 향했다. 토머스 피트도 그중 한 명이었다. 그는 인도에 도착한 후 방글라데시에서 무역업을 시작했다. 그러던 중 그는 영국 왕실의 허가를 받은 상품과 경쟁 관계의 품목을 거래했다는 이유로 벌금 1,000파운드를 물게 되었다.

▼ 대피트(William Pitt the Elder)
영국 휘그당의 정치인이자 영국 역사상 아홉 번째 총리였으며, 7년 전쟁에서 영국의 실질적인 지도자였다.

그 후 동인도회사와 토머스 피트의 사업이 합쳐지면서 그는 이제 안정적으로 무역업을 할 수 있게 되었다. 몇 년 지나자 사업은 크게 번창했고, 토머스 피트는 인도 마드라스 지방의 총독으로 임명되었다. 1701년에 토머스는 일약 백만장자가 되었다. 그는 2만 파운드를 주고 큼지막한 다이아몬드를 사서 당시 프랑스에서 섭정을 맡고 있던 오를레앙 공에게 14만 파운드를 받고 팔기도 했다.

토머스는 영국으로 돌아온 후 비옥한 땅과 호화로운 주택을 사서 마치 봉건 귀족 같은 생활을 누렸고, 거금을 들여 의원직도 사들였

보수주의에 관해 논할 때면 사람
들은 자연히 영국의 에드먼드 버
크와 그의 저서 《프랑스 혁명에
관한 고찰》을 떠올린다. 버크는
18세기 후반의 유명한 영국 정치
학자로, 젊은 나이에 정계에 입문
했다. 프랑스 대혁명이 일어나자
버크는 《프랑스 혁명에 관한 고
찰》을 발표했다. 책에서 그는 이
번 혁명은 자유와 민주를 위한 것
이 아니라 전통과 권위에 대한 반
항일 뿐이라고 비판했다. 그는 왕
권 보호를 주장하고 추상적인 개
념들 때문에 사회가 흔들리는 것
을 반대했으며, 이는 후세 사람들
에게 큰 영향을 미쳤다.

다. 상선에서 선원으로 일하던 가난한 청년이 유명한 국회의원으로
변신한 것이다. 토머스는 자신의 장남인 로버트 피트에게 그 많은
유산을 물려주었다. 그 후 로버트 피트는 아버지처럼 집안을 키우지
는 못했지만, 훗날 영국 역사와 자신의 가문에 길이 남을 인물이 되
는 윌리엄 피트를 낳았다. 윌리엄 피트는 귀족 학교에서 교육을 받
았는데, 그 학교가 바로 이튼스쿨이었다. 성인이 된 윌리엄 피트는
집안의 기대에 부응하며 영국 정계에서 이름을 떨쳤다.

타고난 연설가

  윌리엄 피트는 총명하고 학문을 좋아했지만, 열여덟 살 때 류머
티즘에 걸려서 학교에 다닐 수가 없었다. 건강을 위해 떠난 요양에
서도 기대한 만큼 효과를 얻지 못했다. 그는 평생 류머티즘을 달고
살았으며, 그 증상은 심지어 아들인 소피트에게도 유전이 되었다.
윌리엄 피트는 몸이 좋지 않았지만, 군대에 들어가서 4년 동안 복
무했다. 군대 생활을 하는 동안 그는 전쟁이란 국가에 매우 큰 영향
을 미치며, 국가의 발전은 전쟁과 밀접한 관련이 있다는 것을 알게
되었다.

  제대한 후 스물일곱이 된 윌리엄 피트는 정계에 입문해서 국회의
원이 되었다. 입문한 지 얼마 되지 않아 그는 청산유수같이 뛰어난
말솜씨로 국회에서 인기를 얻었다. 사람들은 그를 타고난 연설가라
고 칭찬했고, 국회가 열리면 그는 항상 무대의 주인공이 되었다. 그
의 연설에 담긴 지혜와 전략은 고대 그리스 시대 이후 가장 뛰어난
연설가라고 칭송받을 만했다. 그는 자신의 목적을 이루기 위해 상상
력과 논리, 추리, 풍자, 경멸, 그리고 애국심을 총동원해 상대편을
날카롭게 공격했다. 또 공격을 받을 때는 자신을 철저하게 변호했는
데, 그의 생각과 논리는 마치 전쟁 무기처럼 예리했다. 그는 국회에
서 영국의 초대 총리인 월폴이 스페인의 도전을 받아들이지 않자 총
리가 나이가 들어서 아둔하고 허약하며 무능력해졌다고 공격했고,
조지 2세가 영국보다 하노버 왕가를 두둔한다고 비난하기도 했다.

영국의 이익을 위한 대변인

  윌리엄 피트는 자신이 영국의 이익을 대변하는 사람이라고 생각

했다. 그는 영국이 이익을 얻으려면 해상을 장악해야 하며, 이를 위해서는 강력한 해군을 양성해야 한다고 주장했다. 1746년에 윌리엄 피트는 보급관으로 근무했는데, 이는 당시 기준으로 보자면 일종의 '좋은 직업'에 속했다. 보급관은 매일 수만 파운드에 달하는 돈을 관리했고, 당시 '관례'에 따라 사용하고 남은 돈을 투기에 이용해서 보급관이 종종 이익을 챙겼기 때문이었다. 그러나 윌리엄 피트는 임금 외에 어떤 돈도 받지 않았고, 그에게 로비하려는 브로커들은 도대체 윌리엄 피트가 무엇을 원하는지 알 수 없어 속이 탔다.

▲ 조지 2세
1727년에 영국 국왕이자 하노버 선제후로서 조지 2세로 즉위했고 1760년에 심장마비로 사망했다. 그는 군대를 매우 좋아했으며, 직접 전장에 나타난 마지막 영국 국왕이기도 하다.

윌리엄 피트는 정치란 여러 가지 수단을 이용해서 목적을 달성하는 것이며, 도덕의 기준은 선교사가 아니라 왕이 만드는 것이라고 여겼다. 이는 전형적인 '마키아벨리즘'으로, 목표를 달성하기 위해서는 수단과 방법을 가리지 않는 것을 의미한다. 윌리엄 피트의 야망을 알지 못하는 사람들은 그를 변덕스러운 위선자라고 생각했다. 그는 여러 가지 방법을 이용해서 일을 처리했는데, 이 과정에서 종종 스스로 모순에 빠지기도 했기 때문이다. 예를 들면 7년 전쟁 당시 그는 프랑스를 격파하기 위해 과격한 정책을 밀어붙였다. 그런데 7년 전쟁이 끝나자 이번에는 관대한 정책을 펼치며 프랑스에서 빼앗은 북아메리카 지역 식민지에서 인지세를 받는 것에 반대했다. 하지만 이런 상반된 정책은 모두 영국의 국익을 위한 것이었다.

185

1755년에 영국과 프랑스는 선전포고도 없이 북아메리카 대륙에서 전쟁을 벌였다. 윌리엄 피트는 전쟁에 찬성했지만, 국내에서는 전쟁에 반대하는 여론이 강했고 특히 조지 2세를 포함한 귀족들이 전쟁을 반대했다. 전쟁 초기에 영국이 큰 패배를 당하자 조지 2세는 하는 수 없이 윌리엄 피트를 불러서 그에게 내각을 관리하게 했다. 당시 영국의 패배로 불안에 떨던 프로이센의 프리드리히 2세는 윌리엄 피트가 영국 총리가 되었다는 소식을 듣고 그제야 안도의 한숨을 내쉬며 이렇게 말했다. "드디어 영국에 이런 큰 전쟁을 지휘할 수 있는 인물이 나왔구나!" 윌리엄 피트는 북아메리카와 유럽 대륙에 주둔하는 군대를 확대하고 프로이센의 원조금을 늘렸다. 그의 지원을 받아 전쟁은 차츰 영국에 유리한 쪽으로 흘러갔다.

상황이 안정되자 처음부터 전쟁을 반대하던 조지 2세는 프랑스와 화해하려고 했다. 이번 전쟁으로 프랑스를 완전히 제압할 심산이던 윌리엄 피트는 휴전에 반대했지만, 조지 2세의 평화주의 사고방식과 유약함 앞에서는 다른 방법이 없었다. 그는 결국 관직에서 물러나 고향으로 돌아갔다. 7년 전쟁의 승리는 윌리엄 피트가 만든 것이었다. 대영제국의 생사를 결정짓는 중요한 전쟁에서 윌리엄 피트는 의심할 여지없이 나라를 구한 구원자 역할을 했다.

가장 젊은 총리

결과는 자신이 바라던 대로 되지 않았지만 윌리엄 피트는 7년 전쟁에서 큰 공을 세웠다. 그리고 이 기간에 그는 의미 있는 선물을 받았는데, 바로 아들 소피트였다. 소피트는 영국과 프랑스의 전쟁이 한창이던 1759년에 태어났다.

소피트는 어려서부터 몸이 허약해 여느 아이들처럼 학교에 가지 못했다. 그래서 대피트는 집에서 아들을 가르쳤다. 그는 아들에게 웅변 능력을 길러주기 위해 매일 셰익스피어나 존 밀턴의 작품을 암송하게 했다. 아버지의 가르침으로 소피트의 학문은 나날이 늘어갔고, 열 살에 희곡을 쓰기도 했다. 또 열네 살에 케임브리지 대학에 입학했다. 소피트는 후작의 아들이었기 때문에 따로 시험에 참가하지 않고 1776년에 석사 학위를 받았다. 그리고 졸업 후 법률 사무소에서 변호사로 일했다. 이를 통해 소피트는 법률과 경제 등 분야의 지식을 풍부히 쌓았다.

소피트는 스물한 살의 젊은 나이에 국회의원이 되었다. 그가 첫 국회 연설을 했을 때, 일부 연로한 의원들은 깜짝 놀랐다. 소피트가 아버지 윌리엄 피트보다 한 층 더 높은 품격을 갖추었기 때문이었다. 소피트 역시 아버지처럼 야망이 컸고, 이 때문에 부수적인 직업을 맡지 않겠다고 공개적으로 밝혔다. 그래서 국회에서 그를 아일랜드 재무부 장관으로 임명했을 때 공손하게 사양한 일이 있다.

조지 3세는 1783년에 자신과 의회의 의견이 충돌한다는 이유로 내각을 해산했다. 그리고 소피트에게 새로 내각을 꾸리라고 지시했고, 이로써 스물네 살의 젊은이가 영국 총리로 임명되었다. 그는 다른 사람들의 예상과 달리 무려 20년 동안이나 총리의 자리를 유지했다. 소피트는 총리가 된 후 대규모 개혁을 진행했는데, 개혁의 최우선 과제는 바로 재정 문제 해결이었다. 그는 자유무역을 주장하며 공업 분야의 이익을 보호하고,

▲ 소피트
(William Pitt the Younger)
대영제국의 열네 번째 총리이자 가장 젊은 총리이기도 했다.

관세를 인하했다. 동시에 소비 품목의 세금을 늘려 국가의 재정 수입과 지출을 조절했다.

당시 아일랜드와 동인도회사는 대영제국의 가장 큰 골칫거리였다. 소피트는 이를 해결하기 위해 차례차례 관련 법안을 통과시키며 하나씩 문제를 처리해나갔다. 그가 총리로 재임한 동안 프랑스 대혁명의 불길이 전 유럽으로 퍼지며 대영제국의 왕권까지 위협했다. 이에 소피트는 프랑스 나폴레옹에게 맞서기 위해 영국의 막강한 해군과 탄탄한 경제력을 이용해서 유럽 대륙 국가들이 대프랑스 동맹을 결성하도록 주도했다.

1806년에 소피트가 세상을 떠났을 때, 나폴레옹이 이끄는 프랑스 제국은 엄청난 세력을 떨쳤다. 그러나 몇 년 후 나폴레옹은 사라지고, 소피트가 심혈을 기울여 경영한 영국은 유럽의 강대국 대영제국으로 우뚝 섰다.

제 3 장

혁명의 물결

혁명의 기수

토머스 페인은 미국과 프랑스 혁명에 앞장섰으며, 그가 쓴 책은 대서양을 사이에 둔 두 나라의 혁명을 이어주는 다리 역할을 했다. 그는 《상식》으로 북아메리카에서 이름을 알렸고, 《인간의 권리》로 잉글랜드에서 명성을 떨쳤다. 그러나 《이성의 시대》를 발표한 후에는 혼자서 말년을 외롭게 보내며 여러 곳을 떠돌았다. 그는 간단하고 쉬운 문체로 인권과 평등의 중요성을 대중에게 알렸고, 혁명을 위해 몸이 부서져라 사방으로 뛰어다녔다. 그런데 안타깝게도 혁명이 일어날 때마다 버림을 받았다. 그의 사상과 용기는 마치 그의 말년처럼 많은 나라로 흘러들었지만, 나아가야 할 방향을 잡지 못했다.

▼ **토머스 페인**(1737~1809)
영국계 미국 사상가이자 작가, 정치가, 이론가, 혁명가, 그리고 급진적인 민주주의자였다. 저서로는 《토지 분배의 정의》와 북아메리카 독립에 찬성하는 내용을 담은 《상식》, 프랑스 대혁명을 찬미한 《인간의 권리》가 있다. 역사학자들은 페인을 두 세계, 즉 북아메리카 신대륙과 유럽 대륙의 영웅이라고 불렀다. 1792년에 페인은 프랑스 혁명을 찬양하는 내용의 《인간의 권리》를 발표했다. 영국 정부가 이 책의 내용을 문제 삼아 그를 지명수배하자 페인은 영국을 떠나 프랑스로 망명했다.

'pain'의 의미

토머스 페인은 1737년에 영국에서 가난한 재봉사의 아들로 태어났다. 가정형편이 어려워 열세 살 때 학교를 그만두었지만, 독서만큼은 게을리하지 않았다. 특히 계몽 사상에서 평등과 자유에 대한 부분은 그의 사상에 큰 영향을 미쳤다.

페인은 먹고살기 위해 속옷 재봉사, 점원, 세무원 등 여러 가지 일을 하며 가난한 서민의 서러움을 맛보았다. 그는 서러움 속에서 악착같이 버티며 영국의 탐욕과 부패가 사회에 가져온 결과가 무엇인지 절실히 느꼈고, 정부에 대해 강한 불만을 품었다. 게다가 자신의 인생도 마음대로 되지 않았다. 그는 두 번이나 예식장에 들어갔지만 결혼에 성공하지는 못했다. 이런 경험으로 그는 영국의 사회 제도에 더욱 반감을 품었다. 세무서에서 근무할 때, 페인은 간접세 관리들이 툭하면 횡령을 저지른다는 사실을 알게 되었다. 그래서 '간접세 관리들의 문제'라는 글을 써서 정부에 제출하며 세무 관리들의 임금 대우를 개선해달라고 요구했다. 그러나 그는 정부로부터 긍정적인 답변을 받기는커녕 사회에 혼란을 일으켰다는 이유로 오히려 고소를 당했다. 그리고 1774년에 결국 파면되었다. 이 기간에 페인은 런던에 주재한 벤저민 프랭클린 북아메리카 대사를 알게 되었는데, 프랭클린은 페인의 재능과 절개를 매우 높이 평가했다.

페인은 프랭클린의 소개로 1774년 10월에 북아메리카로 향하는 배에 올랐다. 그는 이미 영국 정부에 대한 믿음을 잃었고, 부자들의 재물은 모두 가난한 사람들의 고통으로 이루어진 것이라고 여겼다. 이런 생각에서 그는 영국 사회에 대한 불만과 반항심을 표현하기 위해 자신의 성을 'pain'으로 바꾸고 이를 통해서 영국 사회가 가난한 서민들에게 주는 끊임없는 '고통'을 표현하고자 했다.

북아메리카로 떠난 페인

북아메리카 대륙에 도착한 후 페인은 자신의 능력과 프랭클린의 추천으로 금방 일자리를 찾아 〈펜실베이니아 매거진〉을 발행하는 잡지사에서 기자로 일하게 되었다. 페인은 그곳에서 북아메리카 사람들도 자신과 마찬가지로 영국 정부에 불만을 품고 있으며, 영국 세력에 반대하는 혁명의 분위기가 피어오르고 있다는 사실을 알게 되었다. 1775년에 페인은 '아메리카의 아프리카 노예제'라는 글을 써서 북아메리카에서 행해지는 노예 제도의 비인간적 행위를 고발하고 이 제도를 당장 없애야 한다고 주장했다. 이 글은 노예 폐지 운동의 시초이자 가장 영향력 있는 문헌 중 하나가 되었다. 그 영향으로 북아메리카에서 노예 폐지 조직이 만들어졌고, 페인도 이에 참여했다.

노예 제도를 비판한 글에는 페인의 혁명가 기질이 잘 나타나 있다. 당시 북아메리카 사람들은 영국 정부에 불만을 품고 있었지만, 조지 워싱턴을 포함한 상류층 인사들은 감히 '독립'이라는 두 글자를 입 밖에 꺼낼 용기가 없었다. 워싱턴의 장교들은 매일 영국 국왕을 위해 건배했고, 1774년에 제1회 대륙회의가 열렸을 때에는 북아메리카를 1763년 이전의 상태로 돌리고 싶어하여 영국 정부와 마찰 없이 합의했다.

《상식》

당시 북아메리카 대륙이 나아가야 할 방향에 대해서는 의견이 분분했다. 이에 대해 페인은 친구들의 격려로 50페이지에 달하는 소책자를 집필했다. 그것이 바로 유명한 《상식》이다. 이 책은 결코 평범한 소책자가 아니었다. 페인은 이 책에서 혁명의 필요성을 주장했다. 제목을 '상식'으로 지은 것도 이 책의 선동적인 성격을 부각하기 위해서였다.

페인은 이 소책자에서 북아메리카의 미래 발전 방향에 대한 자신의 의견을 체계적으로 서술했다. 그 핵심은 바로 혁명만이 살길이라는 것이었다. 그는 영국 정부는 이미 부패했기 때문에 더는 믿을 수 없다고 주장하며 어떠한 부분에서든 영국과 타협하는 것을 반대했다. 그는 영국 왕은 백성을 지배하며 괴롭히는 짐승일 뿐이라고 여겼다. 게다가 북아메리카는 당시 인구나 전쟁 경험 등으로 볼 때 혁명을 일으키기에 가장 적합한 시기를 맞고 있었다. 인구가 너무 많으면 의견이 분분해서 일치시키기가 어려울 것이고, 혁명을 일으키지 않은 채 몇 년쯤 지나면 전쟁 경험이 있는 장교들이 줄어들 것이기 때문이었다.

페인은 혁명에 반대하는 이들을 유치하고 나약하다고 비난하면서 전쟁 계획을 발표했다. 그리고 미국의 상업 이익을 보호하려면 해군이 필요하다고 주장했다. 북아메리카 지역은 원래 조선 기술이 뛰어나고 원자재가 풍부해서 영국 해군의 20분의 1 규모라도 해군 함대를 만들 수만 있다면 충분히 영국과 대적할 수 있었다. 영국은 자국의 이익을 보호해야 할 곳이 많아서 어쩔 수 없이 해군을 여러 곳으로 분산했지만, 북아메리카의 해군은 자국의 해안만 지키면 되었기 때문이다. 페인은 북아메리카 지역에서 독립에 대한 구호를 확실히 외치는 동시에 다른 유럽 국가와 무역 협정을 맺길 바랐다. 그렇게 된다면 협정을 맺은 나라에서 원조금을 받을 수도 있었다.

페인은 결코 전쟁광은 아니었다. 그가 북아메리카 사람들에게 혁명을 선동한 가장 중요한 이유는 영국을 무너뜨리려는 것이 아니라 이 지역에 진정한 민주공화정 국가를 건설하기 위해서였다. 그래서 페인은 《상식》의 첫 부분에서 북아메리카 지역의 혁명을 분석하는 내용이 아닌 독자들에게 사회란 무엇이며 정치 체제란 무엇인지 알려주고 영국의 입헌군주제에 대한 깊이 있는 분석을 실었다. 그는 영국의 입헌군주제는 사실 군주제를 세습하는 것과 같다고 여겼고, 이러한 정치 체제에서는 지혜롭지 않고 자만심만 가득한 통치자가 나타날 수 있으며 이는 인류의 자유와 평등 원칙에 부합하지 않는다고 주장했다. 그래서 미국 혁명이 일어난 이후 그는 영국과 다른 새로운 정치 체제를 만들려고 했다.

페인은 자신의 책 《상식》에서 가장 어렵고 난해한 이론을 가장 쉽고 간단한 말로 풀어냈다. "우리는 독립을 원하며, 독립 후에 민주적인 공화 정치를

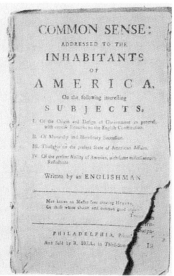

▲ 토머스 페인과 그의 저서 《상식》의 표지

실현할 것이다." 이것이 바로 페인이 말하고자 하는 핵심이었다. 《상식》은 미국에서 50만 부 정도가 인쇄되었는데, 당시 미국 인구가 200만 명 정도였으니 아마 성인 남자의 반 이상이 이 책을 가지고 있었을 것으로 추정된다. 당시 《상식》의 판매량은 《성경》에 필적했고, 가난한 집에서는 《상식》을 소장한 것을 영광으로 생각했다.

이 작은 책자가 미국 혁명에 끼친 영향은 대단했다. 사람들은 이 책을 읽고 미국의 미래에 대해 다르게 인식하게 되었다. 말하자면, 예전에는 영국을 위해 건배하던 사람들이 이제 영국 왕의 초상화를 발로 짓밟게 된 것이었다. 그 밖에도 페인은 《상식》에서 미국 건국의 원칙을 몇 가지 제안했고, 이 원칙은 독립선언문에 사용되었다. 《상식》은 나라를 다스리는 데 필요한 지혜를 담아 후세 사람들, 특히 정치가들에게 인기가 매우 높았다.

프랑스 대혁명을 위한 변론

미국의 독립 전쟁이 일어나자 페인은 투사처럼 전쟁의 승리를 위해 자신을 내던졌다. 전쟁 초기에는 미국군이 우세를 점하지 못했다. 이에 조지 워싱턴의 부탁으로 페인이 《위기》라는 제목의 소책자를 발표했고, 이 책은 미국군의 사기를 높이는 정신적 원동력이 되었다.

▲ 페인의 조각상
토머스 페인은 미국 독립 전쟁 시기의 계몽 사상가이다.

전쟁이 벌어지는 동안 페인은 대륙회의 외교사무위원회의 비서로 임명되었다. 그의 머릿속에는 오직 독립 전쟁에 대한 생각밖에 없었다. 그러던 중 프랑스에 있는 미국 대변인 딘과 일부 사람들이 공적인 지위를 이용해 사리사욕을 챙긴다는 사실을 알게 되었다. 이를 이해할 수 없었던 페인은 프랑스의 도움을 받아 공개적으로 그들의 부패를 폭로했다. 그런데 이 일은 예상과 전혀 다른 결과를 가져왔다. 페인의 정의로운 고발에 대해 돌아온 대가는 보답이 아닌 복수와 냉대였고, 대륙회의의 일부 의원은 페인 같은 무일푼의 모험가를 비서로 두어서는 안 된다고 주장했다. 나중에 또 다른 사람이 페인이 군사 기밀을 발설했다고 모함하자 페인은 화를 참지 못하고 자리에서 물러났다.

그 후 페인은 미국에서 환영받지 못하는 인물이 되었고, 몇 년 전 《상식》을 발표했을 때처럼 추앙받는 일은 없었다. 그는 미국 혁명과 독립 전쟁에 위대한 업적을 세웠지만, 미국에서 태어나고 자란 사람이 아니었기 때문에 가는 곳마다 따돌림을 당했다. 전쟁이 끝나갈 무렵에도 페인은 여전히 가진 것 없는 가난뱅이일 뿐이었다. 1783년에 아메리카합중국이 정식으로 독립을 인정받으며 승승장구할 때 페인은 이미 잊힌 사람이 되었다. 결국, 페인은 뉴욕 주 의회에 청원을 넣었다. "나는 다른 나라에서 미국으로 망명했으며, 이는 명성을 위한 것도 이익을 위한 것도 아니었다. 오로지 새로운 국가를 건설하기 위해 온 정신과 마음을 바쳤는데, 나는 여전히 가난에서 벗어나지 못하고 있다. 이 나라의 독립 전쟁에 참여한 나는 피난 온 난민과 다를 바 없다." 이에 대해 뉴욕 주 의회는 수차례 토론과 변론을 거쳐 페인에게 3,000달러를 보상해주었다.

3,000달러, 이것이 페인이 미국의 혁명을 위해 바친 십 년이 넘는 세월에 대한 보상이었다. 독립을 쟁취한 미국에는 더 이상 페인 같은 혁명가가 필요하지 않았다. 그래서 페인은 다시 영국으로 돌아왔다. 그 후 프랑스 대혁명의 총소리가 유럽을 강타했고, 페인의 심장은 다시 뛰기 시작했다. 당시 에드먼드 버크가 프랑스 대혁명을 비난하는《프랑스 혁명에 관한 고찰》을 발표하자, 그동안 대중 앞에 다시 나서기 어려웠던 페인은《인간의 권리》라는 책을 써내 버크의 주장을 반박했다. 에드먼드 버크는 귀족과 교회가 사회를 유지하고 발전시키는 데 든든한 기둥이며, 프랑스 혁명은 사회를 구성하는 유대를 파괴하는 행위라고 여겼다. 반대로 페인은 프랑스 백성은 자유와 민주를 주장할 권리가 있다고 여겼고, 알기 쉬운 말로 가난한 사람들의 권리를 대변했다. 그리고 그가 프랑스의 개혁 방안에 대해 집필한 책은 발표한 후 '베스트셀러'가 되었다.

　발길이 닿는 곳마다 페인의《인간의 권리》에 대한 소문이 자자했고, 영국은 이런 상황에 무척 당황했다. 영국 정부는 페인이 또 다른 혁명을 선동한다고 여기고 그의 책을 전부 몰수해서 불태워버렸다. 이에 페인은 이번에는 프랑스로 도망쳤고, 영국은 간발의 차로 세관에서 페인을 놓치고 말았다. 프랑스 대혁명은 페인이 예상한 수준을 훨씬 뛰어넘었다. 페인은 자코뱅당의 독재 정치에 반대했지만, 결국 독재 정치의 대상이 되었다.

　그는 프랑스에 주재하는 미국 대사 먼로의 도움으로 미국으로 돌아갔다. 이때, 그는 종교적 권위에 반대하는 내용을 담은 자신의 책《이성의 시대》를 가지고 갔다. 하지만 그 책으로 말미암아 페인은 미국 사회에서 마귀라고 불리며 손가락질당했고, 이후 외롭고 가난하게 살다가 생을 마쳤다.

북아메리카 식민지의 납세 저항 운동

영국은 7년 전쟁에서 프랑스와 스페인을 모두 물리치고 북아메리카 대륙을 점령하면서 전성기를 맞이했다. 하지만 영국은 프랑스와 맺은 화해 조약이 채 발효되기도 전에 북아메리카 식민지와 마찰을 일으켰다. 영국 정부가 잇달아 발표한 세금 법안에 북아메리카 주민들이 반발하며 들고 일어났기 때문이다. 이 납세 거부 운동에서 시작된 반영국 정서는 곧 북아메리카 전체로 퍼졌다. 몇 년 후, 북아메리카는 과거의 조국인 영국과 관계를 끊고 서로 칼을 겨누게 되었다. 이렇게 해서 반세기에 걸친 미국의 독립 전쟁이 시작되었다.

사탕 조례

영국은 7년 전쟁으로 프랑스의 식민지를 모두 손에 넣으면서 대영 제국으로 위상을 높였다. 하지만 유럽과 다른 대륙에서 한꺼번에 스페인, 프랑스와 전쟁을 벌이고 프로이센의 프리드리히에게 막대한 자금을 지원하면서 빚더미에 앉게 되었다. 비록 전쟁에서는 승리했지만 그로인해 엄청난 빚을 떠안게 된 것이다. 영국은 이 빚을 모두 없애기 위해 북아메리카 식민지를 이용하기로 했다.

조지 3세는 영국 국왕이 된 후 국회의 기강을 다잡기 위해 자신에게 절대복종하는 사람들을 장관으로 승진시키고, 국회를 주름잡던 휘그당 의원을 모두 몰아냈다. 조지 3세가 왕에 오르기 전까지 십 년이 넘는 세월 동안 내각은 해산과 소집을 반복했고 국내외 정책도 계속해서 변경되었다. 이러한 시간을 거치면서 영국은 점점 정치적 노련미를 잃어버렸고, 결국 식민지 정책이 문제가 되어 북아메리카와 전쟁을 치르게 되었다.

7년 전쟁이 끝난 이듬해에 조지 그렌빌 총리가 북아메리카 식민지에서 사탕 조례를 시행할 것을 영국 정부에 건의했다. 이 소식이 전해지자 북아메리카 상인들은 크게 반발했다. 사탕 조례의 규정에 따르면, 이제 프랑스에서 수입해오는 당밀에 대해 1갤런당 관세 3펜스를 내야 했다. 이 조례가 시행되기 전에는 관세로 6펜스를 내야 했으므로, 표면적으로 보자면 북아메리카 상인들은 영국 정부의 새로운 법안 제정에 감사하는 것이 맞다. 그러나 현실은 그렇지 않았다. 관세가 6펜스로 정해져 있었지만 실제로는 법이 제대로 시행되지 않았기에 상인들은 그동안 세금을 내지 않고 자유롭게 수입할 수 있었다. 그러나 이번에는 영국 정부가 엄격하게 법을 집행해서 이를 위반하면 세관 법정에서 재판을 받아야 했다.

사탕 조례에 가장 반발한 곳은 뉴욕이었고, 다른 지역에서는 그만큼 불만이 크지는 않았다. 뉴욕 상인들은 힘을 모아 영국 국왕에게 청원서를 보냈다. 그들이 생각하기에 북아메리카 지역에서 세금을 징수하는 것은 자유의 원칙을 위반하는 것이었다. 그리고 정부가 이렇게 마음대로 세금을 매긴다면 앞으로 세금을 징수하는 대상이 더욱 많아질 것으로 생각했다. 그러나 사탕 조례는 각 개인에게 징수하는 세금이 아닌 간접세였고 이런 종류의 세금은 예전부터 징수되었기 때문에 북아메리카에서는 뉴욕 상인들을 제외하고는 크게 불만을 표출하지 않았다.

인지 조례

사탕 조례가 통과된 후, 그렌빌은 또다시 북아메리카에서 더 많은 세금을 거둬들이기 위해 통화법 시행을 발표했다. 그 내용은 북아메리카에서 지폐를 발행하지 못하게 하는 것이었다. 그렌빌은 이를 통해 뉴잉글랜드 지역에서 시행되던 법령의 범위를 북아메리카 식민지 전체로 확대했다. 당시 북아메리카 지역은 상업 활동이 활발해서 통화 부족으로 피해를 겪고 있었다. 그러므로 지폐를 충분히 발행해야 지속적으로 상업 발전을 촉진할 수 있었다. 그런 상황에서 영국 정부가 이런 법안을 발표한 것은 북아메리카의 발전을 막고 영국 상인들에게 더 많은 기회를 주기 위해서였다. 그 밖에도 영국은 주둔법안을 제정해 또 한 번 식민지 주민들의 불만을 샀다. 이 법안의 내용은 식민지 주민들에게서 세금을 걷어 북아메리카에 주둔하는 영국군의 유지비를 충당하는 것이었다. 사실 영국은 7년 전쟁이 끝난 후에 북아메리카 지역에서 철수해야 했다. 그러나 철수는커녕 그들은 오히려 군대를 더욱 확충했다. 이것은 명백히 북아메리카 주민들을 겨냥한 행동이었다. 북아메리카 주민들은 점차 영국의 압박과 폭력을 두려워하기 시작했다. 그런 주민들의 마음에 영국 정부가 마침내는 불을 지르고 말았다. 바로 인지 조례였다.

인지세는 영국에서 실시하던 일종의 직접세로, 종이와 달력, 법률 문서, 졸업장, 카드 등 모든 문건에 대해 인지를 붙여 징수하는 세금

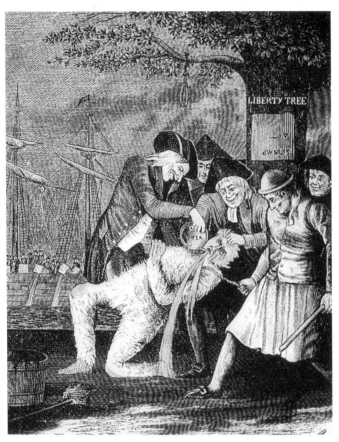

이다. 그렌빌이 이 조례를 발표했을 때 영국 내부에서도 반대하는 목소리가 있었다. 윌리엄 피트(대피트)는 하원에서 연설할 때 법률적 근거가 전혀 없는 인지 조례 제정에 반대한다고 의견을 밝히며 이렇게 주장했다. "북아메리카 주민 역시 영국 왕의 백성이며 그들에게도 우리와 똑같이 인간의 기본적인 권리와 영국인으로서의 특별한 권리가 있습니다. 그리고 우리와 똑같이 법을 지키며 헌법을 제정하는 데 참여할 권리가 있습니다. 북아메리카 주민들은 영국의 후손이지 사생아가 아닙니다. 그들에게서 세금을 징수하는 것은 결코 행정이나 입법 분야에서 간단히 처리할 일이 아니라 국민을 대표하는 하원에서 논의를 거쳐 결

▲ 인지 조례에 대한 반발

1765년에 영국은 인지세를 높이는 인지 조례를 발표해 식민지 주민들의 분노를 샀다. 그림은 북아메리카의 보스턴 시민들이 세무관의 몸에 깃털을 붙이고 그의 입에 찻잎을 집어넣는 모습이다.

정해야 할 문제입니다. 하지만 하원에 북아메리카 대표가 없는 상황에서 경솔하게 세금을 징수하는 법안을 제정하고 시행한다면 이것은 그들의 재산을 빼앗는 것이나 다름없습니다." 그러나 영국 당국은 윌리엄 피트의 의견을 귀담아듣지 않았다.

그렌빌 총리는 비록 영국 하원에 북아메리카 대표가 없긴 하지만 북아메리카 주민 역시 대영제국의 백성이고 서로 거리가 너무 멀어서 대표를 파견하기가 어려울 뿐이며, 하원 의원은 모두 대영제국의 이익을 대표하는 사람들이므로 당연히 북아메리카의 이익도 함께 대표한다고 주장했다. 그의 말에 윌리엄 피트는 이렇게 독단적으로 세금을 징수한다면 북아메리카 주민의 반발이 심할 것이고 자칫 영국의 입헌 정치도 위협받을 수 있다고 경고했다. 하지만 이런 만류에도 불구하고 결국 1765년 11월 인지 조례가 시행되었다.

법안이 발효되자 북아메리카 대륙에서 한바탕 소란이 벌어지고 인지 조례에 반대하는 움직임이 나타났다. 인지 조례가 발표되기 전에, 북아메리카의 버지니아 의회 의원들은 이 법안이 북아메리카의 기본적인 권리를 침해한다며 반대 의견을 밝혔다. 당시 스물아홉의 젊은 의원이던 패트릭 헨리는 버지니아 의회를 설득해서 영국 정부의 인지 조례에 대응할 방안을 마련했다. 다른 지역의 신문에도 실린 이 방안의 내용은 버지니아는 외부에서 제정한 어떤 항목의 세금도 내지 않겠다는 것이었다. 또한 세부적으로 보면 상당히 급진적인 방안도 포함되어 있었다. 그래서 버지니아 의회 내에서도 보수적인 일부 의원들은 이를 조국인 영국에 대한 반역으로 여기기도 했다.

버지니아 의회의 납세 거부 움직임을 시작으로 곧이어 북아메리카 각지에서 영국의 일방적인 과세에 반대하는 운동이 일어나기 시작했다. 1765년 8월에 보스턴 시민들은 인지세 증표를 판매하는 사람들의 초상을 나무에 걸어놓았다. 이것이 바로 납세 거부 운동의 시작이었고, 시간이 흐르면서 다른 지역으로도 이러한 움직임이 퍼지며 과격한 행동도 나타나기 시작했다. 인지를 판매하는 상인과 지역의 관리들이 공격받고 그들의 사무실과 집이 불타기도 했다.

1765년 10월에 북아메리카 식민지 아홉 곳의 대표들이 뉴욕에 모였다. 그들은 영국 의회는 식민지에서 세금을 거둘 권리가 없으며, 영국이 인지 조례를 취소하지 않는다면 북아메리카의 모든 식민지가 힘을 합쳐 영국의 상품을 구매하지 않겠다고 의견을 모았다. 북아메리카의 저항으로 영국에서 인지를 싣고 북아메리카로 오던 상선이 항구에 배를 대지 못했고, 각 지역에서 인지를 판매하는 상인들이 판매를 중지했다. 이렇게 인지 조례를 시행하기가 어려워지자 1766년에 영국 하원은 조례를 계속 시행하는 것이 옳은가를 주제로 토론했다. 한바탕 설전이 오간 끝에 결국 그들은 인지 조례를 폐지하기로 결정을 내렸다. 그러나 하원은 영국에 식민지에 대한 입법권이 있다는 점을 거듭 강조했다.

인지 조례로 말미암아 일어난 저항 운동은 법안 폐지로 가라앉았지만, 북아메리카 식민지와 영국 사이에는 불화의 불씨가 여전히 남아 있었다. 영국이 이 상처를 다시 건드리지 않았다면, 북아메리카는 영국의 품으로 돌아갔을 것이다. 그러나 아쉽게도, 영국은 그 상처가 다 아물기도 전에 북아메리카에 더 큰 상처를 주었다.

타운센드법

영국에서는 조지 3세가 구성한 내각이 연이어 두 차례나 모두 무너지며 내정과 외교가 어려운 상황에 빠졌다. 조지 3세는 하는 수 없이 윌리엄 피트를 다시 불러서 내각을 새로 조직하라고 주문했다. 그러나 당시 윌리엄 피트는 류머티즘 증세가 심해져서 예전처럼 내각을 혼자서 장악한다는 것은 불가능했다. 그래서 그는 예전과는 달리 자신과 의견이 다른 사람들도 내각의 구성원으로 받아들였다. 겉으로는 포용력이 강한 집단으로 보였지만, 사실 내부에서는 언쟁이 끊이지 않았다.

윌리엄 피트는 북아메리카에 관용 정책을 펼쳐 식민지 주민들의 불만을 풀어주려고 했다. 그러나 그는 얼마 지나지 않아 총리직에서 물러나고 그의 오랜 친구인 오거스터스 피츠로이(Augustus FitzRoy)가 새로 총리가 되었다. 그러나 그는 피트처럼 내각을 장악하는 능력이 없었다. 당시 재무장관이던 찰스 타운센드는 안하무인으로 행동하며 총리를 우습게 생각했다. 그는 북아메리카에 강력한 정책을 시행해야 한다고 주장하며, 세금 정책이란 살찐 거위가 아파서 비명을 지르지 않을 정도로만 깃털을 최대한 뽑으면 되는 것이라고 으름장을 놓았다.

영국 상원과 하원은 찰스 타운센드의 주장대로 타운센드법을 통과시켰다. 이에 따라 이제는 북아메리카가 수입하는 종이와 밧줄, 염료, 찻잎 등도 모두 과세 대상이 되었다. 그리고 식민지에 주재하는 모든 왕실 관리의 임금도 해당 지역에서 세금으로 충당하게 했다. 타운센드법은 안정을 찾아가던 북아메리카를 다시 한 번 뒤집어 놓았다. 이때 매사추세츠 주 의회 대표가 이 법안에 반대하는 다른 주에 공고문을 보내며 타운센드법 반대에 앞장섰다. 이에 당시 매사추세츠 주 총독을 맡고 있던 버나드는 의회를 해산시켰다. 그러나 이 조치로 주민들의 불만까지 없앨 수는 없었다. 또 영국이 북아메리카를 무력으로 압박하려고 하자 북아메리카도 무력으로 영국에 맞서려 했다. 영국 하원 의원 에드먼드 버크는 이런 상황을 비관적으로 바라보았다. 당시 미국과 영국은 모두 이러지도 저러지도 못하는 상황에 빠져 있었다.

보스턴은 다시 한 번 저항 운동의 거점이 되었다. 세관에서 북아메리카 상선이 법을 위반했다며 사람을 잡아들이고 물품을 모두 압수한 소식이 전해지자 주민들의 분노가 폭발했다. 분노한 군중이 세관을 공격했고, 세관원들은 영국의 군함으로 도망쳤다. 이에 영국 의회는 북아메리카로 2개 부대를 더 보내 폭동을 진압하고 보스턴 시민들의 고집을 꺾으려고 했다. 그러나 영국의 강경한 태도는 오히려 북아메리카를 자극할 뿐이었다. 영국의 군사적 압박이 강해지자 보스턴 시민들은 잠시 저항 운동을 멈췄다.

북아메리카 주민들은 무력 저항은 무력 진압을 가져온다는 사실을 깨달았다. 그래서 무력이 아닌 다른 방식으로 저항 운동을 펼치

▼ 1770년 3월 5일, 보스턴의 영국 식민 정부는 저항하는 보스턴 시민들에게 총을 발사하며 '보스턴 학살 사건'을 일으켰다.

기로 하고 보스턴에서 필라델피아까지 모든 상인과 주민이 영국의
모든 상품을 수입하지도 사지도 않겠다고 합의했다. 북아메리카 주
민들의 이러한 비폭력 저항에 영국 정부는 대응할 방법을 찾지 못했
다. 당시 영국은 상선의 절반이 식민지에서 무역업을 하고 영국에서
생산하는 상품의 4분의 1이 식민지에서 판매되고 있었다. 그런 가운
데, 북아메리카의 일부 상인은 영국 상품을 이런 식으로 규제하는
것은 자유 무역 원칙에 어긋난다고 여겨 몰래 영국과 무역을 계속하
기도 했다. 그러나 북아메리카 청년들은 자유 무역 원칙에 상관없이
영국 물품을 파는 가게를 발견하면 그 가게 상인을 거리로 끌고 나
와서 몸에 깃털을 붙였다.

　타운센드법이 시행된 지 2년이 흘렀지만 매년 세금 수입은 300파
운드도 되지 않았다. 그러나 북아메리카에 주둔하는 영국군의 유지

▼ 북아메리카 청년들이 인디언으
로 분장하고 동인도회사의 선박
을 습격하여 찻잎을 바다로 쏟
아버리고 있다.

비는 한 해 17만 파운드에 이르렀고, 북아메리카 식민지 주민들의 보이콧으로 영국이 입은 무역 손실액은 70만 파운드에 달했다. 아프지 않을 정도로만 깃털을 최대한 뽑으면 된다고 큰소리치던 타운센드는 오히려 이 오리에 호되게 쪼였다. 경제적 손실은 그나마 눈에 보이는 부분이고, 눈에 보이지 않는 손실은 더 컸다. 그것은 바로 북아메리카 주민들이 이제는 영국을 모국이 아닌 원수로 생각하게 되었다는 점이다.

1770년에 로드 노스 후작이 총리직을 이어받았다. 그는 위험을 감수하면서까지 아무런 이익도 없는 타운센드법을 고집하고 싶지 않았다. 그래서 찻잎을 제외한 다른 품목에는 세금을 면제하는 쪽으로 법안을 수정했다. 영국이 한 발짝 물러서자 북아메리카의 저항도 조금씩 가라앉았다. 하지만 이는 표면적인 안정일 뿐, 그 밑에는 여전히 심상치 않은 기류가 흘렀다. 1772년에 영국 의회는 앞으로 매사추세츠 주의 총독과 관리 임금을 본국에서 지급하겠다고 밝혔다. 이 결정으로 매사추세츠 주의 부담은 줄어들었지만, 북아메리카 식민지 주민들은 영국의 호의를 믿지 않았다. 북아메리카에서는 계속해서 영국에 반대하는 운동이 펼쳐졌고, 조금이라도 문제가 생긴다면 걷잡을 수 없는 형국으로 치달을 수 있는 일보 직전의 상황이었다.

보스턴 차 사건

1773년에 영국 의회는 차 조례를 통과시켜 영국 동인도회사가 북아메리카에 헐값으로 찻잎을 판매하는 것을 허락했다. 당시 동인도회사는 엄청난 양의 찻잎을 쌓아두고 있었는데, 회사의 재정 위기가 악화하자 이 문제를 해결하기 위해서 그 찻잎을 북아메리카 식민지에 덤핑[46]하려고 한 것이었다. 동인도회사가 무너지면 영국도 큰 타격을 입게 되기 때문에 영국 정부도 이 방법에 찬성했다. 비록 가격은 북아메리카 상인들이 네덜란드에서 수입하는 찻잎보다 저렴했지만, 식민지 주민들은 이것이 시장을 독점하려는 영국의 의도라고 여기고 절대 동인도회사의 찻잎을 구매하지 않았다. 그리고 보스턴 시민들은 힘을 합쳐서 찻잎을 실은 동인도회사의 배가 항구에 정박하지 못하도록 막았다.

---

46) 가격 경쟁에서 이기기 위해 상품을 정상 가격보다 훨씬 싼 가격으로 파는 것

12월 16일, 보스턴 청년들이 인디언으로 분장하고 동인도회사의 상선에 올라타 시가 1만 파운드에 달하는 찻잎을 모두 바다에 던져 버렸다. 항구는 순식간에 거대한 찻주전자로 변했고, 이 소식을 들은 영국은 매우 분노해서 보스턴 시민들에게 복수하겠다고 다짐했다. 그러나 북아메리카 주민들의 저항은 세금 문제에서만 끝나지 않았다.

미합중국

로드 노스 후작은 보스턴 차 사건을 영국의 권위에 대한 도전으로 받아들였고, 조지 3세도 북아메리카 주민들을 적으로 여겨야 한다고 주장했다. 경제 문제로 생긴 영국과 북아메리카의 갈등은 곧 정치 문제로까지 번졌다. 영국은 이번에 식민지의 저항을 진압하지 못하면 북아메리카에서 권위가 땅으로 떨어질 것이라고 여겼고, 북아메리카는 저항하지 않는다면 자신들이 그저 영국의 희생양이 될 것이라고 생각했다.

영국 의회는 '참을 수 없는 법(Intolerable Acts)'을 제정해서 보스턴 항을 폐쇄하고 북아메리카 상인들의 출항을 금지했으며, 동인도회사가 입은 피해에 대해 배상을 요구했다. 동시에 보스턴 차 사건 관련자들을 체포하고 영국으로 데려가서 재판했다. 1774년에 '참을 수 없는 법'이 시행되자 북아메리카 주민들은 연합해서 영국의 압력에 저항하기로 했다. 그해 9월에 필라델피아에서 제1차 대륙회의가 열렸고, 조지아 주를 제외한 모든 식민지에서 대표를 파견했다. 제1차 회의에서 대표들은 서로 얼굴을 익히고 서먹함을 없애기 위해 노력했다. 각 지역은 풍토와 성격, 종교, 경제 등 여러 방면에서 큰 차이가 있었기 때문에 대표들은 각 지역의 이견을 조율하는 것을 우선으로 했다. 몇 주에 걸친 토론 끝에 대표단은 '권리선언과 청원서'를 발표해 영국에 식민지의 권리와 영국의 헌법, 그리고 영국과 북아메리카가 맺은 조약을 지키라고 요구했다. 그리고 12월 1일까지 영국이 '참을 수 없는 법'을 철회하지 않는다면, 북아메리카는 영국 본국뿐 아니라 카리브 해에 있는 영국의 다른 식민지와의 무역 거래를 모두 중단할 것이라고 밝혔다.

그러나 대륙회의에서 내놓은 청원서는 아무런 결과도 얻지 못했고, 영국은 북아메리카를 반역자라며 비난했다. 그런 가운데 에드먼드 버크는 이 상황에 매우 가슴 아파했다. "경제학자들이 우습게 생각하는 3펜스와 철학자들은 신경 쓰지도 않는 평범한 찻잎이 전 세계를 주름잡는 상업 제국의 뿌리를 흔들고 있다." 그러나 그의 말은 북아메리카를 비난하는 영국인들의 아우성에 묻혀버렸다.

이렇게 보스턴 차 사건은 북아메리카 식민지 주민들의 반영국 저항 운동이 전국으로 확대되는 도화선이 되었다. 버지니아 주 대표 패트릭 헨리는 신문에 "우리는 본질적으로 한 국가이며, 버지니아와 펜실베이니아, 뉴잉글랜드 간의 경계는 이미 사라졌다. 나는 버지니아인이 아니다. 나는 '미합중국인'이다."라는 글을 썼다.

북아메리카 주민들이 자신을 '미합중국인'이라고 인식하기 시작했을 때, 북아메리카와 영국의 거리는 대서양보다 멀어졌고, 감정의 골은 더 깊어졌다. 미국 독립 전쟁은 바로 이렇게 시작되었다.

미국 독립 전쟁

북아메리카 독립 전쟁은 북아메리카 13개 식민지의 정치, 경제, 문화 발전에 따른 필연적인 결과물이며, 식민지 주민들이 독립 민족 국가의 타이틀을 쟁취한 정의로운 전쟁이었다. 전쟁이 일어나자 조지 워싱턴은 13개 식민지가 연합한 대륙군의 총사령관이 되어 군대를 이끌고 용감하게 전투를 펼쳤다. 그리고 전쟁 속에서 전쟁의 의미를 깨달으며 북아메리카를 승리로 이끌었다.

렉싱턴 전투

보스턴 차 사건을 계기로 북아메리카 전체가 힘을 합치게 되었고, 제1차 대륙회의 결과 식민지 대표들이 영국 정부에 '참을 수 없는 법'을 철회하지 않는다면 영국과의 모든 무역 거래를 중단하겠다는 최후통첩을 보냈다. 그러나 북아메리카 식민지의 청원서를 받은 로드 노스 총리의 내각은 대응 방안에 대해 의견 일치를 보지 못했다.

1775년 4월 영국 의회에서 식민지 문제에 대해 논쟁이 한창일 때, 렉싱턴에 총성이 울려 퍼졌다. 이에 보스턴에 주둔하던 영국군은 렉

▼ 렉싱턴 전투
프랜시스 스미스가 다른 장군과 함께 영국군을 이끌고 렉싱턴에 도착했을 때, 식민지의 민병 70명이 그들을 기다리고 있었다. 총성이 울려 퍼지자 이를 신호로 영국군은 공격을 시작했다.

싱턴 사건의 주모자를 체포하고 북아메리카 민병들의 탄약고를 점령하기 위해 병사 700여 명을 이끌고 콩코드로 향했다. 영국군이 행동에 나서기 전날 밤, 보스턴의 은 세공업자 폴 리비어가 말을 타고 렉싱턴으로 가서 그곳에 숨어 있는 민병들에게 영국군이 움직인다는 사실을 알렸다. 그리고 바로 다른 사람들과 함께 렉싱턴에도 소식을 전했다. 리비어의 정보를 들은 렉싱턴 민병들은 늦은 밤에 모여서 영국군의 공격에 맞설 준비를 했다. 19일 새벽에 영국군이 나타나자, 갑자기 북소리와 함성이 울려 퍼지며 무기를 든 민병 70명이 파커 상사의 지휘에 따라 초원으로 뛰어나왔다. 그들은 사실 영국군을 직접 공격할 생각은 없었다. 그러나 영국군 지휘관은 그들을 그냥 보내려고 하지 않았다. 영국군이 포위하기 시작하자 파커는 상황을 파악하고 민병들에게 무기를 든 채 후퇴하라고 명령했다. 이에 민병들이 후퇴하기 시작할 때 갑자기 누군가가 총을 쏘았다. 총성이 울려 퍼지며 영국군의 공격이 시작되자 민병들은 뿔뿔이 도망쳤다. 이 사건이 바로 '렉싱턴 전투'이다. 이 전투로 북아메리카 민병대는 8명이 사망하고 10명이 부상당했으며, 영국군은 1명이 경상을 입었다.

영국군은 렉싱턴 민병대를 물리친 후 콩코드로 계속 진군했다. 이미 렉싱턴에서의 전투 상황을 전해들은 콩코드의 저항 세력은 병력을 나누어서 영국군을 공격할 준비를 했다. 한편, 콩코드에 도착한 영국군은 도시를 파괴하기 시작했다. 이때 콩코드 주위에는 전보다 많은 민병이 모여 있었고, 이들이 영국군과 전투를 벌이면서 사망자가 발생했다. 그러나 진짜 전투는 영국군이 보스턴으로 돌아가는 길에 시작되었다. 영국군은 행군 중에 민병대의 공격을 받았다. 돌담, 곡식 창고, 나무 뒤, 집 안, 여기저기에서 총알이 날아왔다. 이에 영국군은 오후가 되어서야 렉싱턴에 도착해 지원군을 만날 수 있었다. 그러나 민병대의 수도 계속 늘어나서 영국군은 전투와 후퇴를 반복했다. 그 후 케임브리지 근처에서 하루 동안 격렬한 전투가 벌어졌다. 이 전투로 영국군은 273명, 북아메리카 민병대는 95명이 사망했으며, 북아메리카 민병대가 승리했다.

렉싱턴과 콩코드에서 벌어진 두 전투는 북아메리카의 독립 전쟁이 정식으로 시작되었음을 의미한다.

제2차 대륙회의

1775년 5월, 긴장된 분위기 속에서 북아메리카의 제2차 대륙회의가 열렸다. 각 식민지 대표들은 다시 한 번 머리를 맞대고 토론한 끝에 민병 2만 명으로 대륙군을 창설하고, 버지니아의 조지 워싱턴을 총사령관으로 임명했다.

대륙회의에서 식민지 대표들은 비록 무력으로 저항할 방법을 마련하긴 했으나, 여전히 영국과 화해할 가능성을 열어두고 있었다. 대륙회의는 영국 국왕에게 '평화의 청원'을 보내 영국과 북아메리카 식민지가 화해할 수 있는 효과적인 조치를 마련해달라고 요구했다. 그러나 1775년 말에 조지 3세는 이들의 청원서를 기각하고 화해의 문을 닫아버렸다. 또 북아메리카에 군대를 더 보내 반란 세력을 무력으로 제압했다. 이제 대륙회의는 반란 세력의 지휘 본부가 되어 더 이상 영국과 협상할 수 없게 되었고, 그들에게 남은 것은 전쟁뿐이었다. 훗날 대륙회의는 토머스 제퍼슨이 초안을 잡은 원고를 바탕으로 1775년 6월에 독립선언문 원고를 의회에 제출했다. 7월 2일에 뉴욕 주를 제외한 12개 주가 모두 독립에 찬성했고, 7월 4일에 독립선언문이 정식으로 발표되었다. 북아메리카는 드디어 하나의 국가가 되었고, 이를 시작으로 북아메리카 사람들은 나라를 위해 투지를 불태웠다.

▼ 1775년 7월 9일, 필라델피아 인 디펜던스 홀(미국독립기념관)에서 개최된 제2차 대륙회의에서 독립선언문이 통과되었다.

보스턴 점령

1775년 6월 14일에 제2차 대륙회의에서 보스턴과 주변 지역의 민병들로 대륙군을 구성하기로 하고, 6월 15일에 조지 워싱턴을 총사령관으로 임명하고 소장 4명과 준장 8명을 임명했다. 이 중 3분의 2는 뉴잉글랜드 출신이었으며, 그 밖에 찰스 리와 허레이쇼 게이츠, 리처드 몽고메리 등 인물은 영국군에서 풍부한 군사 경험을 쌓았다.

1775년 5월에 보스턴에 주둔하던 토머스 게이지는 영국군의 지원을 받았다. 그리고 윌리엄 하우, 헨리 클린턴, 존 버고인 장군이 영국군 상부의 명령에 따라 북아메리카로 향했다. 7월 18일에 영국군은 보스턴의 전략적 요지인 도체스터에 방어진을 쳤다. 이 소식을 들은 대륙군은 재빨리 찰스타운(지금의 찰스턴)으로 향했다. 찰스타운에는 보스턴을 내려다볼 수 있는 전략적 요새 벙커힐과 브리즈힐이 있었다. 처음에 벙커힐에 방어진을 세우려고 하던 대륙군은 계획을 바꾸어 보스턴과 가까운 브리즈힐에 진지를 세웠다. 그러나 이곳은 영국군에 의해 퇴로가 막힐 위험이 있었기 때문에 대륙군에게는 치명적인 실수였다. 다행히 영국군은 대륙군의 이 실수를 눈치 채지 못했다. 윌리엄 하우는 군사 2,400명을 이끌고 대륙군의 정면과 좌우를 공격했으나 연이어 두 차례 패했다. 그 후, 대륙군은 무기가 모두 동나서 브리즈힐에서 물러났다. 영국군은 이렇게 해서 비록 브리즈힐을 점령했지만 1,000명이 넘는 병사를 희생하는 대가를 치러야 했다. 이 전쟁을 통해 '미국 민병들의 의지와 능력이 증명되었고, 영국은 이제 그들의 적수를 얕잡아볼 수 없게' 되었다.

1776년 3월에 한바탕 전쟁을 치른 결과 대륙군은 도체스터 고지를 점령하고 보스턴과 보스턴 항구 전체에 대한 사정거리를 확보했다. 3월 17일에 영국군이 어쩔 수 없이 보스턴에서 물러났고, 대륙군이 보스턴을 차지했다.

새러토가 전투

영국군은 대륙군을 진압하기 위해 허드슨 강과 챔플레인 호에 병력을 집중시켜서 대륙군의 활동 중심지인 뉴잉글랜드와 남부 식민지 지역을 갈라 놓으려 했다. 이곳에서 가장 중요한 전략적 요지는 바로 뉴욕 주였다. 워싱턴이 이끄는 대륙군은 뉴욕에서 수적인 열세로 패배했지만, 연이어 프린스턴을 공격해서 영국군 2개 부대를 격파했다. 그리고 1777년 9월 26일에 영국의 윌리엄 하우가 필라델피아를 점령했다.

필라델피아가 영국군에 함락되자 존 버고인 장군은 윌리엄 하우와 연합해서 북방의 대륙군을 진압하기 위해 캐나다의 영국군을 이끌고 남쪽으로 내려오고 있었다. 1777년 6월에 존 버고인은 병력을 두 갈래로 나누어 남쪽으로 내려오기 시작했다. 한 갈래는 존 버고인이 직접 지휘하며 챔플레인 호에서 타이콘데로가로 진군했고, 이후 조지 호를 지나 허드슨 강으로 향했다. 그리고 또 한 갈래는 베리 세인트 레저의 지휘로 모호크 강으로 진군했다.

영국군의 움직임을 파악한 워싱턴은 적군을 맞이하기 위해 병력을 파견했고, 베네딕트 아널드와 벤저민 링컨, 대니얼 모건이 연이어 북방군 사령관 필립 쉴러를 지원했다. 9월 13일에서 14일까지 존 버고인 장군은 허드슨 강을 지나 올버니로 향했고, 대륙회의에서는 뉴잉글랜드의 허레이쇼 게이츠를 북방군 총사령관으로 임명했다. 대륙군은 9월 19일과 10월 7일에 프리맨스팜과 베미스 고원에 주둔한 영국군을 공격해 두 차례 엄청난 피해를 주었고, 10월 9일에 버고인 장군은 새러토가로 후퇴했다. 버고인이 후퇴하자 대륙군은 영국군의 식량 보급로와 퇴로를 막아버렸다. 게다가 멀리 떨어진 윌리엄 하우가 지원군을 보내기에는 이미 늦은 때였다. 10월 17일에 버고인은 결국 군사 6,000명과 함께 대륙군에 투항했고, 새러토가 전투는 대륙군의 완벽한 승리로 끝났다.

요크타운 전투

새러토가 전투에서 심각한 피해를 본 영국군은 병력을 다시 정비하기 위해 필라델피아에서 물러나 뉴욕으로 돌아갔다. 이때 대륙군은 뉴욕으로 돌아가는 영국군을 공격하려고 했지만 성공하지 못했고, 양측의 대치가 시작되었다. 1778년 말이 되자 영국군은 전세를 뒤집기 위해 남쪽으로 내려가 노스캐롤라이나와 사우스캐롤라이나, 조지아를 점령하려고 했다. 12월 29일에 영국군은 서배너를 점령하고 조지아로 진군했다. 같은 달에 벤저민 링컨이 이끄는 대륙군의 남방군은 영국군의 저항에 맞섰다. 1779년 9월에서 10월까지 링컨은 서배너를 공격했지만 실패했고, 조금씩 후퇴하며 찰스턴을 지켰다. 이때 뉴포트에 있던 영국의 조지 클린턴이 우세한 병력을 앞세워서 찰스턴을 점령하고자 남하했다. 1780년 5월 12일에 링컨은 결국 남방군 5,000명과 함께 영국군에 투항했다. 이는 독립 전쟁에서 대륙군이 겪은 가장 큰 실패였다. 그 후 클린턴은 뉴욕으로 돌아갔고, 콘월리스가 7,000명과 함께 계속 남쪽으로 진군했다. 8월 16일에 일어난 캠던 전투에서 게이츠가 이끄는 대륙군이 영국의 공격에 패했고, 8월 18일에 토머스 섬터 장군이 이끄는 민병대마저 영국군에 패하면서 사우스캐롤라이나는 함락되고 말았다.

콘월리스는 승리의 여세를 몰아 노스캐롤라이나로 진군했다. 그러나 10월에 패트릭 퍼거슨이 이끄는 영국군이 킹스마운틴에서 민병대의 공격을 받으면서 노스캐롤라이나로 진군하려던 계획은 실패했다. 1780년 말에 대륙군은 너대니얼 그린을 새로운 총사령관으로 임명하고, 남하 작전을 펴면서 적을 섬멸할 기회를 노렸다. 1781년 1월 17일에 모건이 이끄는 대륙군이 민병대와 합세해 영국군을 공격했다. 여기에서 살아남은 영국군은 탈튼(Tarlton) 장군과 함께 대륙군에 투항했다. 3월 15일에 그린은 병력 4,500명을 이끌고 길퍼드에 주둔한 영국군을 공격해서 승리했다. 당시 영국군의 남방 부대 총사령관이던 콘월리스는 윌밍턴으로 퇴각해서 노스캐롤라이나에서 버지니아로 보낸 지원군과 합류하려고 했다.

콘월리스는 버지니아로 후퇴해서 요크타운에 진지를 구축했다. 그러나 그는 그곳이 바다와 육지 두 곳에서 모두 공격받기 쉬운 장소라는 점을 알지 못했다. 워싱턴은 이 기회를 틈타 프랑스와 연합해서 콘월리스를 포위하려고 했다. 이 목적을 순조롭게 달성하기 위

▼ 1781년 10월 19일 오후 2시, 영국군이 요크타운에서 대륙군에 투항했다. 그 투항 행렬은 2,000미터에 달했다.

해 그는 프랑스의 그라스 해군 소장이 함대를 이끌고 체서피크 만으로 가서 바라스가 이끄는 함대와 합류하는 계획을 주장했다. 아울러 워싱턴은 라피엣에게 요크타운에 있는 영국군을 포위하라고 명령했다. 그리고 영국군을 혼란에 빠뜨리기 위해 뉴욕을 공격하는 척하고 그 사이에 미국과 프랑스 연합군 대부분이 버지니아로 향하게 했다. 이렇게 해서 요크타운에 있던 영국군은 결국 포위되었다. 클린턴이 이 소식을 듣고 요크타운에 있는 영국군을 구하려고 했지만 때는 이미 늦어버렸다. 콘월리스는 요크타운에서 몇 주 동안 버티다가 10월 19일에 군사 7,157명과 함께 대륙군에 투항했다. 요크타운 전투는 이렇게 대륙군의 승리로 막을 내렸고, 독립 전쟁도 북아메리카의 승리로 끝이 났다.

연방 국가의 탄생

독립 전쟁의 화염이 아직 가시지 않았을 때 북아메리카인들은 연방 조약을 승인하고 형식적인 연방 정부를 구성했다. 영국이 전쟁에서 패하고 돌아간 후, 북아메리카인들은 전쟁의 승리는 이제 앞으로 걸어가야 할 먼 길의 시작일 뿐이라는 사실을 깨달았다. 약하고 무능력한 연방 정부는 문제를 제대로 해결하지 못하면서 사람들의 화풀이 대상으로 전락했다. 그러자 북아메리카의 독립을 위해 의지를 불태우던 인사들이 선천적으로 불안정하고 후천적으로도 균형이 잡히지 않은 연방 정부를 구하기 위해 나섰다. 그들은 여러 차례에 걸친 토론과 타협 끝에 새로운 헌법을 만들어냈다. 이를 기초로 각 자치 정부는 이제 연방 정부로 합쳐졌고, 북아메리카에 새로운 정치 공동체가 탄생했다.

지폐의 남발

독립 전쟁을 끝낸 후, 북아메리카 사람들은 의지를 잃어버렸다. 전쟁의 폐허를 복구하고 상업과 무역을 다시 일으키기 위해 사람들의 의지가 필요했지만, 독립 전쟁이 끝남과 동시에 모든 의지가 사라진 듯했다. 독립 전쟁 이후 북아메리카인들의 생활은 좋아지기는커녕 더 나빠졌다. 산더미 같은 빚과 치솟는 물가, 혼란한 국제 정세 속에서 갓 태어난 국가는 혹독한 시험을 치렀다.

독립 전쟁을 치르려면 막대한 자금이 필요했고, 이를 마련하기 위해서 빌린 돈은 이제 연방 정부의 골칫거리가 되었다. 연방 정부의 명예가 걸린 이 문제를 해결하기 위해 의회는 유능한 로버트 모리스를 재무총감으로 임명했다. 모리스는 재정 문제를 해결할 방안을 한가득 내놓았다. 그러나 안타깝게도 그는 자신의 방안들을 실현할 힘이 없었다. 그가 각 주 정부에 지폐를 발행하지 말고 금과 은으로 만들어진 동전으로 세금을 거두라고 부탁했지만, 각 주는 자신들의 문제를 해결하기에 급급할 뿐 연방 정부의 상황에는 전혀 관심이 없었다.

아이러니한 것은 각 주 정부가 자신들의 재정 문제를 해결하기 위해 식민지 시절보다 높은 세금을 거두었다는 것이다. 사람들은 수입의 3분의 1이 세금으로 나간다고 불만을 토로했다. 일부 농민과 소상인은 세금을 내기 위해 재산을 처분했고, 주 정부는 금화와 은화

등 금속 화폐가 모자라자 지폐와 채권을 발행했다.

지폐를 발행하는 것은 정부가 재정 문제를 해결할 수 있는 지름길이었다. 역사적으로 종이 지폐가 엄청난 재정 재난을 불러온 적이 있기 때문에 신용도가 높지 않았지만, 정부는 급한 상황을 해결하기 위해 어쩔 수 없이 지폐 인쇄기를 돌렸다. 시장으로 지폐가 다량 흘러들어 가면서 물가는 고삐 풀린 망아지처럼 한없이 위로 내달렸다. 고정된 수입으로 생활하는 서민들은 이러한 물가 상승으로 말미암은 적자를 감당할 수 없었다. 많은 사람이 연방 정부에 물가에 대한 대책을 요구했지만, 대상인과 투기업자들은 자유 무역 원칙에 어긋난다는 이유로 정부가 물가에 관여하는 것을 반대했다. 홍수처럼 시장으로 쏟아진 지폐는 곳곳에 널려 있었고, 사람들은 이제 아무런 쓸모가 없어진 이 종잇조각을 마음대로 길에 버리거나 심지어 강아지의 몸에 장식으로 붙이기도 했다.

정치와 경제가 혼란에 빠지고 국제 정세는 더욱 악화했다. 특히 영국과의 관계가 완전히 얼어붙어서 영국의 항구가 북아메리카 상선의 출입을 거부해 북아메리카의 무역은 한순간에 무너졌다. 예전에는 각국 상인들로 발 디딜 틈이 없던 항구가 죽은 듯이 고요한 해변으로 변해버렸다. 북아메리카 각 지역에는 수출을 기다리는 상품들이 쌓여만 갔고, 일부 상인들은 문을 닫고 파산 신고를 했다. 파산 직전에 몰린 상인들은 연방 정부가 구제해주길 바랐지만, 자기 몸 하나도 제대로 건사하지 못하는 연방 정부는 위기에 빠진 그들을 도와줄 힘이 없었다.

헌법의 초안

1786년에 펜실베이니아 주에서 셰이스의 반란이 일어나자 보수적인 원로들은 위협을 느꼈다. 셰이스는 원로들과 마찬가지로 독립 전쟁에 참여한 군인이었다. 퇴역하고 고향으로 돌아간 그는 정부로부터 얼마의 보조금을 받을 수 있을 것이라고 기대했지만, 몇 년이 지나도록 한 푼도 받지 못했다. 게다가 수입이 좋지 않아 빚더미에 오르자 그는 무능한 정부에 불만을 품었다. 셰이스와 비슷한 상황에 있던 사람들이 서로 힘을 합쳐 정부에 저항했지만, 그들의 반란은 제압되었다. 그러나 연방 정부가 이 문제를 제대로 해결하지 않는다면 셰이스와 비슷한 반란은 언제든 다시 일어날 수 있었다.

독립 전쟁에 참전했던 원로 공
신들은 이제 산더미 같은 문제를
해결할 강력한 중앙 정부의 필요
성을 인식했다. 그들은 서로 편
지를 주고받으며 국가의 미래를
의논했다. 이들은 연방당원으로
불렸고, 그 대표는 조지 워싱턴
이다. 그 밖에도 제임스 매디슨,
해밀턴, 제이 등이 강력한 정부
를 형성해야 한다고 주장했다.
그러한 새로운 정부를 완성하려
면, 현재의 헌법을 수정해 새롭
게 정부를 설계해야 했다. 그래
서 헌법 개정에 대한 논의가 수
면으로 떠올랐다.

1786년 9월에 각 주의 대표들
이 메릴랜드 주 아나폴리스에서
회의를 열고 연방 헌법 수정안에
대해 토론했다. 그리고 1787년 2
월에 연방 의회가 대표들의 건의

▲ 셰이스의 반란
1786년 8월에서 1787년 2월까
지 미국 매사추세츠 주에서 셰
이스의 주동으로 농민 반란이
일어나 법원을 공격하고 의회를
점령했다. 셰이스(1747~1825)
는 미국 독립 전쟁 당시에 공을
세운 퇴역 육군 상위로, 그의 이
름을 따서 셰이스의 반란이라고
명명했다.

를 받아들여서 5월에 모두 필라델피아에 모였다. 이곳은 독립선언
문이 탄생한 곳으로 대표들은 이곳에서 국가의 헌법을 새롭게 제정
하기로 했다. 각 주의 대표들이 하나둘씩 모이자 들뜬 필라델피아
주민들은 자신들의 지역에서 새로운 국가를 위한 헌법이 탄생하길
바랐다.

1787년 5월 28일도 미국인들에게 기념할 만한 날이다. 이날은 각
지역 대표들이 모여서 헌법 제정 문제를 의논한 날이다. 대표들은
질서 있는 진행을 위해 세 가지 규칙을 정했다. 첫째는 조지 워싱턴
이 회의의 의장을 맡고, 둘째는 회의 내용을 밖에 누설해서는 안 되
며, 셋째는 회의 기록은 조지 워싱턴이 보관하고 새로운 연방 정부
가 형성되면 국회가 보관한다는 내용이었다.

이 회의는 116일 동안 이어졌고, 회의 과정이 순탄치만은 않았다.
날씨가 더워질수록 연미복을 입은 대표들의 마음속에도 불이 일어났다. 매디슨은 회의 기간에 벌어진 논쟁을 모두 기록으로 남겼으며, 이 기록은 훗날 미국 헌법의 탄생 과정을 연구하는 데 귀중한 자료가 되었다. 각 지역은 이해관계가 모두 달랐다. 북부 지역에서는 강력한 중앙 정부가 형성되어 자신들의 상업 이익을 보호해주길 바랐고, 남부 지역의 농장주들은 중앙 정부가 탄생하면 자신의 권리를 침해받지 않을까 두려워했다. 심지어 같은 지역에서 온 대표단 내에서도 의견이 다른 경우가 있었다. 뉴욕 대표단의 해밀턴은 연방주의를 주장하며 입헌군주제를 요구한 반면에 다른 대표는 뉴욕의 자치권을 지키기 위해 안간힘을 썼다. 이 일 외에도 두 사람은 마치 물과 불처럼 많은 일에서 의견이 충돌했다.

회의 기간은 하루하루 지나갔지만 결과는 실망스럽기만 했고, 중요한 문제들은 여전히 합의를 이루지 못했다. 대표단들은 큰 지역과 작은 지역의 이해관계와 중앙 정부와 주 정부 간의 권력 조율, 행정권과 입법권 분리와 같은 문제로 얼굴을 붉히며 언쟁했다. 일부 대표들은 이번 회의에서는 아무것도 이룰 수 없다며 일찌감치 낙담하기도 했다. 더위가 한창일 때, 회의에도 변화가 찾아왔다. 7월 12일에 대표단들은 서로 타협해서 드디어 의미 있는 합의를 이끌어냈다. 그들은 상원과 하원을 설치하고, 의원 수는 지역의 인구에 비례하도록 하며, 참의원의 각 주는 평등한 투표권을 행사하도록 해 큰 지역과 작은 지역의 이해관계를 조절했다.

수차례 우여곡절을 겪은 끝에 새로운 헌법이 탄생했고, 회의 대표 39명이 헌법에 서명했다. 마침내 9월 17일에 조지 워싱턴 의장이 휴회를 선언했다. 그러나 이 헌법의 효력이 발생하려면 각 주의 비준이 있어야 했기 때문에 마지막 관문을 앞두고 또 한 번의 총성 없는 전쟁이 시작되었다.

▼ 알렉산더 해밀턴(1755~1804)
미국 건국 초기의 정치가로 초대 재무장관을 지냈으며, 유명한 논문집 《연방주의자》의 저자 중 한 명이다.

헌법의 탄생

116일에 걸친 노력으로 미국 연방 헌법의 기본적인 틀은 완성되었다. 하지만 13개 주 가운데 9개 주의 동의를 받지 못하면 이 헌법은 무용지물로 전락하고, 북아메리카는 13개 공화국으로 나뉠 수도 있었다.

헌법 제정 회의에 참여한 각 지역의 대표단들은 새로 제정한 헌법을 발효시키는 일이 절대 쉽지 않다는 것을 알고 있었다. 헌법에는 여전히 각 지역의 이익이 상충하는 부분이 남아 있었기 때문에 그 실효성을 인정받기 위한 전쟁이 벌어졌다. 이 총성 없는 전쟁은 들판이 아닌 종이 위에서 벌어졌다.

연방당원들에 반대하는 사람들은 말과 글을 이용해서 헌법을 공격했다. 그들은 중앙 정부가 수십만 제곱마일에 달하는 영토와 600만이 넘는 인구를 모두 통치한다는 것은 인류 역사상 불가능한 일이라 여겼다. 또 공화와 민주의 기능은 인구가 적은 조그만 나라에서나 실현 가능한 일이며, 북아메리카처럼 영토가 광활하고 인구가 많은 지역을 통일된 하나의 정부가 다스린다면 국민을 독재 정치로 몰아넣거나 당파 투쟁이 벌어질 것이라고 생각했다.

반대파의 비난과 의심에 연방당원들은 신속하게 대응했다. 특히 해밀턴과 매디슨, 존 제이 등은 '푸블리우스'라는 필명을 이용해서 반대파의 황당무계한 논리에 반박하는 글을 잡지에 실었다. 훗날 이 글을 하나로 엮은 책이 출판되었는데, 그 책이 바로 《연방주의자》이다. 이 책은 오늘날 아리스토텔레스의 《정치학》에 필적하는 정치학 경전으로 전해진다.

연방당원들은 반대파에게 다음과 같은 경고를 보냈다. "정치적으로 의견이 나뉘는 것은 당연한 일이다. 당파와 자유는 항상 함께하는 것이며, 이 둘은 마치 공기와 불의 관계와 같아서 당파를 통제하려면 자유를 침해할 수밖에 없다. 올바른 정치를 도덕에만 의존하려고 한다면 그것은 순진한 생각이다. 정치란 권력의 분립과 통제를 실행할 수 있을 때에만 개인의 탐욕을 막고 공공의 이익을 실현할 수 있다."

서로 의견이 다른 두 세력이 종이 위에서 공격과 수비를 계속하는 가운데 점차 연방당원들의 주장이 설득력을 얻었다. 그리고 이와 함께 각 주에서 헌법 비준을 결정하는 투표를 시작했다. 델라웨어와

헌법의 수정 조항

헌법 제정 회의의 주요 목적은 연방 정부를 새로 구성하는 것이었다. 그러다 보니 국민의 개인적인 권리에 대한 부분은 거의 포함되지 못했다. 당시 버지니아 주 대표로 참가한 조지 메이슨은 인권 투사였다. 그는 헌법이 대통령에게 너무나 많은 권력을 주고, 반대로 개인에게는 너무나 적은 권리를 준다고 여겼다. 그래서 인권을 보호하는 조항을 추가하지 않으면 자신은 서명을 거절하겠다고 했다. 그러자 다른 대표들도 메이슨의 의견에 동의하면서 헌법의 본문 뒤쪽에 수정 조항 10개가 추가되었다. 이것이 바로 '권리장전'이며, 메이슨은 이후 '국민 권리의 아버지'로 불렸다.

펜실베이니아, 뉴저지 3개 주는 1787년 12월에 헌법 비준을 승인했고, 1788년 6월에 뉴햄프셔 주도 새로운 헌법을 승인했다. 그때 이미 9개 주에서 승인을 받아 헌법이 효력을 발휘하게 되었다. 1787년에 미합중국은 새롭게 태어났고, 헌법을 기초로 하는 연방 정부가 탄생했다. 그 후 연방 정부의 주도로 북아메리카 사람들은 새로운 국가 건설을 시작했다.

미국의 국부 조지 워싱턴

조지 워싱턴은 대부분 인생을 전쟁터에서 보내며 북아메리카 대륙에서 영국군을 몰아낸 뛰어난 장군이자, 미국 입헌 정치의 기초를 다진 미국의 국부國父이기도 하다. 당시 북아메리카는 구시대에서 벗어나기 위해 용기와 담력이 필요했고, 새로운 세상을 건설하기 위해 인내심과 지혜가 필요했다. 조지 워싱턴은 이러한 담력과 지혜를 모두 갖춘 진정한 '미국의 영웅' 이다.

이민 세대

조지 워싱턴은 1732년 2월 22일에 버지니아에 살던 오거스틴 워싱턴의 셋째 아들로 태어났다. 워싱턴 가문은 선조가 영국에서 여러 관직을 지내며 명성이 높았다. 그 후 가문이 쇠락하자 1657년에 워싱턴의 할아버지 존 워싱턴이 북아메리카의 버지니아로 이민했다.

일곱 살부터 열다섯 살 때까지 워싱턴은 버지니아의 교회와 윌리엄스 선생님 집을 오가며 공부했다. 수학에 특히 큰 관심을 보였고, 계산과 측량에 재능이 있었다. 워싱턴의 맏형인 로렌스 워싱턴은 영국 보병 부대의 장교로 전쟁에 참가한 적도 있는데, 이는 어린 시절의 워싱턴에게 깊은 인상을 남겼다. 1743년 4월에 오거스틴이 병으로 세상을 떠나자 로렌스가 워싱턴의 교육을 책임지게 되었다. 어린 워싱턴은 맏형의 가르침과 훈육을 받으며 공부를 이어갔다. 그러다 토지측량학이라는 새로운 학문을 접한 후 큰 관심을 느끼고 짧은 시간에 이 분야의 기술을 배워 익혔다. 그리고 열여섯 살 때부터 로렌스의 처남 조지 페어팩스와 함께 토지 측량 기사로 일했다. 이 분야에서 두각을 보인 워싱턴은 1749년 여름에 정부의 측량 기사로 정식 임명되었다.

그러던 어느 날, 맏형이 갑작스럽게 난치병에 걸려 서른셋의 나이로 세상을 떠나고 워싱턴이 모든 유산을 물려받았다. 그 후 버지니아 식민 정부는 민병대를 조직하기 위해 버지니아를 4개 구역으로 나눴는데, 워싱턴은 자원해서 북쪽 협곡 지역 민병대의 부관이 되었다. 1753년 2월, 스물한 살의 워싱턴은 버지니아 북협 민병대 부대장으로

▼ 조지 워싱턴
미국의 초대 대통령이며, 두 차례 임기가 끝난 후 스스로 고향으로 내려갔다. 미국의 국부로 추앙되는 조지 워싱턴은 미국 역사상 가장 위대한 대통령 중 한 명이다.

정식 임명되었다.

프렌치-인디언 전쟁

1754년에 워싱턴은 뜻하지 않게 프렌치-인디언 전쟁의 화근이 되었다. 1753년에 프랑스는 서쪽으로 세력을 확장하려는 영국을 막기 위해 버지니아의 오하이오에 군사 요새를 짓고, 지역 토착민들과 연합군을 조직했다. 그러자 당시 영국에서 파견된 버지니아 총독 로버트 딘위디는 워싱턴을 보내서 프랑스 지휘관에게 오하이오를 떠나라는 최후통첩을 전하게 했다. 당시 젊은 워싱턴은 오하이오로 떠나는 과정을 현지 신문에 전하면서 한순간에 유명세를 타기도 했다. 그러나 프랑스는 통첩을 받고도 절대 물러나지 않았다.

1754년에 딘위디는 막 중령이 된 워싱턴에게 버지니아 제1군대를 이끌고 오하이오로 가서 그곳의 프랑스인을 몰아내라고 명령했다. 워싱턴은 오하이오의 한 골짜기에서 인디언의 도움을 받아 프랑스 정찰 부대를 포위했다. 이때 짧은 시간 동안 벌어진 전투에서 프랑스인들은 사망하거나 부상당하는 등 크게 패했다. 워싱턴은 태어나서 처음으로 혼자서 군사를 지휘했고 이제 갓 중령이 되어 아직 실력을 검증받지 못한 풋내기였지만, 이 전투에서 예사롭지 않은 군사 지휘 능력을 보였다. 그 후 워싱턴은 이곳에 군사 요새를 짓고 '고통의 요새'라고 이름 지었다. 그러나 프랑스군의 공격이 계속 이어지고 원래 워싱턴을 돕던 인디언이 기회주의적 태도를 보이며 프랑스의 편으로 돌아서면서 워싱턴은 생애 첫 패배를 맛보았다. 요새는 한순간에 함락되었고 워싱턴은 어쩔 수 없이 군대와 함께 투항했다. 그 후 전부 프랑스어로 쓰인 문서에 서명하고, 자신이 프랑스 지휘관을 죽였다고 인정했다. 이 문서로 말미암아 영국과 프랑스 간에 분쟁이 일어났고, 7년 전쟁의 일부분인 프렌치-인디언 전쟁이 시작되었다.

워싱턴은 얼마 후 1년 동안 오하이오에 발을 들이지 않겠다고 프랑스군에 약속하고서 풀려났다. 버지니아로 돌아온 워싱턴은 한동안 은둔했다. 그는 다시 영국군에 들어가고 싶은 마음이 간절했지만, 식민 정부는 그에게 아무런 관심도 없었다. 그러던 1755년에 워싱턴이 마음에 품고 있던 포부를 실현할 기회가 찾아왔다. 식민 정부가 오하이오 골짜기에서 오하이오 강과 교차하는 길목에 자리한 프랑스의 '두켄 요새'를 점령하고자 원정군을 조직한다는 소식을 듣고 워싱턴은 원정군에 자원했다. 이후 벌어진 머농거힐라 강 전투에서 원정군은 병사 대부분이 전멸하고 지휘관도 현장에서 전사하는 등 위기 상황에 놓였다. 이때 워싱턴은 총알이 빗발치는 전장에서 직접 대포를 쏘며 대단한 용기를 보였다. 옷에 총알 자국이 네 군데나 났지만, 그는 큰 부상 없이 고향으로 돌아왔고, 한순간에 버지니아의 영웅이 되었다. 1758년에는 영국의 또 다른 원정에 참여해서 두켄 요새에서 프랑스군을 몰아내는 데 성공했다.

그런데 버지니아 총독 딘위디는 용감하게 전투를 수행하는 워싱턴을 위험한 인물로 오해해서 일부러 그를 난처하게 하기도 했다. 결국, 워싱턴은 1759년에 군인을 그만두고 과부이던 마사 커티스와 결혼해서 마운트버넌으로 돌아갔다. 그리고 그곳에서 넉넉한 생활을 누리며 버지니아 하원의원이 되었다.

독립 전쟁과 조지 워싱턴

1774년에 워싱턴은 필라델피아에서 열린 제1차 대륙회의에 버지니아 주 대표로 참여했다. 보스턴 차 사건 이후 영국 정부는 보스턴 항을 폐쇄하고 매사추세츠 주의 입법과 사법권을 박탈했다. 렉싱턴과 콩코드 전투가 벌어진 후, 워싱턴은 다시 군복을 입고 제2차 대륙회의에 참여해 버지니아 민병을 이끌고 전투에 참여하겠다는 뜻을 밝혔다. 매사추세츠 주 대표 존 애덤스는 워싱턴을 대륙군 총사령관으로 추천하면서 '군대를 지휘하는 천부적 재능과 보편적인 특징을 모두 갖춘 인물'이라고 평가했다.

1775년 6월 15일에 대륙회의 결과 조지 워싱턴은 총사령관으로 임명되었고, 워싱턴도 기쁜 마음으로 대륙회의의 결정을 받아들였다. 그는 친구에게 보낸 편지에서 "나는 총사령관이라는 임무를 맡아 우리 모두의 바람을 이루는 데 도움이 되고 싶다네. 그리고 내 무지로 대륙군의 명예를 떨어뜨리는 일이 없길 신께 빌고 있어. 나는 세 가지를 약속할 것이네. 우리의 바람이 정의로운 것임을 굳게 믿고, 직무에 충실하며, 청렴결백하게 임무를 수행하겠네. 만일 이렇게 해도 내 능력과 경험의 부족함을 채울 수 없다면, 우리의 앞날에는 먹구름이 드리울 테고 나 개인의 명예도 땅에 떨어지겠지."라며 전쟁에 임하는 마음을 밝혔다. 7월 3일에 조지 워싱턴은 매사추

▲ 워싱턴은 대륙군을 이끌고 용감하게 전투를 치렀으며, 그가 이룬 많은 작은 승리가 결국에는 북아메리카의 독립으로 이어졌다.

세츠 주 케임브리지 시에서 정식으로 대륙군 총사령관 취임을 선언했다.

워싱턴의 첫 번째 과제는 바로 민병으로 구성된 대륙군을 어떻게 강력한 군사력을 갖춘 전투 부대로 키우느냐 하는 것이었다. 비록 대륙군은 보스턴 전투에서 고비를 겪었지만, 그 존재 이유는 의심할 여지가 없었다. 워싱턴은 서둘러 대륙군을 정비했고, 이후 대륙군은 여러 차례 전투를 치르며 차츰 전쟁에 익숙해져 갔다. 중대한 몇 차례 전투에서 워싱턴은 잇달아 승리를 거두었다.

1781년 10월 19일에 조지 워싱턴이 이끈 군대가 요크타운 전투에서 승리하며 독립 전쟁은 최종적으로 북아메리카의 승리로 막을 내렸다. 독립 전쟁이 끝나자 워싱턴은 또 다른 문제에 맞닥뜨렸다. 바로 새로 태어난 '미국'이라는 나라에 어떤 정부를 세우느냐 하는 것으로, 당시 북아메리카에서는 이 문제로 뜨겁게 논쟁이 벌어졌다. 특히 해밀턴 등이 지도권을 빼앗으려고 워싱턴에게 불리한 각종 유언비어를 퍼뜨리면서 여론을 조성했다. 1783년 3월 15일, 워싱턴은 자신을 향한 비난을 뿌리 뽑기 위해 회의를 열었다. 이 회의에서 그는 평소와 다르게 격양된 태도로 연설을 쏟아냈지만, 청중의 반응은 차가웠다. 당황한 워싱턴은 주머니에서 자신의 안경을 꺼냈는데, 그가 안경을 낀다는 것은 측근들만 아는 사실이었다. "여러분, 제가 안경을 끼는 것을 이해해주십시오. 나라를 위해 살다 보니 어느덧 머리도 하얗게 세고 눈까지 못쓰게 되었습니다." 그는 진심 어린 행동과 꾸밈없는 말투로 연설을 이어갔다. 그 결과, 회의에 참석한 대표들은 그의 연설에 감동해 눈물을 흘렸고 워싱턴은 큰 성과를 얻었다. 그리고 이후 워싱턴이 나라의 운명을 구하면서 미국 국민은 자유를 얻었다.

1783년에 파리 조약을 맺으면서 영국은 미국의 독립을 인정했다. 조지 워싱턴은 그 후 총사령관으로서 대륙군을 해방하고, 뉴저지의 로키 산에서 피 흘리며 함께 독립을 위해 싸워준 병사들에게 감사하는 연설을 발표했다. 그리고 12월 4일에 뉴욕에서 정식으로 고별 연설을 했다.

연방제와 군주제

요크타운 전투 이후 워싱턴은 명성이 날로 높아져서 미국인에게 거의 신이나 다름없는 존재가 되었다. 당시 새로 들어선 연방 정부는 아무런 실권도, 전쟁 중에 빌린 군비를 갚을 여력도 없었다. 그러자 대륙군 내부에서는 연방 정부에 반대하는 목소리가 나오기 시작했고, 군주제를 원하는 사람이 점점 늘면서 어떤 사람들은 공개적으로 워싱턴에게 왕으로 즉위할 것을 요구하기도 했다.

1782년 5월, 워싱턴은 자신의 오래된 부하인 루이스 니콜라 대령에게서 '편지'를 한 통 받았다. 이 편지에서 대령은 워싱턴에게 군

▼ 독립 전쟁 이후 집에서 휴식을 취하는 조지 워싱턴

사 독재를 기반으로 한 정치 체제를 세울 것을 건의했다. 워싱턴은 이에 대해 냉정하고 날카로운 어투로 루이스에게 답장을 썼다. "나는 갑작스럽고 놀란 마음으로 자네가 내게 준 편지를 꼼꼼히 읽어 봤네. 여보게, 자네는 그동안 나와 모든 전쟁을 함께하면서 한 번도 나에게 군대 내에 이런 말이 오간다는 사실을 알려주지 않았지. 나는 그

점이 참 마음이 아프네. 나는 자네의 편지를 읽고 분노를 느꼈고, 그래서 자네를 엄하게 질책하려고 하네. 내가 더욱 당혹스러운 것은 도대체 내가 어떻게 행동했기에 자네가 나에게 이런 편지를 썼는지 알 수가 없다는 것이야. 자네의 이런 제안은 미국에 큰 재앙이 될 수도 있네. 내 생각이 맞는다면, 아마 자네의 의견에 가장 반대할 사람이 바로 나일 것이네. 그리고 자네가 진심으로 조국과 자네 자신, 그리고 자손들을 생각하거나 나를 존중한다면, 자네의 마음속에서 이런 생각들을 모조리 지워버리게. 오늘 이후로 자네든 다른 사람이든 나에게 이런 제의를 하는 사람이 없었으면 좋겠군."

1783년 12월 23일에 조지 워싱턴은 연방 정부 의회에 총사령관직에서 사퇴하겠다는 뜻을 밝혔다. 이에 연방 의회는 메릴랜드의 아나폴리스에서 회의를 열고 그의 사퇴서를 받아들였다. 이 회의에서 워싱턴은 짧고 간단하게 퇴임사를 발표했다. "저는 이 자리를 빌려 대륙회의에 진심으로 감사의 뜻을 전합니다. 이제 저에게 주셨던 모든 신뢰를 거두고, 제가 더 이상 국가의 일을 하지 않게 됨을 양해해주십시오. 이제 저에게 부여된 임무는 모두 끝났고, 저는 이 무대에서 퇴장하려고 합니다. 오랫동안 저는 엄숙한 의회의 명령에 따라 일을 수행해 왔습니다. 이제 엄숙한 이곳에서 아쉬운 작별을 고하며 저의 임명장을 반납하고 총사령관으로서의 역할을 마칩니다." 간단한 퇴임식이 끝난 후, 워싱턴은 부인과 함께 장교 세 명의 배웅을 받으며 고향 마운트버넌으로 돌아갔다.

고향에 돌아간 워싱턴은 농사를 지으며 편안한 생활을 보냈지만, 나라를 너무나 사랑했기에 마음속에는 여전히 새로 태어난 나라와 함께 피 흘린 국민에 대한 책임감이 가득했다. 그리고 항상 국가의 앞날과 미래를 고민했다. 그는 친한 친구 제임스 워런에게 편지를 썼다. "내가 보기에 연방 정부는 이미 유명무실한 상태이고, 국회는 아무런 쓸모도 없는 기구가 되었어. 국회가 발표한 명령에 따르는 사람이 거의 없지 않은가! 우리는 연방 정부를 조직하고 나라를 세웠네. 하지만 지금 우리는 통치자에게 나라를 관리할 수 있는 충분한 권력을 줄 엄두를 내지 못하고 있어. 이건 정말이지 이해할 수 없는 일이야."

초대 대통령

　연방 정부의 부패가 잇달아 폭로되자, 1787년에 필라델피아에서 헌법제정회의가 열렸다. 워싱턴은 적극적으로 이 회의에 참여하며 제1차 회의에서 의장직을 맡았다. 1788년 11월에 헌법이 정식으로 발효되고 북아메리카에 새로운 연방 국가가 모습을 드러냈다. 헌법에 의하면 국회는 1789년 1월 첫 번째 주 수요일에 국민의 의견을 모아 대통령 후보를 정하고, 2월 첫 번째 주 수요일에 대통령 선거를 치러야 했다. 선거에서 워싱턴은 그의 의지와 관계없이, 선거인단의 만장일치(69표)로 미국 제1대 대통령으로 당선되었다. 그리고 존 애덤스가 부통령으로 취임했다.

　1789년 4월 16일에 워싱턴은 5년 동안 머문 마운트버넌을 떠나 뉴욕으로 향했고, 1789년 4월 30일에 뉴욕에서 조지 워싱턴 대통령의 취임식이 성대하게 열렸다. 오전 9시에 각 교회에서 엄숙한 기도 의식이 열리고 새로운 정부에 축복이 있길 기원했다. 예복을 차려입은 워싱턴은 정오가 되자 국회에서 보낸 전용 마차를 타고 연방의회 건물로 향했다. 취임식에서 워싱턴은《성경》을 손에 들고 침착하면서도 정확하게 선서를 낭독했다. 이어서 상하원 의원들에게 연설문을 발표했는데, 이 연설문은 미국 역사에서 상당히 중요한 의미가 있는 문헌의 하나이다.

◀ 조지 워싱턴이 손에 《성경》을 들고 미국의 초대 대통령으로 취임함을 공식적으로 선포하고 있다.

조지 워싱턴은 대통령이 되고 나서 먼저 정부 인사를 임명했다. 토머스 제퍼슨을 국무장관에, 헨리 녹스를 국방부 장관에, 알렉산더 해밀턴을 재무부 장관에, 존 제이를 대법관에, 에드먼드 랜돌프를 검찰청장에 각각 임명했다. 이들은 모두 독립 전쟁과 헌법제정회의에서 큰 공을 세운 사람들로, 새로운 정부에서도 워싱턴의 유능한 참모가 되었다.

헌법에서는 대통령과 국회의 관계에 대해 대통령의 권력은 반드시 상원의 의견과 하원의 동의를 얻어야 한다고 규정했다. 1789년 8월에 워싱턴은 남부 지역 인디언과 조약을 맺기 위해 직접 상원에 출석해서 의견을 구했다. 그가 관련 문서를 읽을 때, 회의장 밖이 너무 소란해서 의원들은 대통령의 말을 제대로 듣지 못한 채로 논의해야 했다. 이런 상황이 벌어지자 워싱턴은 매우 화가 났다. 둘째 주 월요일, 워싱턴은 의원들에게 자세한 자료를 보내도록 비서에게 지시했다. 그 후 다시는 상원에 직접 가서 의견을 구하지 않게 되었고, 이것이 미국 대통령이 관례가 되었다. 그리고 대통령과 각 참모의 관계에 대해서도 미국 내각에서 적극적으로 토론해줄 것을 부탁했다.

해밀턴과 제퍼슨의 노력으로 미국의 재정 문제가 해결되었고, 외교도 정상 궤도로 돌아왔다. 이 유능한 두 인물은 워싱턴의 오른팔과 왼팔 역할을 했다. 그러나 두 사람은 지위가 높아지면서 차츰 정치적 관점의 차이가 벌어지기 시작했다. 결국에는 이 두 사람을 주축으로 각기 당파가 생겨났다. 이는 워싱턴이 가장 우려하던 일이었고, 그는 두 사람 사이를 바쁘게 오가며 감정을 풀기 위해 노력했다. 당시 워싱턴은 해밀턴과 제퍼슨의 사이에서 가장 공정한 심판이었다.

임기 4년은 빠르게 지나갔다. 워싱턴은 이제 정계를 떠나고 싶었지만, 내각에서 대립하는 양 당파 모두 워싱턴이 다시 한 번 대통령직을 맡길 바랐다. 심사숙고한 끝에 워싱턴은 결국 연임에 동의했고, 1793년 2월 13일에 또 한 번 만장일치로 제2대 대통령이 되었다.

워싱턴은 새로운 임기 동안 국내외의 복잡한 상황을 겪었다. 국내에서는 펜실베이니아에서 위스키 폭동이 일어났다. 비록 폭동을 진압했지만, 이 일로 정부의 권위가 약해지고 연방당과 공화당의 분열도 심각해졌다. 국외에서는 영국과 미국 간의 외교 마찰로 워싱턴이 내세우던 중립이 큰 위기를 맞았다. 이 위기를 해결하기 위해 워싱턴은 존 제이 대법관을 협상 대표로 영국에 보냈다. 1794년 11월에 영국과 미국은 제이 조약에 서명하며 협상 내용에 합의했다. 객관적으로 볼 때, 이 조약의 체결은 당시 미국에 실보다 득이 많았다. 미국은 소중한 평화를 되찾았고, 영국이 미국에 상당한 위협을 주는 군사적 거점에서 철수했기 때문이다. 당연히 미국도 그에 상응하는 대가를 치렀다. 그런데 국회에서 이 조약에 대해 격렬한 논쟁이 벌어졌고, 논쟁은 곧 문제의 본질에서 벗어나 연방당과 공화당의 세력 다툼에 이용되었다. 워싱턴이 추구하던 균형은 산산이 깨졌고, 당파 싸움의 불똥이 대통령에게까지 튀기도 했다.

정계 은퇴

두 번째 임기를 일 년 남겨 두었을 때 워싱턴은 퇴임 연설문을 준비해서 필라델피아의 한 주간 신문에 발표했다. 이 연설문은 전국에서 큰 반응을 불러 일으켰다. 정부 관계자들은 아쉬움과 놀라움을 보였고, 눈물을 보이는 사람도 있었다. 대다수 언론은 대통령이 먼저 나서서 은퇴 의사를 밝힌 것에 존경을 나타냈고, 평소 권력욕이 있다고 워싱턴을 비난하던 사람들은 그의 퇴임 연설문을 읽고 아무 말도 하지 않았다.

1797년 3월 15일, 워싱턴이 탄 마차가 마운트버넌의 차도에 들어섰다. 고향으로 돌아왔지만 그는 완전히 일을 잊어버리지는 못했다. 그는 진심으로 자신이 세운 합중국이 앞으로 더욱 발전할 수 있길 바랐다. 그 기간에 맥 헨리 국방부 장관 등이 워싱턴에게 나라의 일을 보고했다. 'XYZ' 사건[47] 이후 미국과 프랑스의 관계가 냉각되면서 일촉즉발의 상황까지 이르렀다. 1798년 7월 4일, 미합중국 정부는 통솔력을 강화하기 위해 워싱턴에게 중장 계급을 주고 미국의 총사령관으로 임명했다. 전 대통령이 총사령관직을 맡은 경우는 이때가 유일하다. 워싱턴은 제안을 받아들이는 조건으로 다른 나라가 미국을 침범했을 때에만 전장에 나갈 것이며, 총참모부를 구성할 수 있는 권한을 요구했다. 다행히 사태는 평화롭게 해결되었고 '전쟁 준비'를 선언하는 일은 벌어지지 않았다. 그리고 해상에서만 충돌

---

47) 독립 전쟁에서 발생한 피해 일부를 보상한다는 미국과 영국의 합의에 프랑스는 심기가 불편해져서 대서양과 지중해에서 무단으로 미국 상선 300여 척을 나포했다. 당시 미국 대통령 존 애덤스가 프랑스에 사절단을 보내 이 일을 해결하려 했으나, 프랑스가 정식 사과와 뇌물까지 요구해서 협상이 결렬되었다. 그 후 미국 사절단은 '프랑스 외교관 x, y, z가 뇌물을 요구한다'는 보고서를 올렸고, 이 보고서가 세상에 알려지면서 두 나라 사이에 외교 마찰이 벌어진 사건을 말한다.

이 일어났기 때문에 워싱턴이 다시 말 등에 오를 일은 없었다.

　1799년 12월 12일에 집이 있는 농장으로 돌아온 후, 워싱턴은 병이 났다. 인내심을 갖고 치료를 받았지만 아무런 효과도 보지 못했고, 12월 15일에 미국의 국부 조지 워싱턴은 갑작스럽게 생을 마감했다. 18일에 마운트버넌에서 그의 장례가 치러졌다. 미합중국 정부는 존 애덤스 대통령을 특사로 보내 조의를 표하는 서한을 전했고, 대포 11개를 보내 조의를 뜻하는 예포를 쏘게 했다. 워싱턴은 가문의 묘지에 묻혔고, 장례는 소박하고 엄숙하게 치러졌다. 그의 유언에 따라 모든 것이 마운트버넌에서 이루어졌으며 추도사도 따로 준비하지 않았다.

　조지 워싱턴의 사망 소식은 빠르게 퍼졌고 미국 전역이 그의 죽음을 애도했다. 막 개회한 국회는 애도를 표하기 위해 하루 쉬기로 했고, 모든 의원과 사무원이 몸에 상장喪章을 달았으며, 그 후 국회에서 공개적으로 추도사를 발표했다. 조지 워싱턴의 업적을 기리기 위해 신생 국가 미국의 수도는 그의 이름을 따서 '워싱턴'으로 지었으며, 그 후 200년 동안 미국에는 '워싱턴'이라는 이름을 가진 지역이 100여 군데나 생겼다.

혁명의 원인이 된 루이 16세

혁명이란 손님을 초대하는 것처럼 준비와 예측이 가능하거나 왕과 귀족의 인생처럼 우아한 일이 아니다. 그것은 하늘과 땅이 뒤집히는 개혁이고, 권력과 부가 재분배되는 과정이다. 혁명은 또한 언제든 발생할 수 있거나 쉽게 성공할 수 있는 것이 아니다. 그것은 그 시대의 사회 풍속과 제도에서 쌓인 고질병을 고치는 것이며, 위기를 겪을 때마다 혁명의 용암이 밖으로 분출된다. 프랑스 대혁명은 구제도가 사회 발전을 따라가지 못해 일어난 것이며, 루이 16세의 무책임한 행동에 대한 역사의 복수이기도 했다.

상퀼로트

프랑스의 유명한 학자 알렉시 드 토크빌은 자신의 저서인 《구체제와 프랑스 혁명》에서 오직 프랑스인만이 이처럼 위대한 대혁명을 일으킬 수 있으며, 구식 체제의 폐단이 프랑스를 대혁명으로 몰아간 근본 원인이라고 주장했다.

대혁명 이후 만들어진 새로운 체제와 구분하기 위해 혁명 이전의 구체제를 '앙시앵 레짐(Ancien Regime)'이라고 부른다. 프랑스의 구체제는 수백 년에 걸쳐 형성된 것으로, 오랜 역사 속에서 그 본질을 잃어버리고 정체되어 있다가 혁명의 폭풍을 맞아 깨끗이 사라졌다.

18세기 말에 프랑스는 유럽에서 인구가 가장 많았다. 유럽에서 가장 큰 나라인 러시아와 비교해도 인구가 100만 명이나 많았다. 프랑스에서는 사회적 신분이 엄격하게 나뉘었고, 제1신분과 제2신분이 속한 상류층에는 선교사 약 13만 명과 귀족 약 40만 명이 포함되어 있었다. 그들은 가장 많은 부와 권력을 차지했고, 그 밖의 사람들은 모두 제3신분이었다. 제3신분 중에도 큰 부를 쌓은 사람들이 있었는데, 이들은 아무런 권력이 없는 자신의 지위를 바꾸기 위해 매우 노

▼ 프랑스의 루이 16세
루이 16세는 성격이 우유부단하고 나라를 다스리는 데 무관심했다. 1780년대에 프랑스가 경제 위기를 겪을 때에도 그는 사냥에만 몰두하며 국정을 소홀히 했다.

력했다.

　제3신분 중에는 부유층이 10만 가구 정도 있었으며, 귀족과 비교했을 때 이들은 금융 권력이라는 매우 중요한 힘이 있었다. 막대한 자금을 이용해 고리대금업을 하며 나라의 경제 활동을 좌지우지하고 때로는 국가를 위협하기도 했다. 만일 그들이 정부에게 대출해주는 돈을 끊어버리면 정부는 천문학적인 전쟁 비용을 감당할 수가 없고, 궁정은 호화로운 생활을 누릴 수가 없었다.

▼ 루이 16세 시절에 귀족들 사이에서는 집안에 화려하고 우아한 벽시계를 거는 것이 유행이었다.

　부와 명예를 모두 갖춘 중산 계급은 파리뿐만 아니라 프랑스 문화 생활 전반에 걸쳐 영향력을 행사했으며, 계몽 사상가들의 학설을 받아들이고, 영국의 입헌군주제를 찬양했다. 그들은 자유와 평등, 박애를 내세웠으며, 이런 사조는 프랑스의 구체제와 큰 차이가 있었다.

　부유한 금융가와 변호사, 기업가를 제외한 제3신분은 대부분이 농민이거나 노동자였다. 그들은 가혹한 착취를 당하고, 상류층 인사들처럼 짧은 바지에 비단 양말은 꿈도 꾸지 못하고 언제나 긴 바지만 입어야 했다. 그래서 그들은 반바지를 입지 않는 하층민이라는 의미로 '상퀼로트(sansculotte)'라고 불렸고, 프랑스 전역에는 상퀼로트가 넘쳐났다.

무거운 세금

　재정 문제는 프랑스의 궁정을 괴롭히던 가장 심각한 문제였다. 17세기의 콜베르를 시작으로 역대 재무장관들이 모두 이 고질병을 해결하고자 애썼지만, 재정 문제는 단순한 '세수입' 문제가 아니라 권력 분배의 문제였다. 영국에서는 세수입이 헌법으로 엄격하게 규정되기 때문에 국민의 동의가 있어야만 세금을 걷을 수 있었고, 바로 이런 점에서부터 헌법 정치가 실현되었다. 하지만 프랑스에서는 수백 년 동안 사람들이 내는 각종 세금이 마치 불변의 진리처럼 조금도 변하지 않았다. 귀족들과 선교사는 특권 계급이었기 때문에 세금을 거의 면제받았고, 가장 가난한 사람들이 가장 많은 세금을 냈다. 이러한 불공평한 조세 제도는 결국 프랑스에 위기를 불러 일으킨 화근이 되었다. 프랑스의 재정 위기는 설령 가난한 사람들이 자신이 가진 것을 모두 쏟아 붓는다고 해도 결코 해결될 수 없는 지경이었지만, 국가의 부를 독점한 귀족들은 여전히 한 푼도 내지 않았다.

프랑스의 세금은 기본적으로 모두 직접세였고, 농민들은 십일조와 인지세 및 각종 세금을 감당해야 했다. 그리고 직접세도 신분에 따라 엄격하게 나뉘었다. 귀족들은 관세나 소비세 등 간접세를 걷는 것에 반대했다. 간접세는 비교적 공평하게 적용되기 때문에 소비가 많으면 세금이 많아지고 가난해서 사는 물건이 적으면 세금을 적게 내기 때문이었다. 그러나 안타깝게도 프랑스의 재정 상태는 이미 세금 정책으로는 회복할 수 없는 지경이었고, 곧 닥쳐올 프랑스 대혁명의 불씨는 바로 이 재정 문제에서부터 시작되었다.

튀르고의 개혁

루이 16세는 루이 15세의 손자이다. 그의 아버지가 젊은 나이에 사망하자 루이 16세는 할아버지의 뒤를 이어 왕위에 올랐다. 당시 스무 살이던 루이 16세는 나라와 정치에 아무런 관심이 없었다. 세습제의 가장 큰 문제는 이렇게 모든 왕이 반드시 정치에 관심이 많지는 않았다는 것이다. 그 왕들이 다른 방면에서는 천재적인 재능을 보였을지 모르지만, 안타깝게도 재능에 상관없이 왕좌에 올라야 했고 루이 16세가 바로 그러했다.

루이 16세는 사냥광이었다. 그는 한평생 사냥을 즐기다가 마지막에는 자신이 혁명의 사냥감이 되어 단두대에서 목숨을 잃었다. 루이 16세는 왕위에 오른 후 튀르고를 재정총감으로 임명했다. 튀르고는 지방 감찰관 시절에 많은 개혁안을 실행해 성과를 얻은 경험이 있고, 이 때문에 계몽 사상가들의 지지를 받았다.

튀르고가 재정총감으로 막 부임했을 때 중농학파 이론가들은 그에게 큰 기대를 걸며 이론과 경험을 두루 갖춘 재정총감이 프랑스를 위기에서 구해주길 바랐다. 튀르고는 비록 재물은 토지에서 나오는 것이라는 중농학파의 주장을 인정하지는 않았지만, 경제적인 부분에서는 그들과 상통하는 부분이 있었다. 그는 국내에서 자유 무역을 펼쳐야 하며, 상공업에 대한 각종 제한을 폐지하고 동시에 세수입은 반드시 순이익에서 징수해야 한다고 주장했다.

▲ 프랑스 왕 루이 16세와 왕비 마
리 앙투아네트가 베르사유 궁전
에서 자녀들과 함께 있는 모습

　재정 분야의 경험이 풍부한 튀르고는 재정총감이 된 후에야 프랑
스의 재정 상태가 얼마나 심각한지 알게 되었다. 그리고 당장 개혁
하지 않으면 프랑스는 파산할 것이라고 예측했다. 그러나 기득권 세
력이 막강한 권력을 행사하는 프랑스 사회에서 급진적인 개혁을 시
도하는 것은 스스로 죽음을 택하는 것이나 다름없었다. 그래서 튀르
고는 점진적인 정책을 채택해 차츰차츰 지출 항목을 줄이고 동시에
'마구잡이식' 조세 제도를 개선하면서 프랑스의 재정 상태를 천천
히 회복시키기로 했다.

　예전에는 각 교구에서 세금을 걷을 때 한 사람이 세금을 오랫동안
체납하면 세무관이 더 많은 사람에게 그 사람을 대신해서 세금을 갚
게 했는데, 튀르고는 이 정책을 폐지했다. 여러 과정을 거치면서 프
랑스는 점차 신용도가 높아지고 외채의 비율도 줄어들었다.

　1776년 초에 튀르고는 더욱 전면적인 재정 개혁안을 발표했다. 그
안에는 왕실의 강제 노역 철폐와 성과 없이 이름만 있는 기관들을

정리하고 길드[48]를 금지하는 내용이 포함되어 있었다. 하지만 이런 개혁안은 모두 기득권 세력의 신경을 건드리는 것이라 궁전 안팎에서 그의 개혁을 반대하는 목소리가 높았다. 그러자 튀르고는 루이 16세에게 "폐하, 재정 개혁은 시작부터 어려운 상황에 처했습니다. 이는 모두 이 나라에 헌법이 없기 때문입니다."라며 어려움을 토로했다.

튀르고의 의견은 의심할 바 없이 정확한 것이었다. 권력 구조를 개혁하지 않고서는 선교사와 귀족들의 주머니에서 돈을 빼낼 방법이 없었다. 튀르고가 물러난 후 프랑스의 재정총감 자리는 계속해서 사람이 바뀌었지만 누구도 재정 문제를 제대로 해결하지 못했다. 이렇게 재정 문제는 계속해서 루이 16세와 그의 왕국을 괴롭혔다.

명사회와 삼부회

튀르고가 재정총감 자리에서 물러난 후 프랑스의 재정 문제는 더욱 심각한 지경이 되었다. 루이 16세는 스위스인인 네케르를 재정총감으로 임명했다. 그런데 그는 보잘것없는 성과를 감추려 루이 16세에게 좋은 일만 보고하고 나쁜 일은 보고하지 않았으며, 재정 보고서에도 흑자만 기록하고 적자는 기록하지 않았다.

1778년에 루이 16세는 북아메리카 독립 전쟁에 참여하기로 했다. 이 전쟁으로 프랑스는 7년 전쟁의 몇 배에 달하는 엄청난 비용을 소비했다. 그리고 전쟁 결과 미국은 독립했고, 프랑스는 부채가 불어난 데다 경제 상황도 더 악화했다. 프랑스는 이번 전쟁에서 아무런 실질적인 이득도 얻지 못했고 그저 영국에 '한 방' 먹이며 분풀이를 했을 뿐이었다.

네케르에 이어 칼론이 재정총감의 자리에 올랐다. 그가 보기에 프랑스의 재정 부문은 이미 뿌리까지 썩은 상태였고, 이 위기에서 벗어나려면 전면적이고 체계적인 개혁을 해야 했다. 아울러 행정과 정치의 개혁도 필요했다. 그렇지 않으면 재정 문제를 근본적으로 해결하기 어려웠다. 그래서 칼론은 장교들의 도움을 받아 개혁 명단을 만들었다.

칼론은 국내의 관세와 염세를 폐지하고 인지세를 확대하려고 했다. 사실, 칼론의 진짜 목적은 부자들의 주머니에서 돈을 꺼내는 것

---

48) 중세 유럽의 동업자 조합

중매쟁이가 된 슈아죌

슈아죌은 루이 15세 시대의 외교장관으로 임기를 성공적으로 마쳤다. 당시 러시아와 프로이센이 유럽의 강국으로 성장해 프랑스의 패권을 위협했다. 프랑스는 오스트리아와 끊임없이 전쟁을 벌였고, 프로이센은 그 사이에서 어부지리로 많은 이익을 챙겼다. 그러자 슈아죌은 전략을 수정해서 오스트리아의 카우니츠 외교장관과 합의서를 작성하고 전쟁을 끝냈다. 또 프랑스와 오스트리아의 관계를 강화하기 위해 그는 오스트리아의 여제 마리아 테레지아의 딸인 마리 앙투아네트를 루이 16세의 아내로 들였다. 슈아죌은 외교장관으로서의 임무를 완수하기 위해 중매까지 앞장섰다.

이었다. 당시 가난한 사람들은 굶주림과 추위에 시달렸기 때문에 가혹하게 그들에게서 더 세금을 걷는다면 폭동이 일어날 수도 있었다. 그래서 부자들도 가난한 사람들처럼 세금을 많이 내게 하는 것이야말로 재정 문제를 근본적으로 해결할 유일한 방법이었다.

개혁안을 실행하기 위해 칼론은 루이 16세에게 명사회를 소집할 것을 건의했다. 명사회를 연 이유는 우선 삼부회를 열자는 목소리를 잠재우고, 정부와 고등법원의 갈등을 피하며, 마지막으로 회의에 참여하는 귀족들의 명예를 높이기 위해서였다. 그러나 칼론의 이런 심산은 뜻대로 되지 않았다. 오히려 명사회에서 정치 개혁에 관한 토론이 벌어지며 프랑스 전체가 혼란에 빠졌다.

명사회에 참여한 귀족들은 모두 세금을 내려고 하지 않았고, 고등법원은 왕에게 법에 따라 나라를 통치할 것을 요구했다. 각종 전단이 거리에 쏟아졌고, 파리 안팎이 모두 소란스러웠다. 각 지역에서 삼부회가 잇달아 열리자 전국적인 규모의 삼부회도 열렸는데, 이 삼부회가 바로 프랑스 대혁명의 도화선이 되었다.

프랑스 대혁명

삼부회를 통해 제3신분이 정치 무대에 진출하게 되었고, 프랑스 구체제의 각종 폐단이 사람들에게 모두 폭로되면서 권력에 대한 국민의 불만이 봇물 터지듯 쏟아졌다. 봉건 제도의 상징이었던 바스티유 감옥이 무너지면서 루이 16세의 권력은 바람 앞의 등불처럼 위태로워졌고, 국민의회가 봉건 시대의 특권을 모두 없애겠다고 선포하면서 혁명은 그렇게 시작되었다.

귀족 혁명

명사회를 열어서 재정 문제를 해결하려던 칼론의 계획이 물거품이 되면서 프랑스는 사면초가의 위기에 놓였다. 사실 이 위기는 제3신분의 반항에 의한 것이 아니라 왕과 귀족의 갈등에 의한 것이었다. 귀족들은 전통적으로 이어오던 특권을 그대로 누리며 세금을 내지 않으려고 했고, 그럴수록 왕은 빚의 늪에서 헤어나올 수가 없었다. 귀족들은 전혀 세금을 내지 않고 부를 누리면서 오히려 국왕에게 불만을 늘어놓았고, 비밀리에 루이 16세를 폐위하려는 음모를 꾸미기도 했다.

아무리 노력해도 방법이 없자, 루이 16세는 네케르를 다시 궁으로 불러서 그에게 재정총감 직책을 주었다. 하지만 귀족들의 반란은 이미 시작되었다. 그들은 국왕에게 1614년 이후 한 번도 열린 적이 없는 삼부회를 소집할 것을 요구했다. 곤란해진 루이 16세는 어쩔 수 없이 삼부회 소집에 찬성했는데, 바로 이 삼부회에서부터 프랑스 혁명이 시작되었다.

1788년 8월에 네케르의 강력한 지지를 받은 루이 16세는 프랑스 각 지역과 자치

▼ 프랑스 삼부회가 열린 모습

235

도시에 공문을 내려 보냈다. 이 글에서 그는 국가가 당면한 재정 문제를 해결하기 위해 각 지역에서 선거로 대표를 뽑아 삼부회에 참석하라고 명령했다. 네케르는 삼부회에서 제3신분의 발언권을 강화하고, 이를 이용해서 귀족과 선교사의 콧대를 꺾어야 한다고 생각했다. 루이 16세는 삼부회에서 제3신분의 인원은 제1신분과 제2신분의 합보다 많아야 하고, 선거 연령은 만 27세로 완화하며, 세금을 낸 적이 있는 청년은 모두 투표할 수 있도록 규정했다. 그 밖에도 루이 16세는 각 대표가 각자 선거구에서 사람들의 이야기를 듣고 그들의 어려움과 요구를 상세히 적어오기를 바랐다. 이는 수백 년에 걸친 프랑스 역사상 유례를 찾아볼 수 없는 일이었다.

삼부회 개막

1789년 5월 4일에 삼부회 대표들이 파리에 도착했다. 그중 검은색 옷을 입은 제3신분은 621명, 귀족은 285명, 선교사는 308명이었다. 삼부회는 1614년 이후 한 번도 열리지 않은 대규모 회의로, 사람들은 이 회의를 통해서 프랑스가 재정 위기에서 벗어나 밝은 미래로 나아갈 수 있길 기도했다.

이튿날, 루이 16세가 개회사를 발표하기 위해 베르사유 궁전에서 열린 삼부회 개막식에 참석했다. 선교사들은 회의장의 오른쪽에, 귀족들은 왼쪽, 그리고 제3신분은 가운데에 앉았다. 루이 16세가 회의장에 도착했을 때 우레와 같은 박수소리가 울려 퍼졌지만, 박수를 치는 대표들의 머릿속은 온통 '왕의 진짜 속내는 무엇일까' 하는 궁금함으로 가득했다.

루이 16세는 힘차게 개회사를 낭독했다. "제가 오랫동안 손꼽아 기다리던 회의가 드디어 열렸습니다. 각 계층의 대표들이 참석해주신 것을 영광으로 생각합니다. 비록 삼부회는 오랫동안 열리지 않았지만, 저는 오랜 전통의 이 회의가 우리 프랑스에 큰 힘이 되어줄 것이라 믿으며 또한 나라의 아름다운 미래를 열어줄 시작이 되길 바랍니다." 그러나 이 말은 형식적인 것에 불과했다. 그가 낭독한 개회사의 요지는 바로 각 대표에게 '하소연' 해서 제3신분이 많은 세금을 긁어모아 왕실의 재정 문제를 해결해주었으면 하는 것이었다. 그래서 루이 16세의 개회사에는 정치 개혁에 대한 언급이 전혀 없었다.

루이 16세는 마지막으로 제3신분이 협력해서 어려운 시절을 잘 헤

쳐갈 수 있기를 희망한다고 말했다. 각 계층의 대표들은 모두 왕의 연설에 불만이 많았지만 연설이 끝나자 박수를 보냈다. 루이 16세가 연설을 끝낸 다음에는 궁정 대신이 무대에 올랐다. 그는 우선 국왕을 크게 치켜세우고, 이어서 삼부회의 취지와 목적을 발표했다. 당시 삼부회에서 다루는 모든 의제는 삼부회의 동의와 국왕의 비준을 받아야만 효력을 발휘할 수 있었다. 그런데 그는 삼부회의 의제들을 꼼꼼히 살펴보지 않았고, 그저 세수 문제와 신문 출판, 그리고 민법·형법 개혁 문제만을 언급했으며 그 밖의 의제는 일절 토론을 허락하지 않았다.

루이 16세와 대신들의 이러한 회의 진행 방식에 제3신분 대표들은 불쾌함을 감출 수 없었다. 그들은 국민의 대표로 파리에 온 것이지 국왕의 신하로 온 것이 아니었기 때문이다. 네케르 재정총감이 세 번째로 무대에 올랐다. 이번 회의에서 제3신분 대표들의 인원수가 늘어날 수 있었던 것은 네케르 덕분이었다. 그래서 네케르는 제3신분 대표들에게 인기가 높았고, 그들은 네케르가 자신들을 변호해주리라고 믿었다. 그러나 재정총감은 좌우의 눈치를 살피기만 했고, 세 시간 동안 이어진 연설에서 재정 수지 상황만 언급했다. 지루하고 무미건조한 연설이 계속되자 일부 대표들은 잠에 빠지기도 했다.

회의가 끝난 첫째 날부터 배는 산으로 갔지만, 왕실과 내각은 이번 회의의 중요성을 전혀 이해하지 못했다. 비록 왕실이 심각한 재정 위기에 빠졌지만, 삼부회에 참석한 대표들은 입법자일 뿐 루이 16세를 위해 돈을 모으는 중개인이 아니었다. 만일 내각이 진심으로 이 대표들에게 진정한 권리를 주었다면, 아마 프랑스에는 새로운 정치 체제가 들어서며 피비린내나는 혁명은 일어나지 않았을 것이다. 그러나 안타깝게도 프랑스 내각은 개혁에 대한 청사진과 성의도 없었고, 루이 16세를 포함한 귀족들은 모두 아둔했다. 루이 16세가 결단력 있는 왕이었다면 상황은 조금 더 나아졌겠지만, 그는 네케르가 이끄는 개혁파와 왕비 마리 앙투아네트를 지지하는 보수파 사이에서 중심을 잡지 못했다. 게다가 일부 대신은 삼부회에서 갈등이 일어나길 바랐으며, 특히 제3신분 내부에서 갈등이 불거져 그들이 개혁 문제를 의논하지 않고 그저 돈만 내고 사라지기를 바라기도 했다.

제3신분은 인원수에서 우세했기 때문에 인원수로 표를 계산하길

▲ 〈자유의 나무를 심는 프랑스인
들〉

바랐다. 하지만 제1신분과 2신분은 신분의 등급으로 표를 계산하길
원했다. 그렇게 된다면 제3신분에서 어떤 의제를 내놓는다고 해도
귀족과 선교사들이 힘을 합쳐 부결시킬 수 있었다. 그리고 제3신분
은 함께 회의를 열고 싶어했지만, 제1신분과 제2신분은 각자 회의를
열고 싶어했다. 귀족과 선교사들은 왕에게 불만이 컸으나 이때만큼
은 왕의 편에 서서 제3신분의 의견을 모두 반대했다.

제3신분이 대표들의 자격을 심사해야 한다고 주장했지만, 나머지
두 신분의 반대에 부딪혔다. 제3신분의 요구대로 자격 심사를 하려
면 세 신분의 대표들이 함께 회의를 열어야 했다. 그러면 인원수로
표를 계산하기 때문에 제3신분이 우위를 차지할 수 있었다. 그래서
삼부회는 자격 심사를 두고 시소 게임을 벌였고, 선교사와 귀족 중
자유주의 사상을 믿는 사람들은 결국 제3신분과 함께 회의하는 데
찬성했다.

이렇게 대치 상태를 이어가던 6월 17일, 제3신분 대표 중 한 명이
었던 시에예스(Emmanuel Sieyes)는 자격 심사를 마친 대표들에게

국민의회를 세울 것을 제의했다. 그래서 제3신분 대표들은 그의 제의를 받아들여 국민의회를 세우고 힘을 키웠다. 그들은 자신들이 프랑스 국민의 대표이며, 제1신분과 제2신분은 자격 심사에 참여하기 않았으므로 국민의회에 참여할 수 없다고 선언했다. 이때 삼부회는 이미 유명무실해진 상태였다.

혁명 전야

1789년 6월 17일에 국민의회가 세워지면서 프랑스 사회는 혁명으로 한 걸음 더 다가섰다. 국민의회는 자신들의 권력을 행사하며 입법권은 절대 분리할 수 없다고 선언했고, 제1신분과 제2신분은 국민의회에 참여하길 원하지 않았으므로 의회의 모든 것에서 제외되었다. 국민의회는 혼란을 진정시키기 위해 의회 개회 기간에는 세금 징수를 중단하고, 전문 관리 위원회를 설치해서 생활에 필요한 필수품 조달을 관리하며 공급을 확보하도록 했다.

국민의회의 영향력은 귀족들의 예상을 뛰어넘었다. 귀족들은 원래 이 기회를 틈타 왕에게 압력을 가해서 더 많은 권력을 얻어낼 생각이었지만, 오히려 제3신분에게 기회를 준 꼴이 되었다. 비록 귀족층은 끊임없이 국왕과 충돌했지만 신분 제도를 없앨 생각은 전혀 없었다. 그런데 제3신분이 세운 국민의회는 헌법을 새로 제정하길 원했고, 그들의 행동이 귀족들의 이익을 위협하자 그들은 다시 왕의 편에 섰다.

루이 16세는 우유부단한 왕이었다. 그는 좋고 싫음을 가리지 않고 모든 의견을 들어주었다. 그래서 기득권 세력은 네케르의 '충고'가 왕의 귀에 들어가는 것을 막기 위해 루이 16세에게 자주 파리 외곽으로 시찰을 나갈 것을 권했다. 그리고 왕실 귀족들은 루이 16세가 왕권을 이용해서 국민의회를 제압하고 사태를 진정시켜주길 원했다. 그런 한편, 네케르는 루이 16세가 세금 문제에서는 제3신분이 원하는 인원수로 표를 계산하는 투표를, 그리고 다른 문제에서는 귀족과 선교사들이 원하는 신분에 따른 투표를 채택해서 각 신분의 갈등을 풀어주는 역할을 해주길 바랐다. 또 네케르는 프랑스도 영국처럼 상원과 하원을 설치해서 세금 문제는 하원에서 결정하도록 바꾸길 원했지만, 그의 절충안에 귀를 기울이는 사람은 아무도 없었다. 국민의회는 자신들이 프랑스 국민의 대표라고 여겼고, 모든 대권이 국민의회에서부터 시작되어야 한다고 생각했다. 그러나 귀족과 선교사들은 국민의회를 업신여기며 루이 16세가 국민의회에 참석해서 그들을 엄하게 꾸짖어주기를 바랐다.

이제 프랑스는 새로운 헌법 제정을 사명으로 생각하는 국민의회와 이런 국민의회가 해산하길 바라는 기득권 세력으로 나뉘었다. 6월 20일에 루이 16세의 대신들은 국민의회 의장 장 바이에게 의회 활동을 중단할 것을 통지했으며, 군대를 동원해서 회의장을 봉쇄했다. 이에 국민의회 대표들은 분노했고, 일부가 테니스코트로 장소를 옮겨서라도 회의를 계속하자고 의견을 내자 모두 긍정적인 반응을 보였다. 국민의회 대표들은 바로 테니스코트로 몰려갔고, 이런 모습에 감동한 몇몇 병사가 자진해서 그들의 호위를 담당했다. 텅 빈 테니스코트에 모인 대표들은 모두 "새로운 헌법이 탄생할 때까지는 절대로 해산하지 않겠다."라고 선언했다.

귀족들은 원래 국민의회 대표들을 내쫓기만 할 생각이었는데, 자신들의 강경한 태도가 더욱 격렬한 반응을 불러올 줄은 상상도 하지

▼ 테니스코트의 서약
1789년 6월 20일에 루이 16세가 국민회의장을 봉쇄하자, 제3신분 대표들이 테니스코트에 모여서 "프랑스의 새로운 헌법이 만들어지기 전에는 절대 해산하지 않겠다."라고 선언했다.

못했다. 그 후 루이 16세는 국민의회가 열리는 회의장에서 냉정한 태도로 국민의회의 해산을 명령했고, 앞으로도 삼부회의 형식을 그대로 유지할 것이라고 밝혔다. 그리고 마지막에 국민의회가 다시 한 번 '난리'를 피운다면 단호하게 대처할 것이라고 위협했다.

평소와 달리 '단호하고 냉정한' 위협이었지만, 루이 16세의 위엄은 이미 사라진 지 오래였다. 국민의회는 왕의 명령과 관계없이 자신들의 뜻대로 헌법 제정을 위한 회의를 계속했다. 왕과 국민의회 간의 힘겨루기는 계속되었고, 루이 16세의 곁에 모인 기득권 세력은 왕에게 군대를 이용해서 그들을 모두 잡아들이라고 요구했다. 투쟁이 점점 격화되자 그 과정에서 혁명의 씨앗이 자라나기 시작했다.

7월 11일 아침 식사를 하던 네케르는 루이 16세가 그를 해임하고 유배를 보낸다는 내용의 문서 한 장을 받았다. 그는 담담하게 아침 식사를 마치고, 고향으로 내려갈 준비를 했다. 네케르가 해임되어 고향으로 유배되었다는 소식은 빠르게 파리 곳곳에 퍼졌고, 파리의 민중은 동요하기 시작했다. 제3신분의 대표들은 거리에 나가서 만일 네케르가 떠나고 왕이 다시 모든 권력을 잡는다면 파리 민중은 모두 몰살당할 것이며, 지금 스위스와 독일에서 병사들이 몰려오고 있으니 무슨 일이 있어도 스스로 살 길을 찾아야 한다고 소리쳤다. 이렇게 파리는 혼란에 휩싸이고, 사람들은 감정이 격양되어 사방에서 무기를 들고 일어서기 시작했다.

바스티유 감옥 습격

국민의회의 선동에 격분한 수많은 사람이 파리를 휘젓고 다니며 공포 분위기를 조성했다. 이들은 군사 훈련장의 지하실에서 엄청난 무기를 훔쳐 바스티유 감옥을 공격했다. 바스티유 감옥은 전제주의의 상징으로, 루이 16세가 왕이 되고 나서 바스티유 감옥을 폐쇄하자는 논의도 있었다. 당시 수감된 죄수는 겨우 7명이었지만 그에 비해 많은 병사가 감옥을 수비하고 있었다.

무기를 든 사람들이 바스티유 감옥을 공격하자 감옥을 수비하던 병사들은 일단 성난 군중과 협상을 하려고 했다. 하지만 누군가가 성벽을 기어올라 가서 감옥과 연결되는 다리의 밧줄을 잘랐고 그 순간 협상은 물거품이 되어버렸다. 뒤이어 흥분한 사람들이 벌떼처럼 감옥으로 몰려들었다. 병사들은 이미 투항하겠다는 뜻을 밝혔지만,

군중은 이미 이성을 잃어 총을 쏘아 장교를 죽이고 굴복하지 않는 병사들도 모두 죽여 목을 베었다.

루이 16세는 파리 시민이 바스티유 감옥을 습격했다는 소식을 듣고 신하에게 물었다. "반란이 일어난 것인가?" 그러자 신하가 대답했다. "아니오, 폐하. 혁명이 일어났습니다." 바스티유 감옥의 습격으로 프랑스 대혁명이 시작되었다. 하지만 이 폭동은 애초부터 치밀하게 계획된 것이 아니라 국왕과 국민의회 사이의 갈등과 힘겨루기로 일어난 결과일 뿐이었다. 이 사건 이후 기득권 세력과 국민의회 사이에는 화해의 여지가 사라졌고, 군중은 바스티유 감옥을 습격했으니 이제 귀족 고관들이라고 해서 공격하지 못할 이유는 없다고 생각하게 되었다. 그리고 왕이라는 존재는 이미 예전의 존엄과 명망을 잃은 후였다.

봉건제 폐지

바스티유 감옥을 습격했다는 소식이 프랑스 전역으로 퍼져 나가자 일순간에 나라 전체가 화염으로 뒤덮였다. 농민들은 영주의 장부를 모두 태워버리고, 고집을 부리는 영주들은 모두 총살했다. 여전히 헌법 제정을 위해 모여서 회의를 하던 국민의회 대표들은 이 소식을 듣고 정신적으로 큰 힘을 얻었으며, 그들의 마음속에도 혁명을 향한 불길이 타오르기 시작했다.

국민의회는 대표단을 선출하고 국왕에게 보내 국왕이 이 일에 대해 직접 언급해주길 요구했다. 루이 16세는 어쩔 수 없이 그들의 회의장으로 가서 이번 일에 대한 의견을 밝혔고, 파리를 지키는 외국 용병을 모두 철수시키겠다고 약속했다. 그리고 마지막으로 "나는 온전히 국민의회를 신뢰한다."라고 말했다. 루이 16세는 결국 국민의회에 고개를 숙이고 말았다. 그 후 국민의회는 파리를 장악하고, 의장 장 바이를 파리 시장으로 임명했다. 또 미국의 독립 전쟁 당시 프랑스의 영웅이었던 라파예트 후작을 파리국민군 총사령관으로 임명했고, 국민의회도 루이 16세의 양보를 인정하면서 양측의 관계가 개선되었다.

루이 16세의 곁에 모인 음모론자들은 혁명의 영향이 자신들에게까지 미칠까 두려워 국왕과 은밀하게 타협하기 시작했다. 고향으로 유배된 네케르도 이 시기에 파리로 돌아왔는데, 그는 브뤼셀에서 파리로 오는 내내 대중의 열렬한 환영을 받았다. 그는 혁명 세력의 수장이 될 수 있었지만, 파리로 돌아온 후 무장한 시민이 많은 관료를 죽였다는 사실을 알고 혁명에 불만을 품기 시작했다. 그리고 이후 그는 혁명 세력의 반대편에 섰다.

　국민의회는 이제 프랑스 권력의 핵심이 되었고, 대표들은 굳건한 의지로 프랑스를 변화시켰다. 1789년 8월 4일에 국민의회 대표들은 십일조와 영주재판권 등 봉건 제도의 모든 특권과 함께 길드와 감독제를 폐지한다고 선언했다. 1789년 8월 4일은 혁명이 시작된 날이었으며, 이는 7월 14일에 일어난 바스티유 감옥 습격의 연장선이었다. 습격 이후 8월 4일까지 프랑스의 봉건 정치는 큰 위기를 맞았고, 이제 막 시작된 혁명은 차츰 완성되어 갔다. 더불어 권력 구조에도 짧은 기간에 근본적인 변화가 발생했다.

▼ 바스티유 감옥을 공격하는 파리 시민들

혁명에서 건설로

혁명이란 창조적인 파괴이다. 그러나 혁명의 진정한 목적은 파괴가 아니라 새로운 사회와 생활을 창조하는 것이다. 프랑스 대혁명 초기에 일어난 폭동은 이미 혁명에 근접했고, 국왕이 제3신분에게 일부 권력을 이양하면서 선교사와 귀족들은 예전의 지위를 잃게 되었다. 그리고 프랑스 혁명은 이제 새로운 시대를 열었다.

'당파'의 등장

모든 정치에는 어떤 형식으로든 의견이 다른 당파가 형성되기 마련이다. 미국의 건국 영웅들도 민주주의라는 제도 때문에 당파 투쟁이 벌어져서 어렵게 세운 나라가 분열할까 봐 두려워했고 심지어는 당파 투쟁을 마귀의 장난으로 여기기까지 했다. 그러나 조지 워싱턴이 임기를 마친 후 미국 정치계는 두 당파의 싸움터가 되었으며, 결국에는 헌법에서도 당파 정치를 합법으로 인정할 수밖에 없었다.

프랑스 혁명의 영웅들은 미국의 정치계처럼 서로 당파가 나뉘어 시도 때도 없이 싸움과 음모를 반복하는 것은 원하지 않았다. 그래서 그들은 영국의 정당 정치를 반대했고, 자신들이 모두 진실하고 선량한 마음으로 국민의 이익을 위해 노력할 수 있길 바랐다. 이를 위해 국민의회 대표들은 모두 정당을 만들지 않았고, 대혁명 기간에 프랑스에는 정당이라는 명칭이 아예 존재하지 않았다.

정치란 언제나 자신만의 법칙이 있다. 국민의회 대표들은 모두

▼ 파리 시민들이 바스티유 감옥 습격에 성공하고 나서 승리를 자축하는 모습

다른 지역에서 왔고, 비록 대부분이 제3신분 출신이었지
만 사실 제3신분도 각양각색의 직업을 가진 사람들이
모인 커다랗고 복잡한 계층이었다. 그래서 이 대표
들이 모두 한마음 한뜻으로 같은 의견을 낸다는
것은 거의 기적에 가까웠다. 또 테니스코트에서
의 서약과 바스티유 감옥 습격 등 급진적인 혁명
사건들을 겪은 후 선교사와 귀족 계층이 분열해
서 그중 일부가 혁명 진영에 가담하기도 했다.
하지만 그들은 어쩔 수 없는 특권 계급 출신이라
국민의회 안에서도 보수적인 우파를 형성했다.
이 밖에도 네케르를 중심으로 모인 왕정파가 나타
났는데, 이 당파는 중립적인 온건파에 속했다.
　각 당파를 이룬 대표들의 이익 관계가 다르다 보니
그들의 입장과 관점도 충돌했다. 그래서 당파 간의 이익 관
계를 어떻게 조절하느냐가 국민의회의 새로운 문제가 되었다. 제
3신분의 대표들은 국민의회에서 좌파를 형성했고, 국민파로 불리며
가장 많은 의석을 차지했다. 당시 막시밀리안 로베스피에르 등 급진
적인 혁명가들이 아직 두각을 드러내지 않았을 때였고, 우두머리 세
명이 국민파의 실질적인 선장 역할을 맡았다.

깊어지는 갈등

　국민파의 우두머리 세 명은 바로 아드리앵 뒤포르와 앙투안 피에
르 바르나브, 알렉상드르 드 라메트였다. 그들은 각자의 장점으로
서로 보완하며 완벽한 권력 네트워크를 형성했다. 뒤포르가 계략을
내놓으면, 바르나브가 그것을 바탕으로 계획을 짜고, 라메트가 행동
으로 옮겼다. 세 사람은 모두 신분이 달랐지만, 혁명이라는 같은 목
적으로 의기투합했고 공공의 이익을 위해 계급과 신분의 굴레를 벗
어 던졌다. 뒤포르는 안목이 넓고 의지가 강했으며 이론적 지식이
탄탄하고 여러 방면에서 다양한 경험을 쌓았다. 그는 혁명에 대한
군중의 열기는 어느 순간 갑자기 사라질 수 있으므로 그들에게 더
큰 동기를 주지 않으면 혁명이 금세 나태해질 수 있다는 것을 잘 알

▲ 자크 네케르

네케르는 프랑스 재무장관, 즉
재정총감을 지냈으며, 1732년
에 스위스 제네바의 은행업자
집안에서 태어났다. 1781년에
그의 개혁안이 프랑스 상류층
의 반발을 불러일으켜 면직되
었다가 1788년에 재정총감으로
복귀했다. 그는 삼부회 소집을
주도하고 제3신분의 대표 수를
특권 계급의 대표 수와 맞추도
록 했으며, 또한 각 신분이 동
일한 세금을 내야 한다고 주장
해 국왕과 특권 계급의 분노를
사기도 했다. 그래서 1789년 7
월 11일에 또다시 해임되었고,
이에 분노한 파리 시민은 바스
티유 감옥을 습격했다. 그 후
루이 16세는 네케르를 다시 재
정총감으로 임명했다. 당시 프
랑스는 교회의 재산을 몰수하
고 이를 이용해서 아시냐 지폐
(Assignat)[49]를 발행했다. 그러
나 네케르는 이보다는 온건적
인 개혁 정책의 실행을 주장했
고, 그의 주장은 헌법제정회의
에서 결정한 급진적인 정책과
는 반대되는 것이었다. 자크 네
케르는 결국 1790년 9월에 재
정총감직에서 사퇴했다.

49) 프랑스 혁명기의 토지 담보 채권으로, 1789년부터 1796년 사이에 프랑스가 재정 상태를 개선하기
　　위해 발행했으며 후에 지폐화되었고, 심한 인플레이션을 일으키며 국민의 생활을 압박했다.

고 있었다. 그래서 뒤포르는 클럽연합회를 조직했으며, 이 조직은 훗날 프랑스의 가장 중요한 정치 조직이 되었다. 영리한 뒤포르는 이 조직을 이용해서 혁명에 대한 군중의 관심을 이어갔고 자신이 계획한 대로 착착 혁명을 진행해나갔다.

국민파와 날카롭게 맞서던 귀족과 선교사들은 우파를 이루었다. 그들 역시 국민의회의 일원이었지만, 동시에 혁명의 '피해자'였다. 그들은 국민의회에서 대부분 부정적인 역할을 했다. 마리 드 카잘레즈(Marie de Cazalès)가 이 우파의 대표 인물이었는데, 그들은 회의에서 건설적인 의견은 하나도 내놓지 못하면서 쉴 새 없이 떠들어대기만 했고, 입법을 위해 일하는 대표라기보다는 그저 의회의 말썽꾼에 불과했다.

중립적 태도를 보이던 왕정파는 그저 이 두 세력 사이에서 모든 일이 순조롭게 풀리기만을 바랐다. 하지만 혁명 기간에 왕정파는 종종 좌우 양측에서 비난을 받았다. 네케르는 영국의 입헌군주제를 찬양하며 평화적인 방식으로 프랑스에서 영국의 정치 체제를 실현하고 싶어했다. 그 밖에도 1789년 7월 14일 이전에 그는 귀족이 그들의 권리 일부분을 평민에게 나누어주길 바랐다. 그런데 7월 14일 이후에는 또 평민들에게 극단적인 행동으로 귀족을 위협하지 말라고 촉구했다. 그러나 왕정파는 인원도 영향력도 적어 성과를 거두지 못했고, 좌우파는 왕정파를 줏대 없는 기회주의자라고 여겼다.

권력의 중심

국민의회는 입법권을 쟁취했고, 프랑스 권력의 중심이 되었다. 이제 필요한 것은 새로운 헌법을 제정하고 관리 기관을 설립해 국가를 효율적으로 이끌어가는 것이었다. 왕은 비록 폐위되지는 않았으나, 이미 권위를 잃어 아무도 왕의 명령을 따르지 않았다. 국민의회는 루이 16세 수하의 관료들을 믿지 않았다. 그래서 그들이 행정 사무에 관여하지 못하도록 전문 위원회를 구성해서 일상 사무를 모두 처리했다.

당시 왕과 귀족이 나라를 다스리는 권력을 모두 잃었으므로 나라가 안정적으로 나아가려면 완전한 헌법이 필요했다. 프랑스는 당시 유럽에서 일어난 계몽 운동의 중심이었고, 계몽 철학자들은 각기 저서에서 완벽한 나라의 모습을 묘사했다. 이와 동시에 미국 독립 전쟁과 미국인의 건국 과정은 프랑스 혁명 투사들의 상상력과 창조력을 자극했다. 그래서 국민의회는 인간의 권리를 보장하는 헌법을 제정할 것을 다짐했다.

입법은 결코 간단한 문제가 아니다. 다시 말해, 대충 헌법에 몇 가지 조항을 추가하면 되는 것이 아니다. 입법은 권력을 분배하고 균형을 맞춰서 이를 바탕으로 국가의 각 기관을 설립하고 나라를 이끌어가는 데 필요한 가장 기본적인 법률적 기초와 근거를 제공하는 일이었다. 국민의회는 시작부터 난관에 부딪혔다. 입법 기관과 왕의 관계를 어떻게 조율하느냐가 문제였다. 당시의 국민의회는 헌법을 제정할 수 있는 자격이 있었고 그들과 경쟁할 수 있는 상대는 아무도 없었지만, 미래에 의회가 과연 한 나라의 정치에서 어떤 역할을

▼ 베르사유 궁전의 웅장함과 화려함은 당시 황제의 권위와 존엄을 나타내며, 고전적 분위기의 균형감은 화합과 위엄을 보여준다. 베르사유 궁전은 프랑스 봉건 정치 시기의 상징이라고 할 수 있다.

해야 하는지에 대해 활발히 논의했다.

국민파가 볼 때 왕은 그저 법적으로 나라의 원수일 뿐, 의회를 소집하거나 해산할 권력은 전혀 없었다. 당시 국민의회는 대권을 장악하고 누구와도 권력을 나누려고 하지 않았는데, 이는 그동안 프랑스인이 행정 권력의 횡포를 너무 많이 겪은 탓에 국가를 믿을 수 없었기 때문이다. 의회는 한편으로는 정부의 권력이 너무 커지는 것을 억제하고, 또 한편으로는 의회를 상설기구로 만들어서 왕이 의회가 휴회하는 때를 틈타 권력을 확장하지 못하도록 했다.

네케르를 중심으로 한 왕정파는 국민파가 만든 하원 외에 국민의 추천과 왕의 임명으로 상원을 만들길 희망했다. 상원과 하원을 모두 만드는 것은 의회의 권력이 너무 커지는 것을 막기 위해서였다. 일원제는 의외의 절대 권력과 폭정을 불러올 가능성이 있기 때문이다. 만일 프랑스에서 평화롭게 새로운 건국이 이루어지고 있었다면 왕정파의 이러한 수장은 아주 현명한 일로 받아들여졌을 것이다. 그러나 당시에는 바스티유 감옥이 습격당하는 등 격양된 분위기에서 여전히 혁명의 불길이 타오르고 있었고 국민파와 귀족 간의 갈등도 심각해져서 어느 한 쪽도 쉽게 양보할 수가 없었다. 귀족들은 자신들로 구성된 귀족의회를 만들고 싶어했으나, 당시 귀족원은 이미 권력을 상실했기 때문에 아무도 선호하지 않았다.

결국에는 국민의회가 단일 의회로 되었고, 귀족은 정치에 참여하고 싶으면 제3신분 인사들과 함께 참여해야만 했다. 왕정파 대표들은 국민의회의 이러한 결정이 프랑스를 전제군주제에서 의회 전제주의로 몰아가는 것이라며 크게 실망했다. 왕정파는 상원을 세우면 의미 없는 당파 투쟁을 막을 수 있다고 여겼지만, 양원제는 혁명의 시대에는 불가능한 일이었다. 그것은 평화의 시대에나 가능한 일이었다.

국왕의 권력

의회의 지위에 대한 토론이 끝나자 또 다른 문제가 다시 파리 시민을 들끓게 했다. 바로 국왕의 지위와 권한에 대한 것이었다. 당시 왕은 이미 권력을 잃었지만, 국민의회의 모든 의원이 법률은 국왕의 비준을 받은 후에야 효력이 발생할 수 있다는 점과 국왕이 '부결권'을 행사한다는 점에 동의했다. 그중에서 논쟁이 된 부분은 국왕의 부결권이 유한한가, 무한한가였다.

사실 부결권이란 왕이 잠시 법률을 정지시키는 것일 뿐 법률 자체를 폐지할 수 있는 것은 아니다. 그렇다고는 해도, 파리 시민은 여전히 이 규정이 너무 지나치다고 여겼다. 그들은 이제껏 왕이라는 사람들의 횡포를 끊임없이 겪었기 때문에 왕에게 작은 권력이라도 돌아가면 큰일이 날 것처럼 두려워했다. 이 문제는 사실 간단한 것이었지만, 혁명이 일어나던 시기에는 마치 생사를 결정하는 것인 양 큰일로 여겨졌다. 사실을 자세히 알지 못하는 군중은 왕에게 부결권을 주는 것은 곧 자신들의 자유를 보장받지 못하는 것과 같다고 오해했다. 그래서 흥분한 군중은 힘을 합쳐 왕에게 청원서를 내러 궁전으로 몰려갔다. 이런 집단적인 행동은 단순한 소란이 아니라 자칫하면 유혈 충돌을 일으킬 수도 있었다. 당시 파리국민군은 라파예트의 지도로 조직의 체계적인 규율을 익히면서 질서 유지의 중요성을 깨달았다. 청원서를 내러 궁으로 향하던 군중은 이런 파리국민군의 저지로 베르사유 궁전까지 가지 못하고 진압되었다.

그 후 국민의회는 왕이 두 차례 열리는 입법 회의 기간에 법률 비준을 연기할 수 있다고 선언했다. 이 결정으로 군중의 흥분은 가라앉았지만, 사실 기존의 부결권과 국민의회가 새로 제

▼ 프랑스의 국왕 루이 16세와 그의 대신들을 풍자한 그림으로, 재정총감 자크 네케르가 프랑스의 재정을 구하는 구세주로 묘사되어 있다. 개혁파였던 네케르는 세금제도를 개혁하고 삼부회를 다시 열자고 주장해서 대중의 열렬한 지지를 받았다.

정한 부결권에는 큰 차이가 없었다. 그러나 결과적으로 프랑스는 국민의회의 조삼모사朝三幕四 묘책으로 이번 위기를 넘겼다.

국민의회의 기세등등한 공세에 귀족층도 마음이 흔들리기 시작했다. 귀족들은 설령 삼부회 이전의 상태로 되돌아가지는 못한다고 하더라도 왕이 국민의회의 포위망에서 빠져나와 자신들의 특권을 계속 유지할 수 있게 해주길 바랐다. 그것이 어렵다면 왕이 파리 밖으로 나가서 다른 지역에서 군사를 조직하고, 파리를 점령해 왕의 지위와 권력을 되찾길 희망했다. 그러나 베르사유 궁전은 이미 파리국민군의 감시를 받았기 때문에 아무리 적절하고 떳떳한 이유를 댄다고 해도 왕이 밖으로 빠져나가는 일은 쉽지 않았다.

당시 귀족층 외에도 또 한 사람이 루이 16세가 궁전에서 떠나길 바랐다. 바로 오를레앙 공작이었다. 그는 루이 16세가 궁을 비우면 떳떳하게 섭정을 맡을 수 있는 유일한 사람이었기 때문이다. 파리 시민은 왕을 가까이에서 견제할 수 있도록 그가 파리에 머무르길 바랐고, 또한 국왕이 파리에 있으면 파리로 더 많은 식량이 운반되기 때문에 기근을 줄일 수 있었다.

이때 궁에서는 반란을 통제한다는 이유로 외부에서 군대를 소집했다. 1789년 10월 1일에 베르사유 궁전에서는 외부 군대가 왕의 극진한 대접을 받고 술에 취한 상태에서 루이 16세에게 충성을 맹세했다. 프랑스가 혁명을 시작한 상황에서 루이 16세가 군대를 불러 이런 행동을 한다는 것은 누구도 이해할 수 없는 일이었다. 루이 16세가 이들에게서 충성 맹세를 받았다는 소문이 파리 전체로 퍼져 나갔고, 시민들은 왕이 군대를 이용해서 혁명을 제압하려고 한다고 생각했다. 이런 분위기 속에서 각종 유언비어가 나돌았고, 때마침 파리에 식량이 부족해져서 많은 사람이 끼니를 챙기지 못하자 분노가 폭발했다. 작은 소문이 군중의 폭동을 일으킨 것이다.

10월 5일에 한 젊은 여인이 군대의 진영에 몰래 들어가서 북을 훔쳤다. 그러고는 거리로 나와서 크게 북을 울리며 외쳤다. "빵을 달라! 빵을 달라!" 이 외침이 거리에 퍼지자 그녀처럼 오랫동안 굶주림에 시달린 사람들이 모두 그녀의 곁으로 모여들었고, 시간이 지나면서 그 수는 점점 많아졌다. 그때 누군가가 "베르사유 궁전으로 가자!"라고 외치자 사람들은 궁전을 향해 몰려가기 시작했다. 이 소식을 들은 라파예트는 바로 국민군을 보내서 군중을 저지했다. 어렵게 그들을 타이르고 회유한 끝에 군중은 베르사유 궁전으로 가지 않고 뿔뿔이 흩어졌다.

혁명을 건설로 바꾸는 일은 너무나 어려웠다. 군중의 흥분은 쉽게 세상을 뒤엎을 수 있었지만, 새로운 세계를 건설하기에는 부족했다. 그래서 새로운 세상을 만드는 일은 혁명보다 더욱 어려웠다. 사태가 이렇게 되자 국민의회는 결국 대규모 개혁을 단행할 수밖에 없었다.

옛것을 버리고 새것을 세우다

국민의회의 주도로 프랑스에서는 행정에서 종교, 재정에서 사법 체계까지 전면적인 개혁이 진행되었다. 이 과정에서 구체제는 '개혁'되고 새로운 체제가 탄생했다. 구체제를 버리고 새로운 체제를 만드는 과정에는 언제나 기쁨과 원망이 뒤따랐다. 이익을 얻는 자는 환호하고, 손해를 입는 자는 슬퍼하거나 반항했다.

우선 행정구역에 대한 개혁이 시작되었다. 프랑스의 행정구역은 중세의 것을 그대로 따르다 보니 상당히 복잡했고, 각종 명목으로 뭉친 집단들이 작게나마 각기 땅을 차지하고 있었다. 국민의회는 프랑스의 기존 행정구역 체제를 완전히 버리고 83개 데파르트망(départements)[50]으로 나누었으며, 모든 데파르트망의 면적과 인구는 비슷하게 배분했다. 그리고 각 데파르트망에 상원을 설치하고, 5명이 배정된 처리부를 만들어서 일반 사무를 맡게 했다. 데파르트망 아래에 '현'에 해당하는 행정 단위를 두었고, 또 그 아래로 코뮌(commune)을 만들었다. 코뮌은 주로 교구로 이루어져 있으며 선거구 역할을 했다.

데파르트망 외에 자치 도시도 있었는데, 이 구역은 데파르트망과 달리 각기 크기에 차이가 있었다. 그러나 자치권은 모두 평등했으며, 이는 예부터 전해 내려오는 프랑스 전통을 보존하기 위한 것이었다. 이런 과정을 거쳐서 프랑스의 국가 구조에 근본적인 변화가 생겼다. 예전에는 각 지역이 분봉이나 황제의 하사 혹은 종교적 특권 등에 따라 나뉘었지만, 이제는 모두 국가의 헌법에 따라 나뉘었다. 1790년에 바스티유 감옥 습격을 기념하기 위해 파리에서 축제가 열렸다. 이때 각 지역에서 선발된 대표단이 모두 파리에 모였고, 이

오노레 미라보

오노레 미라보는 재능이 뛰어난 의원이었다. 그는 포부가 크고 말솜씨가 뛰어났다. 그래서 국민의회에서 파벌 간에 논쟁이 일어나면, 항상 그가 나타나서 싸움을 중단시켰다. 수차례 위기를 겪으면서도 그는 언제나 국민의회의 든든한 기둥 역할을 했고, 다른 의원들도 모두 자신처럼 네케르의 재정 개혁 법안에 찬성하길 바랐다. 미라보는 국민의회에서도 유능한 의원으로 유명했지만 궁정에서도 신임이 두터웠다. 그러다 보니 그는 혁명 초기에 혁명의 지도자이자 갈등의 중재자가 되었다. 모든 것이 혼란스럽던 시대에 그의 재능은 빛을 발했다. 1791년 3월에 그는 결국 지나친 과로로 세상을 떠났고 전 국민이 그의 죽음을 애도했다. 하지만 어쩌면 그는 가장 좋은 시기에 세상을 떠났는지도 모른다. 만일 몇 년이 더 흘렀다면 그가 혁명의 대상이 되었을지도 모르기 때문이다.

---

50) 우리나라의 도 단위에 해당

들은 전국적인 동맹을 맺어 의회의 뜻에 복종했다.

행정구역을 다시 나누는 것은 이름만 바꾸는 것이 아니라 권력을 재분배하는 것이었다. 그래서 예전에 특권을 누리던 귀족들은 이제 새로운 권력 구조에서 아무런 지위도 인정받지 못했다. 또 원래 큰 영토를 소유하던 영주들은 토지를 나누는 것에 반대했지만, 이 역시 국민의회의 힘을 뛰어넘지 못했다.

종교는 오랫동안 사회의 단결을 이끄는 역할을 했고, 프랑스에서는 종교가 없는 사회를 상상할 수 없었다. 그러나 교회는 이미 오래전에 특권층이 되었다. 그래서 종교는 반드시 개혁해야만 했다. 혁명 초기에는 부족한 재정을 메우기 위해 교회의 재산을 몰수하기도 했다. 그 후 국민의회는 '성직자 시민헌장'을 발표해서 선교사들이 국가와 헌법에 복종하길 요구했다. 그런데 이 법령은 교황의 강력한 반대에 부딪혔다. 사실 이는 의심할 바 없이 교황의 절대적인 지위를 침범하는 것으로, 달리 보자면 세속적인 권력이 종교에 관여하는 것이었다. 국민의회의 법령에 따르는 선교사들도 있었지만, 대부분 선교사는 이에 저항했고 교회는 법령을 따르는 파와 따르지 않는 파로 패가 나뉘었다. 이때 국민의회에 저항한 선교사들은 종교 활동에 참여할 권리를 박탈당했다.

그 밖에 재정과 사법 분야에서도 대대적인 개혁이 이루어졌다. 이 개혁안은 많든 적든 기득권 세력의 이익을 침범할 수밖에 없었기에 귀족의 반발이 컸다. 새로운 체제가 이 시련들을 이겨낼 수 있을지는 혁명의 성공 여부와도 관련된 중요한 문제였다.

헌법의 탄생

1791년 헌법이 발표된 후 프랑스 대혁명은 새로운 시기를 맞았고, 부르주아지(Bourgeois)[51]가 요구하던 권리는 모두 헌법에 반영되었다. 이 헌법은 프랑스 국내외에서 온갖 음모가 벌어지고 루이 16세가 '탈출 소동'을 벌이는 가운데 완성되었다. 만일 이 헌법이 관철되어 제대로 실행된다면 프랑스 대혁명은 그렇게 막을 내리고 프랑스 역시 입헌군주제 국가가 되었을 것이다.

파리를 탈출한 루이 16세

프랑스 대혁명의 물결이 예상보다 훨씬 큰 영향력을 보이자 유럽 각국의 군주들은 프랑스 국민을 적으로 보기 시작했다. 그들은 프랑스 국내의 혼란한 상황을 지켜보면서 자신들끼리도 '외교 혁명'을 벌였다. 그래서 예전에는 서로 적, 정복 대상으로 생각하던 나라들이 한데 모여서 대프랑스 통일 전선을 구축했다. 프랑스와 동맹 관계에 있던 오스트리아와 터키 등도 영국의 주도로 통일 전선에 참여했다.

이와 함께 외국으로 망명한 프랑스 귀족들은 혁명을 막기 위해 프랑스를 침범하려는 열강을 배후에서 조종했는데, 특히 루이 16세의 동생인 아르투아 백작이 그러했다. 아르투아는 혁명이 시작되자마자 프랑스에서 도망쳐 나와 여러 나라를 떠돌면서 유럽의 군주들이 군대를 보내 프랑스 혁명의 불길을 잡아야 한다고 주장했다. 그 결과 오스트리아와 스위스, 독일, 사르데냐 등이 군대를 모아 프랑스 국경 지대로 모여들었다. 프랑스 대혁명은 이제 한 국가만의 일이 아니었다. 그것은 프랑스의 경계를 넘어서 유럽 전체에 천지개벽과 같은 변화를 몰고 왔다. 그러나 사실 이 변화는 프랑스 국민이 일으킨 것이 아니라 유럽 각국이 마음대로 혁명에 간섭하면서 벌어진 일이었다.

아르투아는 유럽 각국을 휘젓고 다니면서 프랑스 국경 지대의 안전에 큰 위협이 되었다. 감옥과 같은 파리에 머무르는 루이 16세 역

---

51) 유산 계급. 본래는 중세부터 도시에 거주하며 귀족과 선교사와 반대로 제3신분을 형성했던 프랑스 시민을 가리키는 말

▲ 프랑스 대혁명이 끝난 후, 사회는 안정을 찾지 못하고 약탈과 절도 등 범죄 행위가 기승을 부렸다.

시 아르투아가 군대를 이끌고 파리로 쳐들어오는 것은 원하지 않았다. 그렇게 된다면 프랑스 왕좌의 주인은 자신이 아닌 동생이 될 것이 분명했기 때문이다. 루이 16세가 원하는 것은 자신의 힘으로 예전의 체제와 지위를 회복하는 것이었다. 그는 국민의회가 '제멋대로 설치는 꼴'도, 망명한 귀족들이 '열강에 빌붙는 꼴'도 모두 보기 싫었다.

루이 16세의 충직한 장군 부이예는 강력한 군대를 거느렸고 왕에 대한 충성심이 남달랐다. 그 역시 귀족들처럼 루이 16세가 안전하게 파리를 빠져나가서 각 지역에서 군대를 모아 파리의 혁명가들을 처벌하길 바랐다. 그래서 심혈을 기울여 루이 16세를 파리에서 탈출시킬 작전을 짰다. 그는 국경에는 적군이 있으니 몽메디로 가서 진영을 세우고 가는 길목에도 초소를 세워서 왕의 안전을 보호하려고 했다.

이 계획은 매우 주도면밀하게 이루어졌고, 루이 16세와 왕비는 조용히 일을 치르기로 했다. 루이 16세는 그 얼마 전에 베르사유 궁전에서 큰 연회를 벌였다가 그것이 파리 시민의 분노를 사서 반란이 일어날 뻔한 적이 있었다. 그래서 이번에는 탈출할 날까지 평소와 똑같이 조용하게 시간을 보냈다. 1791년 6월 20일, 루이 16세는 왕비와 하인 몇 명을 거느리고 신분을 위장한 채 몰래 궁전을 빠져나왔다. 그리고 미리 준비된 마차에 올라 몽메디로 향했다.

이튿날 아침에 루이 16세가 도망쳤다는 소문이 사방에 퍼지자 시민들은 매우 분노했고, 파리 전체가 다시 혼란으로 빠져들었다. 루이 16세가 도망가는 것을 막지 못한 사람들은 모두 공범으로 몰려 장 바이와 라파예트 역시 국민의 신임을 잃었다. 국민의회는 새로운 외교장관을 임명하고 유럽 각국에 상황을 설명하며 프랑스에서는 혁명이 일어나지 않을 것이고 새로운 정부는 각국과 우호적인 관계를 이어갈 것이라고 약속하는 등 루이 16세의 탈출 사건에 신속하게 대응했다. 동시에 프랑스에서 도망치려던 귀족들을 체포하면서 혼란은 진정되었다.

탈출한 첫날, 루이 16세의 여정은 모든 것이 순조로웠다. 하지만 스스로 전쟁터 같은 파리에서 멀어졌다고 생각했을 때 예상치 못한 일이 일어났다. 몽메디로 향하던 중에 그의 정체가 탄로난 것이다! 그는 바렌에서 체포되었고 탈출은 물거품이 되었다.

공화제 vs 입헌군주제

루이 16세의 탈출에 파리 시민은 분노했고, 국민의회는 내부에서 분열이 일어나기 시작했다. 루이 16세가 없어지자 '왕이 꼭 필요한가?'라는 문제가 새로운 논쟁으로 떠오른 것이다.

그러던 중에 루이 16세가 붙잡히자 국민의회는 바르나브를 파견해서 왕을 데려오게 했다. 그런데 바르나브는 루이 16세와 만나 이야기를 나누면서 생각이 바뀌어 그의 변호인이 되었다. 그는 돌아오는 내내 루이 16세의 죄를 면제할 방법을 생각했고, 왕과 일가족에게 깊은 동정심을 느꼈다. 루이 16세가 파리에 도착했을 때, 길 양쪽에 늘어선 시민들은 환호도 저주도 하지 않고 침묵으로 그에 대한 불만을 표현했다.

루이 16세는 파리로 돌아온 후 감금되었으며, 국민의회는 그에게 군대를 움직인 죄를 물으려고 했다. 그런데 국민의회 내부에서 마찰이 빚어졌다. 일부 의원들은 국왕의 지위를 계속 보존해야 한다고 주장했고, 다른 의원들은 파리에서 도망친 순간 왕위를 포기한 것이나 다름없다고 주장하며 팽팽하게 맞섰다.

당시 각 당파 내에서는 새로운 분화와 조합이 일어나고 있었다. 루이 16세를 지지하는 의원들은 라메트와 바르나브를 중심으로 퓌양파를 이루어서 입헌군주제를 주장했다. 이와 반대로 로베스피에르를 중심으로 한 자코뱅파는 루이 16세를 폐위하고 공화정을 세워야 한다고 주장했다. 양측의 주장이 팽팽하게 대립하면서 의회 안팎이 뜨겁게 달아올랐다.

퓌양파는 이번 사태를 진정시키기 위해 루이 16세에게 성명을 발표하길 요구했다. 그런 동시에 더 큰 문제가 생기기 전에 국왕의 존재에 대한 논쟁을 끝마치고 싶었다. 국민의회 토론에서 바르나브가 긴 연설문을 발표했는데 핵심은 단 하나였다. "의회는 평정을 유지하며 예전처럼 지혜와 기지를 발휘하여 우리의 혁명을 순조롭게 완수해야 한다. 국왕을 폐위하는 일은 다른 나라에 위협이 될 것이며, 이는 프랑스 혁명에 아무런 이익이 되지 않는다."

　바르나브의 훌륭한 연설은 긍정적인 반응을 얻었고, 의회는 그의 의견을 받아들여서 루이 16세에게 비교적 관대한 처벌을 내렸다. 이

▼ 1791년 6월 20일에 루이 16세는 가족과 함께 튈르리 궁전을 빠져나와 룩셈부르크로 도망쳤다. 하지만 국경을 몇 킬로미터 남겨놓지 않은 곳에서 발각되어 바로 감옥에 갇혔다.

제 루이 16세가 헌법을 따르지 않거나, 군대를 이용해서 국민과 전쟁을 벌이거나, 국왕의 이름으로 모든 타인에게 프랑스에 대한 전쟁을 허락한다면, 자동으로 왕의 지위를 잃고 일반 국민이 되며 또한 국민이 루이 16세를 처벌할 수 있게 되었다.

국민의회의 결정이 통과되자 자코뱅파 대표들은 의회의 결정을 되돌리기 위해 여론을 선동해서 반격에 나섰다. 그 이유는 간단했다. 프랑스의 최고 주권은 왕이 아닌 국민에게 있고, 루이 16세는 이미 한 차례 도망쳤기 때문에 왕으로서 자격이 없다는 것이었다. 자코뱅파의 당통 등 지도자들은 무대에 올라 연설하면서 파리 시민에게 의회의 결정에 반대할 것을 촉구했다. 라파예트는 파리국민군을 이끌고 자코뱅파와 집회에 모인 사람들을 쫓아내려고 했다. 그 과정에서 양측 사이에 격렬한 시비가 붙었다. 사태가 악화하자 라파예트는 병사들에게 집회에 모인 사람들을 조준하라고 명령했고, 많은 사람이 총에 맞아 쓰러지자 놀란 시민들은 앞다투어 집회장에서 도망쳤다.

루이 16세의 탈출 사건으로 벌어진 당파 간의 힘겨루기에서 푀양파가 승리를 차지했다. 하지만 이후 푀양파는 오히려 더욱 난감한 상황에 빠졌고, 공화파는 그들을 혁명의 적으로 간주했다. 그리고 외국으로 망명한 귀족들은 유럽 각국의 군주들과 연합해서 프랑스를 공격할 준비를 했다. 다행인 것은 국민의회의 헌법 제정 작업이 거의 완성 단계에 이르면서 혁명의 성공 여부와 관계없이 그 시기의 헌법이 후세에 문헌으로 전해질 수 있게 되었다는 점이다.

헌법 반포

루이 16세가 처한 상황이 결코 남의 일 같지 않았던 유럽의 군주들은 결국 이 안쓰러운 왕을 구출하기로 했다. 각국은 선전포고를 하고 프랑스로 쳐들어갈 준비를 했다. 이는 명백한 위협이자 협박이었지만, 이미 혁명을 경험한 프랑스인들은 자신의 몸을 던져서 외국의 적들을 막아낼 각오가 되어 있었다.

프랑스를 둘러싼 국내외에서 분위기가 고조될 무렵 국민의회의 헌법이 완성되었다. 헌법 초안을 완성하기까지 정말 긴 시간이 걸렸다. 끊임없는 당파 싸움에 지쳐가던 의원들도 드디어 어깨의 짐을 내려놓을 수 있었다. 헌법은 당시 법에 따라 루이 16세의 비준을 받

미국 독립 전쟁과 프랑스 대혁명
은 거의 동시대에 발생했으며, 양
국이 만든 헌법도 큰 차이가 없
다. 미국은 삼권 분립의 입헌 정
치 체제를 세웠으며, 헌법은 지금
까지도 미국에서 경전으로 받들어
진다. 그러나 프랑스가 만든 헌법
은 휴짓조각에 불과했다. 두 나라
가 모두 혁명을 했지만, 미국은
적이 종주국이었기 때문에 영국을
몰아낸 후 안심하고 건국에만 집
중할 수 있었다. 그러나 프랑스의
적은 자기 자신이었다. 당파 투쟁
이 격렬해질수록 균형 있는 입헌
정치 국가를 세울 가능성은 희박
해져 갔다.

아야만 실행될 수 있었기에 루이 16세에게 전해졌다. 게다가 폐위된
왕에게서는 비준을 받을 수 없었기 때문에 이는 루이 16세의 권력과
자유를 회복시켜주는 것과도 마찬가지였다. 루이 16세는 마땅히 자
신에게 자유를 준 헌법에 감사해야 했다.

　루이 16세는 국민의회에 다음과 같은 편지를 썼다. "프랑스의 왕
인 나는 이 헌법을 승인한다. 또한 헌법을 수호하며, 헌법에 따라 나
의 권한을 행사할 것이다." 루이 16세가 이처럼 순종적인 태도를 보
이자 그를 공격하던 여론도 한층 잠잠해졌다. 1791년 9월 29일에 국
민의회가 막을 내린 날 루이 16세는 직접 참석해서 연설문을 발표했
다. 그는 헌법을 만들기 위해 애쓴 의원들의 노고에 진심으로 감사
하며 존경심을 표했다. 그리고 자신도 반드시 헌법에 따라 왕의 임
무를 수행할 것이며, 모든 의원이 자신의 선거구로 돌아가서 지역
주민들에게 왕은 언제나 국민과 함께 있을 것임을 전해주었으면 좋
겠다고 덧붙였다.

　헌법이 반포되었고 국민의회의 사명도 완성되었으니, 의회는 이
제 문을 닫아야 했다. 헌법은 새로운 세상을 세우는 첫걸음일 뿐이
고, 핵심은 이 헌법을 철저하게 실행하는 것이었다. 그러자면 공정
하게 일에 매진할 훌륭한 인재가 필요했지만, 안타깝게도 당시 프랑
스에는 그런 인재가 전혀 없었다. 프랑스인들은 자신들이 꿈꾸던 이
상을 모두 헌법에 담으면서 실제에서는 당파 싸움에만 열중하고 있
었던 것이다.

단두대에 오른 루이 16세

혁명이란 이전 사회의 먼지와 그 먼지의 주인을 모두 제거하는 일이다. 혁명의 열기는 인간의 이성을 마비시키고, 폭력과 피비린내는 마치 마귀처럼 혁명의 주위를 맴돈다. 루이 16세는 부르봉 왕가의 왕 중 가장 권력욕이 적은 왕이지만, 또한 가장 운이 나빴다. 선대 왕들이 루이 16세에게 물려준 것은 영광스럽고 찬란한 프랑스 왕위가 아니라 용암이 펄펄 끓어오르는 화산이었다. 이 활화산은 루이 16세가 왕에 오른 후 폭발했으며, 그는 프랑스 대혁명의 바람을 타고 저승길로 사라졌다.

왕과 의회

1791년 9월, 프랑스 역사상 최초의 헌법이 반포되었다. 국민의회는 이제 사명을 마쳤고, 국민입법의회가 그 자리를 대신했다. 의원들의 면모도 새롭게 바뀌었으며, 국민입법의회는 헌법을 준수하겠다고 선언했다. 만일 이 부르주아지 헌법이 순리적으로 자리를 잡아갔다면, 아마 프랑스 대혁명도 그렇게 끝났을 것이다.

바렌으로 도망쳤다가 체포된 루이 16세는 이 헌법이 마음에 들지 않았지만 반대 의사를 표현할 수가 없었다. 프랑스 궁정과 입법의회는 사이가 그다지 좋지 않았다. 궁정은 입법의회가 루이 16세의 지위를 회복해주길 바랐고, 적어도 입헌 군주로서 권력을 되찾아주길 원했다. 그렇게 해야만 왕이 헌법에 따라 행정 기관을 세울 수 있기 때문이다. 입법의회는 대표 60명을 파견해 루이 16세를 만나기로 했다. 대표단이 궁전에 도착했을 때, 루이 16세는 다른 대신에게 그들을 만나보라고 명령했다. 이는 분명히 대표단을 존중하지 않는다는 표현이었다. 그때 루이 16세는 대표단의 단장과 만나고 있었는데, 단장은 무심한 말투로 이렇게 말했다. "폐하, 얼마 전 국민입법의회가 열렸다는 사실을 알려드리기 위해 제가 특별히 찾아왔습니다." 그러자 루이 16세도 차갑게 대답했다. "내가 요즘 바빠서 가볼 시간이 없군요!"

국민입법의회의 의원들은 왕의 오만한 태도에 크게 실망했다. 사실 당시 궁정의 권력은 이미 의회로 넘어간 후였기 때문에 루이 16세의 오만한 태도는 그 자신에게 아무런 도움이 되지 않았다. 그가 정말로 의회와 대립하려고 한다면 자신의 자리만 더 위태로워질 것

▲ 루이 16세의 조각상
루이 16세는 1774년에 프랑스 왕위에 올라 1793년에 처형당했다. 프랑스 역사상 처형으로 생을 마감한 왕은 그가 처음이다.

이 뻔했다. 의회는 왕을 비난했다. 하지만 법률 규정에 따라 의회에 왕을 위한 특별석을 설치해야 했고, 동시에 '폐하' 혹은 '주상'이라는 칭호를 붙여야 했다. 일부 의원은 이런 규정은 모두 의회의 콧대를 꺾으려는 것이라며 반발했고, 왕의 특별석을 일반석으로 바꿔야 한다고 요구했다. 또한 '폐하'라는 칭호는 봉건 시대의 왕을 의미하는데 봉건 시대는 이미 지나갔으니 그 칭호를 바꿔야 하며, 왕은 일반 평민과 같이 나라의 국민이므로 천자天子를 뜻하는 '주상'이라는 칭호 역시 부적합하다고 주장했다.

그러자 궁정에서는 법률 규정에 따라 왕을 대접하지 않으면 왕이 국민입법의회에 참석하지 않을 것이라고 말했다. 그러나 마지막에 루이 16세가 결국 의회에 모습을 드러내면서 그동안 쌓인 감정은 모두 풀어졌고, 루이 16세가 의회에서 화해의 제스처를 보내자 국민입법의회도 이를 받아들였다. 루이 16세는 입법의회에서 완전한 입헌군주가 된 것처럼 연설문을 발표했다. 이때 그는 의원들에게 프랑스의 재정과 군사, 공업, 무역 등 각 분야의 문제점에 대해 허심탄회하게 자신의 생각을 이야기했다. 그리고 국내외에서 일고 있는 반혁명 세력을 진압하기 위해 군대를 동원해서 프랑스의 안전과 존엄을 지킬 것이라고 밝혔다. 연설의 마지막에 루이 16세는 진심으로 의회와 좋은 협력 관계를 유지하고 싶다는 뜻을 밝히며 이것이야말로 프랑스가 위기에서 벗어나 국민의 권리를 보호할 방법이라고 덧붙였다. 루이 16세의 연설은 의원들의 열렬한 환호를 받았고, 바렌에서 일어난 사건으로 높아졌던 비난 여론을 단번에 잠재웠다.

국왕의 선택

안타깝게도 루이 16세와 의회의 화목한 관계는 오래가지 못했다. 루이 16세에게 다른 선택이 없었기 때문이다. 프랑스는 입법을 선포하고 모든 영역에서 개혁을 진행하면서 가장 중요한 한 가지를 잊고 있었다. 그것은 바로 안전이다. 국내외의 정세가 불안한 상황에서 정치와 경제 등을 개혁하는 것은 너무나 어려웠다. 유럽의 각 군주가 대프랑스 동맹을 결성하고 프랑스 국경으로 모여들어서 호시탐탐 파리를 노리고 있었다. 그 밖에도 도망치지 않은 귀족이나 헌법을 인정하지 않는 선교사들도 프랑스 국내에서 각종 반란을 만들어내고 있었고, 그런 상황에서 당파 간의 투쟁은 점점 과열되었다. 이 시기에 의회에서 지롱드파가 가장 영향력 있는 당파로 성장했다. 이들은 과격한 개혁을 원하지는 않았지만 온 힘을 다해 혁명을 지지했고, 브리소가 지롱드파의 대변인을 맡았다. 지롱드파는 의회의 좌파와 우파의 중간에 속했다. 궁정과 친하게 지내는 의원들은 온건파라고 불렸으며, 그들은 의회에서 우파에 속했다. 파리국민군과 일부 행정 기관에는 모두 이 우파 의원들이 존재했다.

이 밖에 급진적인 사상의 혁명파가 있었는데, 그들은 군주를 끌어내리고 하층민과 함께 혁명을 계속해서 새로운 정권을 세워야 한다고 주장했다. 이 당파에서는 로베스피에르와 당통이 핵심 인물이었다. 이들과 비교해 우파는 의회에서 소수에 불과했지만, 자코뱅클럽의 일원이었기 때문에 자코뱅파라고도 불렸다.

밖에서는 열강이 주위를 맴돌고, 안에서는 반란이 끊이지 않으며 당파 싸움은 심각해져만 가는 상황에서 프랑스가 안정된 입헌군주제를 이룬다는 것은 불가능에 가까웠다. 혁명의 분위기가 고조되던 때에는 이성적인 방안들은 무엇이든 두려움과 무능력의 상징으로 매도되었다. 이런 상황에 대처하기 위해 의회는 세 가지 법령을 발표했다. 첫 번째, 왕의 동생 아르투아 백작은 반드시 두 달 안에 프랑스에 돌아와야 하며, 그렇지 않으면 섭정 지위를 취소할 것이다. 두 번째, 외국으로 망명한 귀족 중 특히 프랑스 국경에 주둔하는 귀족에게는 모두 반역죄의 혐의가 있고, 1792년 1월 1일까지 해산하지 않으면 반란죄로 사형하고 재산을 몰수할 것이다. 세 번째, 헌법에 복종을 선언하지 않은 선교사들은 반드시 시민 선서를 해야 하며, 그렇지 않으면 그들에게 임금을 주지 않고 반역자로 간주할 것이다.

또한 계속 저항하면 삼엄한 감시를 받게될 것이며, 반란이 일어나면 모두 체포되어 감옥에 갇힐 것이다.

의회의 법령은 국왕의 비준을 받아야만 정식으로 실행될 수 있었기에 의회는 이 법안을 루이 16세에게 보고했다. 루이 16세는 흔쾌히 첫 번째 법령을 허가했다. 그 역시 국경 밖에서 말썽을 일으키고 다니는 동생에서 자신의 자리를 빼앗기고 싶지 않았기 때문이다. 하지만 나머지 두 법령의 비준은 뒤로 미뤘다. 그는 자신의 지위와 위엄으로 귀족과 선교사들에게 국가의 이익에 복종하고 다시는 국가의 안위에 위협이 될 만한 행동을 하지 말라고 당부하고 싶었기 때문에 법령에서처럼 엄격한 처벌을 내리는 것은 원하지 않았던 것이다.

비준을 미루자 여기저기서 원성이 쏟아졌다. 그러자 루이 16세는 의회에 가서 자신의 결정을 변호하고, 동시에 계속해서 망명한 프랑스 귀족을 숨겨주는 나라를 프랑스의 적으로 삼을 것이라고 했다. 루이 16세는 국내의 군대를 동원해서 프랑스 국경의 안전을 지키겠다고 선언했고, 이로써 사람들의 시선을 국경으로 돌리고 자신도 여론의 압박에서 잠시 벗어날 수 있었다. 1792년에 루이 16세는 오스트리아에 선전포고를 하며 국민의 큰 지지를 받았다.

그러나 프랑스의 국경 지대를 지키기 위한 전쟁은 순조롭지 않았다. 대부분 장교가 혁명 중에 군대에서 도망쳤기 때문에 군대의 전투력이 크게 약해져서 잇달아 전투에서 패했다. 이때 급진적인 혁명파가 세력을 장악하면서 루이 16세에게 프랑스의 전시 체제를 선언하고 나머지 두 법령을 비준하라고 요구했다. 루이 16세는 며칠 동안 침묵을 지키다가 마침내 결정을 내렸다. 그는 더 이상 혁명을 원하지 않았고, 의회와 관계를 끊기로 했다. 1792년 6월 13일, 루이 16세는 대신들을 모두 교체하고 나머지 두 법령을 부결했다.

루이 16세의 행동은 급진파 의원들을 자극했다. 전쟁이 격렬해질수록 왕권에 반대하는 급진파의 세력도 점점 커졌고, 루이 16세는 이제 혁명의 적이 되었다. 혁명의 물결이 요동칠 때, 루이 16세의 역할과 운명은 그 물결 위에서 갈피를 잡지 못했다.

▼ 단두대
단두대는 프랑스 대혁명 시기에 귀족 출신 범죄자들을 사형할 때 자주 사용된 대표적인 형벌 기구이다. 프랑스인은 이것을 '과부'라는 별명으로 불렀다. 단두대는 20세기까지 사용되었으며, 1981년에 프랑스가 사형제를 폐지한 후 역사 속으로 사라졌다.

단두대에 오른 왕

1792년 8월 10일, 파리 시민이 반란을 일으켜 급진적인 자코뱅파가 혁명의 최전방에 섰다. 그들은 외국의 침입을 막기 위해 온몸을 바쳐서 국경을 수호했고, 발미 전투로 전세를 뒤집어서 전쟁의 주도권을 잡았다. 루이 16세가 미처 손을 쓸 새도 없이 지롱드파는 무너졌고, 그 자신도 감옥에 갇혔다.

혁명파가 루이 16세를 체포하면서 유일무이의 절대 권력을 누리던 왕은 한낱 죄수로 전락했다. 프랑스 의회에서 벌어진 당파 싸움 역시 전쟁과 다르지 않았다. 로베스피에르가 이끄는 자코뱅파는 의회에서 산악파[52]라고도 불렸는데, 그들은 국왕을 참형하고 완전한 혁명 정부를 세워야 한다고 주장했다.

의회는 루이 16세를 어떻게 처리할지를 두고 논쟁을 벌였고, 불운한 왕 루이 16세는 결국 당파 싸움의 희생양이 되었다. 그는 실패한 국왕이 되었다. 이제 프랑스에서 왕이라는 직위는 그저 정치적 휘장이자 당파 싸움을 위한 명목일 뿐이었다. 감옥에 갇힌 루이 16세를 변호해주려는 사람은 거의 없었고, 그에게 불리한 증거들만 계속해서 나타났다. 의회가 1791년에 루이 16세가 쓴 편지를 찾아냈는데, 만일 자신이 다시 권력을 잡으면 예전의 왕정 체제로 되돌리고 선교사들의 권리도 회복시킬 것이며 지금 국경 밖에 있는 연합군이 프랑스를 공격해서 극악무도한 혁명가들을 처단할 것이라는 내용이 쓰여 있었다.

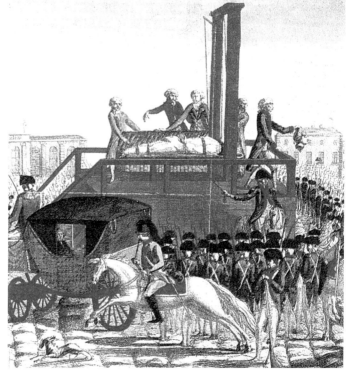

▼ 루이 16세가 단두대에서 처형되는 모습

---

52) 의회에서 항상 가장 높은 자리에 앉아서 붙여진 이름

혁명적 사상에 반하는 증거물이 계속 발견되었지만, 그래도 루이 16세는 왕이었다. 당시 프랑스의 법률에는 왕에게 죄를 물을 수 있다는 조항이 없었고, 그를 재판할 수 있는 법정도 존재하지 않았다.

생쥐스트는 어디서 루이 16세를 재판해야 할지 고민하는 것은 어리석은 일이라고 여겼다. 왜냐하면 루이 16세는 이미 프랑스의 적이 되었기 때문이다. 적에게는 재판 없이 바로 처벌을 내리는 것이 가능했다. 로베스피에르도 이런 생쥐스트의 생각에 동의했고, 루이 16세를 반역자이자 국민의 적으로 여기며 반드시 사형해야 한다고 주장했다. 그리고 결국 국민집회를 열어서 그곳에서 루이 16세를 심판하기로 했다.

1793년 1월 21일 10시 10분, 파리의 혁명 광장[53]에서 루이 16세의 공개 처형이 집행되었다. 처형당하기 전에 루이 16세는 자신을 둘러싼 군중에게 외쳤다. "나는 죄 없이 죽는다! 하지만 나는 원수들을 용서할 것이다!" 그리고 같은 해 10월, 루이 16세의 왕비 마리 앙투아네트도 공개 처형을 당했다.

---

53) 지금의 콩코르드 광장

나폴레옹의 등장

대혁명의 물결은 프랑스 전체를 뒤덮었고, 그 속에서 루이 16세와 마라, 당통, 로베스피에르 등이 세간의 주목을 받았다. 그들은 한때 영광스럽고 호화로운 자리에 있었지만 결국 모두 패배자가 되었다. 프랑스 국민은 루이 16세를 매우 원망했지만, 혁명으로 얻은 공화는 그들에게 아무런 자유와 질서도 가져다주지 못했다. 그러자 혁명의 불길이 식어갈 때쯤 사람들은 강력한 누군가가 나타나서 군사 독재 정권이라도 좋으니 프랑스에 안정을 찾아주었으면 좋겠다고 생각했다. 그들에게는 최소한의 평안과 배를 채울 수 있는 빵이면 충분했다.

코르시카인

1769년에 코르시카 섬에서 나폴레옹이 태어났다. 이 섬은 본래 프랑스의 지배를 받는 곳이 아니었는데, 나폴레옹이 태어나기 1년 전에 제노바 정부가 프랑스와 비밀 조약을 맺어 코르시카 섬의 주권을 '양도' 했다.

나폴레옹의 집안은 코르시카 섬에서 명문가로, 선조가 제노바에 살다가 코르시카 섬으로 옮겨왔다. 나폴레옹의 아버지 카를로 부오나파르테는 정치적 안목이 상당히 뛰어났다. 그는 처음에 제노바 정부 측에 서서 프랑스가 섬을 점령하는 데 반대했다. 하지만 프랑스군에 맞서는 것은 가망이 없다는 것을 깨닫고 프랑스군에 협력하기 시작했다. 그 공으로 나폴레옹의 가문은 프랑스 정부로부터 귀족으로 인정받고 가문의 이름을 프랑스식으로 보나파르트로 바꾸었다. 또 카를로 보나파르트는 자신의 아들을 프랑스 군사학교로 진학시킬 기회까지 얻었다.

코르시카 섬은 나폴레옹이 태어났을 때 이미 프랑스의 통치를 받았지만, 나폴레옹의 마음속에는 코르시카인의 기질과 사고방식이 자리 잡았다. 그는 자신을 코르시카 사람, 또는 이탈리아 사람이라고 생각했다.

1779년에 나폴레옹의 아버지는 아들을 브리엔 군사학교로 보냈다. 그때만 해도 코르시카 섬에서 온 이 작은 꼬마가 자라서 훗날 프랑스의 주인이 될 것이라고 예상한 사람은 아무도 없었다. 나폴레옹의 학교생활은 그다지 즐겁지 않았다. 어린 나이에 부모님과 떨어져서 홀로 낯선 환경에 적응한다는 것은 이제 열 몇 살밖에 안 된 아이에게는 인생의 큰 도전이나 다름없었다. 또 나폴레옹은 외지 사람이었다. 친구들은 나폴레옹이 코르시카 방언을 쓰는 것을 꼬투리 잡아 놀려댔다. 나폴레옹은 친구들의 놀림에 말대꾸하고 싶지 않아 매일 혼자서 책에 파묻혀 시간을 보냈다.

브리엔에서 보낸 5년 동안 나폴레옹은 엄청나게 많은 책을 읽었다. 그는 라틴어를 배우는 것보다 수학을 배우는 것을 훨씬 좋아했는데, 어린 나폴레옹의 눈에 라틴어는 아무짝에도 쓸모가 없는 학문이었다. 또 군사공정학과 지리학에도 큰 관심을 보였는데, 이런 기술과 지식은 모두 훗날의 전쟁에서 유용하게 쓰였다. 5년의 학교생활이 끝난 후 나폴레옹은 파리 군사학교로 진학해서 공부를 계속했다. 그리고 1785년에 포병 부대 소위로 임명되어 군인의 삶을 시작했다.

프랑스 대혁명이 시작되자 나폴레옹은 생활에 타격을 입기도 했지만, 오히려 대혁명을 통해 자신의 능력을 발휘할 기회를 얻었다. 1793년에 입법의회에서 코르시카 섬을 데파르트망으로 승격시키자 나폴레옹은 너무나 기뻤다. 그는 변화무쌍한 대혁명을 겪으며 프랑스를 진심으로 사랑하게 되었고, 그때부터 자신을 더 이상 코르시카 섬에서 온 외지인이 아닌 프랑스인으로 생각했다.

이집트 원정

나폴레옹의 군사적 능력은 대프랑스 동맹 연합군에 저항하는 과정에서 빛을 발했다. 전쟁을 치르면서 나폴레옹의 지위는 계속해서 높아졌고, 일개 포병 소위에서 이제는 프랑스군에서 가장 지휘력이 뛰어난 고급 장교가 되었다. 그가 이끄는 프랑스군은 이탈리아 반도를 장악했고, 이탈리아의 도시국가들이 연이어 투항했다. 어떤 도시국가에서는 이탈리아 출신인 나폴레옹이 자국으로 와서 오스트리아군을 몰아내주기를 바라기도 했다. 아마 나폴레옹조차 자신의 출신이 이런 쓸모가 있을 줄은 미처 생각하지 못했을 것이다.

나폴레옹은 다른 장교들과 비교했을 때 훨씬 뛰어난 전적을 쌓았고, 프랑스 남부 국경 지대는 안정을 되찾았다. 나폴레옹은 용맹하지는 않았지만 용감하고 결단력 있으며 무엇보다 전략을 세우는 데 귀재였다. 사람들이 코르시카 섬에서 온 키 작은 장교 나폴레옹을 존경하기 시작하자, 프랑스 정부는 승승장구하는 나폴레옹을 질투하면서 한편으로는 그가 자신들의 통치를 뒤엎으려고 할까 봐 노심초사했다. 그래서 그들은 나폴레옹이 파리에 머무는 것을 원하지 않았다. 어느 날 나폴레옹은 정부로부터 공문을 한 통 받았다. 그것은 바로 해군을 이끌고 영국을 공격하라는 명령이었다.

이는 정말로 말도 안 되는 일이었다. 영국 해군은 지난 몇 세기 동안 바다를 지배해왔다. 영국과 프랑스의 오랜 전쟁 역사를 볼 때, 프랑스는 한 번도 영국과의 전쟁에서 이익을 얻은 적이 없었다. 게다가 육군 장교에게 갑자기 해군 함대를 이끌고 영국을 공격하라니, 이런 아닌 밤중의 홍두깨 같은 일이 어디 있단 말인가! 나폴레옹은 영국군과 싸워 본 경험은 없었지만 그들이 만만한 상대가 아니라는 점은 잘 알고 있었

▲ 나폴레옹
툴롱 항구에서 벌어진 전투를 승리로 이끌며 이름을 날렸다. 그 후 그는 일반 장교에서 일약 유명인사가 되었다.

다. 그래서 그는 총재 정부에 편지를 썼다. "저는 프랑스가 영국 본토를 공격하지 않는 편이 낫다고 생각합니다. 제 생각에 지금 프랑스는 모든 병력을 라인 강 일대에 집중해야 하며, 영국을 위협하려면 레반트나 이집트를 원정해야 합니다."

사실 나폴레옹은 이탈리아 반도를 공격할 당시 동방에 찬란한 제국을 건설하는 꿈이 있었다. 그는 이집트가 영국과 인도를 연결하는 거점이라는 것을 알아채고, 이집트를 점령하면 영국과 인도의 연결고리를 끊을 수 있고 나아가 비옥한 강 유역을 차지할 수 있다고 생각했다. 이에 총재 정부도 나폴레옹의 이집트 공격에 동의했다.

1789년 5월 19일에 나폴레옹은 전함 13척, 운송선 130척, 그리고 보조함 수십 척을 이끌고 위풍당당하게 프랑스 툴롱 항구에서 출발

해 이집트로 떠났다. 나폴레옹의 이집트 원정에는 해군과 육군뿐만 아니라 많은 수학자와 생물학자, 화학자 등이 동행했다. 군대가 칼과 총으로 영토를 정벌한다면, 이 학자들은 현지의 문화를 분석하고 정신적으로나 사상적으로 동방을 통제하는 역할을 맡았다.

프랑스는 영국의 허를 찌르는 전략을 세워 지중해를 문제없이 통과했다. 영국 해군은 프랑스군이 지브롤터 해협을 공격할 것이라고 예상하고 프랑스군을 수색하기 위해 서쪽으로 함대를 파견했다. 그러나 프랑스 총재 정부는 이미 영국의 몰타 총독을 매수한 상태였다. 프랑스군이 그곳에 나타나자 몰타의 영국 해군은 형식적으로 저항하는 척하다가 금세 프랑스군에 투항했다. 몰타를 점령한 후 나폴레옹은 계속 동쪽으로 나아갔고, 1798년 7월 1일에 알렉산드리아에 도착해서 또 한 번 큰 희생 없이 그 지역을 점령했다.

▲ 도금된 접시에 프랑스 학자들이 이집트 스핑크스상의 머리를 측량하는 모습이 그려져 있다. 1798년에 나폴레옹이 이집트를 침범한 주요 목적은 영국이 인도의 재물을 약탈하는 통로를 위협하기 위해서였다. 하지만 그것이 목적의 전부는 아니었다. 프랑스 학자들은 이집트의 고대 문명에 흥미를 느끼고 이를 깊이 연구했다.

이집트에 상륙한 후 나폴레옹은 온건 정책을 펼쳤다. 그는 바다를 건너오는 동안 군함에서 내내 《코란》을 연구했고, 이집트에 도착하고 나서 그곳의 종교 지도자와 만나 이슬람교의 교리에 대해 토론했다. 그의 행동은 이집트의 이슬람 지도자들에게 큰 호감을 얻었다. 나폴레옹은 또 프랑스 군사들에게 이집트 백성의 재산을 보호하라고 명령했다. 하지만 끝까지 복종하지 않은 맘루크 기마병들에게는 폭탄 세례를 퍼부었고, 그들은 큰 피해를 입고 도망쳤다.

1799년 7월, 나폴레옹이 데려온 과학자들은 이집트연구소를 세우고 이집트에 대해 전면적으로 연구하여 수십 권에 달하는 《이집트지誌》를 발간했다. 이는 이집트에 대한 서양인의 대규모 연구의 시작이며, 《이집트지》는 동방학 연구에 가장 중요한 저서의 하나가 되었다.

브뤼메르 18일

나폴레옹이 이집트에 도착하고 나서 처음 몇 개월 동안은 아무런 문제도 일어나지 않았다. 하지만 그런 평화로운 시간은 오래가지 않앉고, 안 좋은 소식이 계속 전해졌다. 먼저 원정군의 함대가 귀항하던 중에 영국군의 공격을 받아 전멸했다. 이렇게 해서 이집트에 있는 나폴레옹군은 퇴로가 막혔다. 그리고 육지에서는 아랍인이 프랑스군을 교란하기 시작했다. 나폴레옹은 터키 군대가 이집트로 몰려올 것이라는 소식을 듣고, 먼저 손을 쓰기 위해 정예군을 이끌고 시나이 사막을 지나 소아시아로 향했지만 패하고 말았다.

나폴레옹이 이집트에서 속수무책으로 당할 때, 프랑스 국내 역시 사면초가의 위기에 처했다. 로베스피에르의 전제주의 공포 정치가 끝났을 때 사람들은 그를 단두대로 올렸다. 그 후 이어진 권력 투쟁 끝에 프랑스는 1795년에 총재 정부를 세웠다. 그러나 총재 정부는 국민의 재물을 약탈하고 부패와 무능력함을 보이며 민심을 잃었다. 10년 동안 이어진 혁명과 전쟁으로 프랑스인은 온갖 고통을 모두 겪었고, 이제 다시는 이런 일이 되풀이되지 않고 안정된 생활을 하게 되길 원했다.

프랑스 안팎으로 위기가 계속되자 프랑스인들은 강력한 누군가가 나타나서 프랑스의 혼란을 잠재우고 국가에 안정과 평화를 가져다주기를 소망했다. 그리고 갈수록 많은 사람이 나폴레옹이야말로 그 소망을 실현하는 데 적합한 사람이라고 생각하기 시작했다. 나폴레옹은 이집트에서 진퇴양난에 빠져 어찌할 바를 모르던 중에 갑작스럽게 정부의 소환 명령을 받았다. 그는 영국 해군에게 공격당할 수 있는 위험을 무릅쓰고 작은 배를 타고서 프랑스로 향했다.

1799년 10월 16일에 나폴레옹이 파리에 도착했다. 당시 파리의 정치판은 너무나 혼란스러웠다. 그래서 나폴레옹은

▼ 1799년 11월 10일, 나폴레옹이 프랑스 의회의 원로원과 오백인회를 전부 해산시키고 의회의 권력을 빼앗아 통령 정부 수립을 선포했다. 그림에는 오백인회(하원)에서 의원들이 나폴레옹에게 저항하는 모습이 묘사되어 있다.

잠시 집에서 머물며 상황을 살피기로 했다. 사실 그는 이집트에 있을 때 이미 프랑스 정부를 해체할 궁리를 했다. 다만, 아직은 시기가 좋지 않았다. 그가 파리로 온 지 얼마 되지 않아 나폴레옹의 집은 비밀 회의장이 되었다. 여러 정치인이 수시로 나폴레옹을 찾아와 나라를 다스릴 방법을 논의했다. 그러던 어느 날 시에예스가 총재 정부를 이어받아 새로운 헌법을 제정하라고 제안했고, 나폴레옹은 그 의견을 받아들였다.

군대는 이미 나폴레옹에게 충성을 맹세했고, 정부와 원로원도 대부분 그의 편에 섰다. 이제 남은 것은 오백인회였는데, 그들은 하원과 같은 국민 대표 기관이었다. 그들 가운데 일부는 나폴레옹이 프랑스의 올리버 크롬웰[54]이 될 것이라고 여겨 그의 집권을 반대했다. 1799년 11월 9일에 나폴레옹은 군대를 동원해 의회를 포위하고 오백인회의 의원 500명 앞에 모습을 드러냈다. 그러자 의원들은 분노해서 그에게 고함을 지르고 욕설을 퍼부었다. 그러니 나폴레옹의 손에는 총이 있었고, 그에게 충성을 맹세한 군대가 들어와 의원들을 해산시키면서 정변은 조용히 마무리되었다. 이 날이 1799년 11월 9일, 즉 프랑스 공화력[55]으로 브뤼메르[56] 18일이어서 이 사건을 '브뤼메르 18일'이라고 부른다. 이 정변으로 나폴레옹은 프랑스의 독재자가 되었다.

---

54) 영국의 정치가이자 군인으로, 청교도 혁명이라고 불리는 영국 내전에서 활약한 인물. 군사 정치를 기반으로 죽을 때까지 전권을 행사했다.
55) 278쪽 참조
56) 안개달이라는 의미

자코뱅파의 독재

대혁명이라는 토네이도가 파리를 뒤덮을 때 여러 인물이 그 바람을 타고 하늘로 치솟았다가 곧 땅으로 내쳐졌다. 혁명의 봉화는 입헌파에서 지롱드파로 전해졌고, 그 후 자코뱅파로 넘어가면서 온갖 압력과 핍박을 받으며 살던 하층민이 처음으로 혁명의 주인이 되었다. 장 폴 마라와 조르주 당통, 막시밀리앙 로베스피에르는 혁명의 최전방에서 무한한 영광을 누렸지만, 그들 역시 혁명으로 만들어진 죽음의 늪을 피해갈 수는 없었다.

광적인 마라

혁명은 마치 대수술과 같다. 하지만 수술대에 누워 있는 것은 환자가 아니라 구체제이고, 수술을 맡은 의사는 혁명을 위해 열정을 불태우는 혁명가이며, 수술에 사용되는 도구는 메스가 아닌 펜이다. 의사는 손에 든 펜으로 구체제의 부패한 살점을 도려낸다.

마라와 당통, 로베스피에르는 자코뱅파의 핵심 인물로, 세 인물에게는 각기 다른 특징이 있었다. 우선 마라는 선동가 스타일로 혁명에 광적인 모습을 보였고, 당통은 질서를 중요시했으며, 로베스피에르는 권력과 권위에 가장 관심이 많았다. 이 세 혁명가는 프랑스 대혁명을 정점으로 끌어올렸지만, 그들의 죽음과 함께 하층민들의 혁명도 끝났다.

1793년 1월에 루이 16세가 단두대에서 처형되자 유럽 각국의 군주들이 프랑스 혁명에 큰 불만을 표시했다. 영국은 그런 군주들을 선동해 대프랑스 동맹으로 끌어들였고, 프랑스는 또다시 전쟁의 위험에 처하게 되었다.

루이 16세가 단두대에서 처형된 후 지롱드파는 세력을 잃었고, 프랑스 대혁명의 권력은 점점 아래 계급으로 옮겨갔다. 혁명 초기에 권력의 주도권을 잡았던 것은 귀족과 부유층이었다. 그러다 권력이 지롱드파로 넘어가면서 중산 계급이 혁명의 주인이 되었고, 루이 16세가 죽고 난 후에는 하층민이 그 권력을 차지했으며 자코뱅파가 바로 하층민의 대표였다.

혁명의 권력이 하층민에게 넘어가자 프랑스 전체가 동요하기 시작했고, 혁명의 열기는 모든 사람에게 감염되었다. 이는 마라도 예

▲ 프랑스 대혁명 이후 혁명 정부는 공포 정치를 펼쳤다. 짧은 기간에 수많은 귀족과 상류층 인사가 처형되었고, 프랑스 사회 전체에 공포 분위기가 가득했다. 그림에서 귀족들은 하층민이 진행하는 법정에서 재판을 받고 있다.

외가 아니었다. 그는 혁명과 폭력에 매우 열광했다. 사실 마라는 실력 있는 내과 의사였다. 또 물리와 화학, 광학 등 자연과학에도 지식이 풍부했고, 여러 논문을 발표한 유명한 과학자이기도 했다. 그가 뉴턴을 그토록 비난하지만 않았더라면 아카데미프랑세즈 회원이 될 수도 있었을 것이다.

프랑스 대혁명이 시작되자 마라도 혁명이라는 바이러스에 감염되었고, 내과 의사이던 그는 프랑스의 구체제에도 메스를 대야겠다고 결심했다. 그가 손에 든 펜은 천군만마보다 강력한 것이었다. 그는 지롱드파를 공격 대상으로 삼아 맹렬하게 비난했고, 국민공회[57]에서 결코 환영받지 못했다. 그는 외모도 볼품없고, 키도 작았으며, 머리도 엄청 컸다. 단지 반짝이는 영롱한 두 눈만이 그의 존재를 각인시켜 주었다. 그러나 볼품없다 못해 추하기까지 한 이 젊은이가 훗날 프랑스 혁명을 이끄는 선봉에 섰다.

대혁명 기간에 프랑스에서는 수많은 신문과 잡지가 발행되었고, 이는 여론과 혁명을 인도하는 풍향계 역할을 했다. 마라는 각종 잡지에 자신의 글을 싣고, 여러 인물을 평가했으며, 그의 주장은 이러한 매체를 통해 프랑스 전역으로 퍼졌다. 그는 당시 혁명에 큰 힘을 발휘한 날카로운 글을 썼지만, 반면에 몸은 바람 불면 쓰러질 것처럼 허약했다. 그는 폐병과 피부병을 앓아서 욕조에 몸을 담갔을 때

---

57) 프랑스 혁명의 최종 단계에서 구성된 의회로, 입법의회에 이어 설립된 헌법제정회의를 말함

에만 병의 통증을 잠시 잊을 수 있었다. 그래서 마라는 욕조를 좋아
했고 종종 약수에 몸을 담근 채 글을 쓰기도 했다.

마라의 죽음

루이 16세가 사라진 후 자코뱅파와 지롱드파의 싸움은 갈수록 치
열해졌다. 이에 마라는 과격한 혁명으로 그들을 모두 없애려고 했
고, 지롱드파의 눈에 마라는 남을 선동하기 좋아하고 파괴적인 성격
의 인물이었다. 그 후 누군가가 마라를 살인과 독재 혐의로 고소했
다. 법정에서 마라에 대한 재판이 진행될 때 마라를 숭배하는 사람
들이 법정 밖에 모여서 시위를 벌였다. 그들은 마라에게 처벌을 내
린다면 반드시 복수할 것이라며 법정을 위협했다. 수많은 시위 참가
자에게 겁을 먹은 판사는 결국
마라에게 무죄를 선고했다. 마
라는 이렇게 해서 풀려난 후 더
욱 명성을 얻었고, 하층민의 수
호자로까지 불렸다.

마라의 명망과 지위가 하늘
높은 줄 모르고 치솟자, 그에게
앙심을 품은 사람도 그만큼 많
아졌다. 1793년 7월 9일에 한 여
인이 마차를 타고 파리로 왔다.
그녀의 이름은 샤를로트 코르데
로, 귀족 출신이었으나 혁명으
로 재산을 잃고 가난하게 살았
다. 그녀는 어려서부터 귀족 교
육을 받아 고대 그리스와 로마
성인들의 작품을 읽었고 프랑스
계몽 사상가들과도 교류했었다.
혁명과 폭력에 치를 떤 그녀는
마침내 자기 한 몸을 희생해서
라도 이 거대한 혁명을 막아야
겠다고 결심했다.

7월 11일에 코르데는 칼을 한

▼ 폴 보드리의 작품 〈샤를로트
코르데〉
이 작품에서 코르데는 죽은 마
라의 시신 곁에 서서 자신이 저
지른 행위에 대한 당당함을 드
러내고 있다. 보드리는 이 역사
적 사건에서 깊은 인상을 받았
고, 코르데가 마라를 죽인 것이
살인임을 드러내면서도 코르데
에 대한 경의를 함께 표현하려
했다.

273

자루 사서 마라의 국민공회 집무실로 찾아갔다. 그런데 마라는 그날 마침 집에서 쉬고 있었다. 코르데는 다시 마라의 집으로 향했지만, 그의 집은 경비가 삼엄해서 좀처럼 마라를 만날 수가 없었다. 그래서 코르데는 방법을 궁리한 끝에 마라에게 혁명을 반대하는 사람들을 고발하는 편지를 썼다. 13일에 다시 마라의 집을 찾았을 때, 경호원들이 그녀를 막아섰지만 마라가 그 소리를 듣고는 방으로 들어오게 했다. 마라는 평범해보이는 아가씨가 저승사자와 함께 자신을 찾아왔을 줄은 상상도 하지 못했을 것이다. 마라가 코르데의 편지에 쓰인 사람들의 이름을 기록할 때, 예리한 칼이 그의 가슴을 찔렀다.

마라는 고통에 신음하며 살려달라고 소리쳤고, 코르데는 현장에서 체포되었다. 그러나 그녀는 조금도 두려워하는 기색 없이 침착하게 말했다. "이제 내 임무는 끝났다!" 이후 법정에 선 그녀는 죄를 인정하지 않았다. 그리고 자신은 국민으로서 해야 할 일을 한 것뿐이며, 자신이 죽인 것은 사람의 목숨을 우습게 생각하는 악마였다고 주장했다. 재판은 간단하게 끝났고, 코르데에게는 살인죄가 선고되었다. 재판이 끝나고 몇 시간 후, 그녀는 군중의 야유와 저주를 받으며 처형되었다.

혁명에 몸을 던진 투사

광적인 마라, 그리고 냉정한 로베스피에르와 비교했을 때 당통은 훨씬 인간미가 있었다. 그는 살아 있을 때보다 단두대에서 목숨을 잃고 난 후 역사학자들이 더욱 많이 연구하고 찬양하는 존재가 되었다. 당통은 혁명가의 냉정함과 선동가의 열정, 투기꾼의 영리함과 교활함, 공처가의 부드러움, 그리고 바람둥이의 다정함을 모두 지니고 있었다.

당통은 젊었을 때 파리의 법조계에 들어가서 폭넓은 지식과 뛰어난 말솜씨로 파리의 유명인사가 되었고, 그 시기에 전형적인 중산층의 삶을 누렸다. 당통은 또한 모험가였다. 그는 권력과 재물에 남다른 흥미가 있어서 자신의 지위를 높일 기회라면 무엇이든 주저하지 않았다. 아마 이 모험가 기질이 바로 그를 혁명의 풍운아로 만든 가장 큰 요인이었을 것이다.

대혁명이 시작되자 당통은 적극적으로 혁명에 참여했다. 그는 자신의 친한 친구인 카미유 데물랭과 함께 한 노동자 마을에서부터 시작해서 큰 체구와 생동감 있는 목소리, 그리고 당당한 연설로 짧은 시간 안에 프랑스 혁명의 스타가 되었다.

혁명 법정의 피고인

1792년 8월 10일에 당통은 자코뱅파에 합류해서 부르봉 왕조를 무너뜨리고 루이 16세를 처형하며, 국내외의 적들과 싸우겠다고 결심했다. 2차 혁명 이후, 당통은 사법부 장관이 되었다. 하지만 그는 광적인 혁명의 움직임을 법률가로서 냉정하게 판단하지 못했다. 1793년 9월부터 시작된 공포 정치에도 당통은 제재를 가하지 않았고, 1,600명이 넘는 사람이 죽은 후에도 자신에게 쏟아지는 비난과 질타에 대해 "이것은 혁명의 요구입니다."라는 말만 했다. 당통은 절대 혁명에 반대하는 무리를 증오하지 않았으며 그저 혁명에 대한 하층민의 광적인 행동은 자기 혼자 힘으로는 막을 수 없다는 사실을 알고 있었을 뿐이다. 그는 자신의 반대는 그저 무모한 짓일 뿐이며, 혁명의 홍수에 떠내려가기보다는 그 물결을 타고 떠다니는 것이 낫다고 여겼다.

당통은 엄연한 혁명 지도자였다. 당시 프랑스 국내외에서 일어나는 혁명의 기세는 여전해서 자코뱅파는 외국 세력뿐만 아니라 망명한 프랑스 귀족 세력과도 투쟁을 벌여야 했고 지롱드파와도 당파 싸움을 해야 했다. 지롱드파는 이미 세력을 잃었지만, 혁명 무대에서는 여전히 영향력을 발휘했다. 1793년 5월 31일에 일어난 정변으로 지롱드파는 무대에서 완전히 사라졌고, 자코뱅파는 공안위원회와 보안위원회를 장악하면서 프랑스에서 가장 큰 권력을 손에 넣었다. 이후 지롱드파 의원들은 사형당하거나 국외로 망명했고, 그해 가을 들어 프랑스 전체에 공포 정치가 시작되었다. 프랑스 각지에 사람을 죽이는 살인 기계가 보급되고, 피가 강이 되어 흘렀으며 시체가

▼ 당통(1759~1794)의 조각상
프랑스의 부르주아지 혁명가로, 프랑스 대혁명 당시 자코뱅파의 지도자였다.

275

▲ 목판화

1794년 4월에 당통과 그의 친구
들이 혁명 군사 법정에 서 있다.
그림에서 오른쪽 심판석에서 일
어나 있는 사람이 당통이며, 화
가 난 그가 재판관들에게 삿대
질하고 있다.

곳곳에 쌓였다. 이런 잔인한 분위기를 참을 수가 없었던 당통은 혁
명파에게 냉정함을 유지하라고 당부했다. 당통의 친구 데물랭은 공
개적으로 혁명 독재를 비난하며, 공안위원회를 대체할 관대하고 인
자한 기관을 세워야 한다고 주장했다. 당통 역시 혁명이라는 이름으
로 진행되는 사형 게임에 진저리가 나 잠시 고향으로 돌아가서 머무
르기로 했다.

당통은 로베스피에르와 이야기를 나눈 적이 있었는데 대화는 그
다지 유쾌하지 않았다. 로베스피에르에게 혁명에 반대하는 무리와
무고한 사람을 제대로 구분해서 처리해달라고 요구하자, 그는 당통
의 인자하고 인도주의적인 성격을 못마땅해했다. 둘의 대화는 결국
아무런 소득 없이 끝났다. 당통은 이미 혁명의 주도권을 잃었고, 혁

명 법정의 총대가 그를 조준했을 때 이에 반격할 힘이 남아 있지 않았다.

혁명 지도자로 사랑받던 그는 하루아침에 공공의 적이 되었다. 사람들은 당통이 재물을 욕심내고, 여색을 밝히며, 뇌물을 받았고, 외국과 비밀리에 내통했다는 등 온갖 이유를 대며 그를 비난했다. 법정에서 당통의 사생활은 모두 죄가 되었고 재판은 점점 인신공격으로 변질했다. 줄곧 당당한 말솜씨를 뽐내던 그였지만, 법정에서는 자신에 대해 한 마디 변호도 하지 못했다. 그는 담담하게 말했다. "나는 형을 내리는 사람이 되느니 형을 받는 사람이 되겠소. 국민이 이미 나를 싫어하니, 죽어도 여한이 없소."

당통은 그해에 혁명 법정을 세운 인물로, 마지막에는 자신이 만든 법정에 피고인으로 서게 되었다. 법정에서 당통은 별다른 저항도 하지 않았다. 판사가 이름과 주소를 묻자 그는 이렇게 대답했다. "내 이름은 당통이고, 나는 혁명을 통해 많은 사람의 지지를 받았소. 내가 죽고 나면 내 주소쯤은 금세 잊히겠지만, 내 이름은 역사에 남을 것이오."

형이 집행되기 전에 당통은 마지막 말을 남겼다. "나는 로베스피에르와 함께 갈 것이다!" 이 말은 아마 당통이 단지 화가 나서 던진 말은 아니었을 것이다. 그는 폭력으로 권력을 얻은 사람은 폭력으로 망한다는 사실을 잘 알고 있었기 때문이다. 그 후 얼마 지나지 않아 로베스피에르는 당통의 뒤를 따라 단두대에서 역사 속으로 사라졌다.

이상주의자

당통이 죽은 후 로베스피에르는 프랑스 혁명의 최고 권력자가 되었다. 그와 함께 공포 정치가 프랑스를 지배했고, 로베스피에르의 전우인 쿠통과 생쥐스트는 진리와 혁명, 그리고 복수를 위해 무자비한 살인을 벌였다. 당시 혁명에서 물러나 중도를 걷는 사람은 누구든 극단주의자들에게 테러를 당했다. 보안위원회와 공안위원회는 사실상 정부와 사법 기관의 역할을 담당했으나, 이는 임시적인 기구일 뿐이었다.

▼ 로베스피에르는 프랑스 혁명가로 자코뱅파의 핵심 지도자였다. 1794년 7월 27일에 테르미도르 반동이 일어났을 때 체포되어 다음 날 단두대에서 처형되었다.

277

공화력

국민공회는 1793년 10월에 법령을 발표하고 그레고리력을 공화력으로 대체했다. 새로운 공화력은 프랑스 제1공화국이 탄생한 날(1792년 9월 22일)을 시작으로 하여 1년을 12개월로 나누었다. 그리고 순서대로 포도달(방데미에르), 안개달(브뤼메르), 서리달(프리메르), 눈달(니보즈), 비달(플뤼비오즈), 바람달(방토즈), 싹달(제르미날), 꽃달(플로레알), 풀달(프레리알), 수확달(메시도르), 열熱달(테르미도르), 열매달(프뤽티도르)로 이름 지었다. 1개월은 30일이고, 열흘씩 3주로 나누었다. 시간은 십진법으로 계산했으며, 하루는 10시간, 1시간은 100분, 1분은 100초로 세분화했다. 매년 마지막 날에는 5일을 더해서 프랑스 대혁명을 기념하는 '상퀼로트의 날'로 제정했고, 윤년에는 하루를 더 더해서 '프랑스의 날'로 삼았다. 공화력에는 기념일이 40개 있었는데, 모두 혁명의 색채가 강했다. 예를 들면 애국의 날, 폭군과 반역자 심판의 날, 진리의 날 등등이다. 공화력은 14년 동안 사용되다가 1806년에 다시 그레고리력으로 바뀌었는데, 훗날 파리코뮌에서 다시 공화력을 잠시 사용하기도 했다.

로베스피에르는 연설할 때 자신이 프랑스에 완전한 민주공화국을 세우겠다고 여러 차례 말했다. 그러기 위해 정부 기관을 개편하고 시민의 생활을 바꿔야 하며, 사회 계약의 각종 구속을 철폐해서 성실하고 선량하고 도덕적인 새로운 국민으로 거듭나야 한다고 주장했다. 이것은 사실상 로베스피에르가 자신의 유토피아를 건설하겠다는 것으로, 이 유토피아에는 투쟁도, 탐욕도, 그리고 부패도 없다. 이 유토피아에는 어떤 '오염'도 존재해서는 안 되기 때문에 로베스피에르는 사회에서 부패한 무리를 제거하기 위해 학살이라는 방법을 이용한 것이다. 왕정파와 지롱드파, 선교사, 귀족은 모두 권력을 잃었다. 또한, 그는 재판을 단순화하기 위해 심문 시간을 줄이고 누구든 음모를 꾸민 사람을 변호할 수 없게 하는 법안을 마련했다. 법정에서는 이미 공평과 정의가 사라졌고, 재판은 그저 사형을 내리기 위한 형식적 절차일 뿐이었다. 일부 의원이 이런 독단적인 재판 방식에 반대 의사를 밝히자 로베스피에르는 담담하게 말했다. "이런 자잘할 일은 논의할 필요가 없습니다. 의원님들께서는 어서 토론을 마치고, 회의에 법안을 제출해주십시오." 로베스피에르의 협박으로 이 법안은 바로 통과되었다.

흥미로운 것은 로베스피에르가 프랑스를 개조하기 위해 프랑스의 기념일을 도덕적인 단어들로 포장했다는 점이다. 예를 들어 '진리의 날', '정의의 날', '우정의 날', '영광의 날' 등 수많은 기념일이 만들어졌다. 그는 결코 교활한 술수로 프랑스 국민을 교화하기 위해 이런 기념일을 만든 것이 아니라 정말로 프랑스에 이런 공화국이 세워질 수 있다고 굳게 믿었다. 그러나 로베스피에르가 꿈꾸는 그런 나라를 만들려면 수많은 사람의 희생이 필요했다. 이미 독재자에 가까운 권력을 가진 로베스피에르는 마음대로 관리를 임명하고 혁명에 반대하는 사람들을 제거했다. 하층민은 이제 그를 신으로 받들었고, 군대의 장교들도 그의 명령에 절대복종했다. 그러나 로베스피에르의 권력은 금방 한계를 드러냈다. 그는 권력을 독차지하려고 했으나 그를 따르던 공안위원회와 보안위원회가 이를 반대했다.

그리고 곧이어 로베스피에르의 권력에 반대하는 정변이 일어났다. 로베스피에르는 자신에게 반대하는 사람들을 보고 투쟁의 의지와 반격할 힘을 모두 잃었다. 그는 권력 다툼의 피로 자신의 유토피아를 더럽히고 싶지 않았다. 1794년 7월 28일 오후 5시, 로베스피에르는 단두대로 향했다. 그는 생전에 수많은 사람을 이 단두대로 올려 보냈지만, 결국 마지막에는 자신도 단두대에서 이슬로 사라졌다. 그의 목이 떨어진 순간 단두대 아래의 군중은 환호를 질렀다. 그들의 눈에 로베스피에르는 이제 혁명의 수호자가 아니라 악마 같은 독재자였을 뿐이다.

로베스피에르의 묘비에는 이런 글이 쓰여 있다. "이곳을 지나가는 사람들아! 나의 죽음을 슬퍼하지 마라. 내가 살아 있다면 너희는 누구도 살아남지 못하리라!" 당시 혁명이란 이렇듯 잔혹하고 잔인한 일이었다.

1800년 미국 대통령 선거

4년에 한 번 치러지는 미국 대통령 선거에는 전 세계인의 이목이 쏠린다. 특히 1800년에 치러진 대통령 선거는 지금도 역사적으로 중요한 의미가 있다. 이 선거를 통해 당파 싸움이 치열하던 미국에서 평화롭고 질서 있는 정권 교체가 이루어졌고, 이후 200년 동안 치러진 모든 선거의 모범이 되었다. 1800년의 치열했던 선거를 돌이켜보면, 미국이라는 나라가 만들어지면서 겪은 그들의 곡절과 고난이 다시 한 번 눈앞에 떠오른다.

새로운 칭호

1789년에 워싱턴이 미합중국의 대통령이 되었다. 그는 자신의 일거수일투족이 훗날 미국 정치에 관례가 될 수 있다는 것을 생각해 매우 조심스럽고 신중하게 행동하고자 애썼다. 그는 주변 사람들에게도 "지금은 아무것도 아닌 것 같은 일이 훗날 미국 정치에 지속적으로 영향을 미치는 일이 될 수도 있다."라고 경고했다.

국회에서는 워싱턴을 어떻게 불러야 할지를 두고 고민을 계속했다. 부통령이던 존 애덤스가 '인자하신 폐하'라고 부르는 것이 어떻겠냐고 제안했지만, 그것은 입헌군주제를 채택한 영국의 칭호를 따라 하는 것이었다. 또 다른 사람이 '각하, 합중국 대통령, 만민의 권리 수호자'라는 의견을 냈는데, 이 역시 어딘가 로마 시대의 칭호 같았다. 국회는 여러 의견 중에서 결국 '합중국 대통령'이라는 칭호를 선택했고, 워싱턴도 이에 만족했다. 워싱턴은 '합중국 대통령'이라는 칭호가 새로 태어난 국가의 특징에 가장 잘 맞는다고 여겼고, 그 칭호가 지금까지도 이어지고 있다.

하나에서 둘로

워싱턴은 높은 득표율로 미합중국의 대통령이 되었지만, 그 후 벌어진 정치 분쟁으로 너무도 힘든 시간을 보냈다. 정계는 소란스러웠고, 수많은 당파가 생겨났으며, 논쟁은 그치지 않았다. 오랜

▼ **토머스 제퍼슨(1743~1826)**
미국의 세 번째 대통령(1801~1809)이자 유명한 정치가, 사상가였다. 또한 독립선언문 초안을 마련했으며, 버지니아 대학을 세우고 초대 학장을 지냈다.

세월을 전장에서 보낸 늙은 장군은 이런 상황에 진절머리가 나서 두 번째 임기를 마친 후 대통령직의 연임을 거절했다. 이 역시 미국 정치의 관례가 되었다. 다만, 프랭클린 루스벨트가 지구 전체가 혼란에 빠졌던 제2차 세계대전 당시에 한 차례 관례를 깬 적이 있다.

새로운 정부가 구성된 후 예전의 동지들은 서로 갈라져서 두 당파를 형성했고, 이 두 당파의 대립은 날이 갈수록 치열해졌다. 토머스 제퍼슨을 선두로 한 공화당은 연방 집권 정책을 반대했고, 워싱턴 아래 모인 연방당은 연방 정부를 옹호했으며 그중 해밀턴이 가장 두드러졌다. 이렇게 워싱턴의 첫 번째 임기 동안 건국 영웅들은 하나에서 둘로 나뉘었고, 이것이 바로 미국 양당제의 시작이었다.

▼ 해밀턴의 조각상

재무장관 해밀턴

워싱턴의 임기 동안 연방당은 정부와 국회 구석구석까지 세력을 뻗쳤고, 기자와 저널리스트들로 구성된 공화당은 신문을 이용해 정부의 정책을 비난했다. 새로운 정부에서 해밀턴이 제안한 몇 가지 보고를 토대로 논쟁이 벌어졌을 때 공화당과 연방당은 팽팽하게 맞섰다.

해밀턴은 확고한 연방주의자였다. 그는 미국도 영국과 같은 입헌군주제를 도입해야 한다고 주장하며 연방 정부의 권력을 확대하기 위해 노력했다. 그는 미국이 훗날 강대국이 될 것이라고 확신했지만, 그렇게 되려면 당시 젖먹이 아기에 불과한 미국을 길러줄 강력한 중앙 정부가 필요했다. 그래서 해밀턴은 정부 관리들과 상인들이 친밀한 협력 관계를 쌓아서 미국의 경제와 무역 발전을 위해 함께 힘쓰길 바랐다. 그러던 중 재무장관으로 임명되자 그는 자신의 생각을 실천할 때가 왔다고 생각했다.

해밀턴은 '정부신용보고서'를 제출해 주 정부가 보유한 예전 채권을 연방 정부가 동일한 금액의 새로운 채권으로 바꿔주자고 제안했다. 이는 연방 정부가 주 정부의 채무 상환을 도와주는 것으로, 이렇게 되면 정부의 신용도를 높이고 국내외의 상업 발전을 촉진하며 외국 자본을 유치할 수 있었다. 하지만 그의 보고서는 다른 의원들에게서 공격받았다. 북부 지역의 투기상들은 예전 채권을 다량 보유했는데 남부 지역의 노예상들은 이런 채권이 거의 없었기 때문이다. 만일 해밀턴의 주장대로 똑같은 액수로 거래한다면, 이는 북부 상인들에게 엄청난 자금을 공급해주는 것이나 다름없었다. 어떤 이는 연방 정부가 주 정부를 대신해서 빚을 갚아주려면 공개적으로 세금을 걷어야 한다며 이 의견에 반대했다. 또 각 주가 보유한 채무 역시 모두 달라서 어떤 주는 빚더미에 올랐지만 또 다른 주는 이미 채무 상환을 마친 곳도 있었다.

또, 잉글랜드은행과 영국 정부의 관계를 잘 알고 있던 해밀턴은 연방은행을 지어서 자본을 통일적으로 관리하자고 제안했다. 사실 그의 속내는 연방 정부의 권력을 강화해서 경제 발전에 관여하려는 것이었다. 이에 제퍼슨은 헌법에 정부가 은행을 세울 수 있다는 규정이 없으므로 해밀턴의 의견은 위헌이라며 비판했다. 그 후 해밀턴은 또 '제조업보고서'를 발표했는데, 이 문서는 일종의 중상주의 선언서로 국내에 통일된 시장을 만들어서 외국 상품에 관세를 부과하고 국내의 신생 산업을 보호하자는 취지를 담았다. 이 보고서는 반세기 후 독일의 프리드리히 리스트가 발표한《정치경제학의 국민적 체계》와 비슷한 내용이지만, 미국에서는 너무 이른 시도였기에 결국 국회에서 통과되지 못했다.

의원들은 총성 없는 전쟁을 벌이며 각기 공화당과 연방당 진영으로 갈렸고, 1793년에 제퍼슨 국무장관이 사임하자 정부를 비판하던 인사들이 제퍼슨의 곁으로 모여 '야당'을 형성했다. 그들은 예전에 같은 목적으로 전쟁터에서 생사를 함께했지만, 이제는 다른 정치적 관념에 따라 동서로 나뉘었다.

우열 가리기

1796년에 워싱턴이 두 번째 임기를 끝내고 정계에서 물러나자 대통령 자리를 둘러싸고 양당 간에 각축전이 벌어졌다. 연방당과 공화당의 대표 후보로 각각 존 애덤스와 토머스 제퍼슨이 선출되었는데, 두 사람은 경력이나 능력에서 모두 막상막하였다. 치열한 접전 끝에 애덤스가 3표 차이로 대통령에 당선되었고, 여기에서 연유하여 그를 '3표 대통령'이라고 부르기도 했다.

존 애덤스의 취임식 날, 워싱턴도 그 자리에 참석해 애덤스의 체면을 세워주었다. 그날 워싱턴은 이렇게 말했다. "저는 영광스럽게 자리에서 물러났고, 당신은 영광스럽게 대통령의 자리에 올랐습니다. 우리 둘 중 누가 더 행운인 걸까요?” 훗날 일어난 일들로 볼 때 두 사람 중 더 행운이었던 사람은 워싱턴이었다. 애덤스의 임기 동안 대서양에서는 전쟁이 발발하고 프랑스 대혁명이 유럽 전체를 휩쓰는 등 세계 정세가 어지러웠기 때문이다. 확고한 연방주의자인 애덤스는 지나친 민주주의가 미국을 내란으로 몰고 가지 않을까 걱정했다. 그래서 그는 프랑스 대혁명의 물결이 신생 국가인 미국의 제방을 넘지 않도록 여러 조치를 마련했다. 국회에서도 여러 법안을 준비해서 혁명이 미국으로 번지는 것을 막았다. 그 결과, 연방 정부의 권력이 강화되면서 정부의 뜻에 반대하는 인사들을 탄압할 힘도 커졌다. 이러한 조치는 제퍼슨의 관점과는 상반되는 것이었다.

대다수 미국인은 광적이고 격정적인 프랑스 혁명이 미국으로 번지는 것을 원하지 않았고 미국과 프랑스의 관계가 악화하면서 애덤스는 연방의 권력을 강화하는 정책을 실행할 충분한 이유를 얻었다. 그 후, 유럽에 있던 애덤스의 아들 존 퀸시 애덤스가 프랑스의 탈레랑 외무부 장관이 미국과 논의해 협의를 맺고 싶어한다는 말을 전했다. 힘든 협상 끝에 양국의 관계는 정상화되었지만, 애덤스의 정치적 권위는 크게 떨어졌다.

1800년에 대선이 가까워지자 존 애덤스는 연임을 희망했고, 또한 각 당파가 논쟁을 끝내고 전국적인 평화 연맹을 구축하길 바랐다. 애덤스는 겉으로 보기에는 유리한 것 같았지만 사실은 불리한 입장이었다. 협의 이후 프랑스와 미국의 관계가 좋아져서 프랑스의 혁명이 더는 미국에 위협이 되지 않는다는 사실이 증명되었기 때문이다. 이제 애덤스가 그동안 프랑스의 혁명을 겨냥해서 실시하던 정책들은 필요가 없어졌고, 그 정책들이 괜한 불안만 키웠다는 비난도 면치 못하게 되었다.

또 애덤스가 추구하던 당파를 초월한 평화 연맹은 결국 실현되지 않았고 곳곳에서 이에 대한 비난이 쏟아졌다. 공화당은 애덤스가 권력을 남용해서 연방주의에 반대하는 인사들을 탄압했다고 비판했다. 제퍼슨도 선거를 의식해 다음과 같은 표어를 내놓았다. ‘공화제를 선택할 것인가, 귀족제를 선택할 것인가’ 애덤스가 대통령으로 있던 4년 동안 미국 사회에는 큰 변화가 있었다. 각종 사회단체가 우후죽순으로 생겨나 위로는 법률가와 상인, 아래로는 행상과 노동자들까

제퍼슨의 꿈

제퍼슨은 대통령이 된 후 전 대통령 애덤스가 실시했던 법안을 거의 모두 폐지했다. 제퍼슨은 농업 중심의 국가를 건설하려는 꿈이 있었고, 공업 발전은 공장주와 노동자 간의 빈부 격차를 심화하고 사회를 양극화할 것이라고 여겼다. 농업을 발전시키려면 미국에는 넓은 농토가 필요했다. 제퍼슨은 마치 봉건 시대의 지주처럼 토지에 대한 욕심이 남달랐다. 그는 자신의 임기에 83만 제곱킬로미터 달하는 나폴레옹 소유의 루이지애나 주를 1,500만 달러에 사들였는데, 이 토지의 면적은 미국의 13개 주를 합친 것보다 넓었다.

지 모두 정치에 대해 자기 의견을 내놓았다. 하층민들도 프랑스 대혁명을 보며 민주와 자유에 대해 더욱 폭넓게 이해하게 되면서 정부가 지나치게 사회에 관여하는 것을 반대했다. 그리하여 연방당은 점점 민심을 잃어갔다.

대선 이전에는 공화당과 연방당의 각축전이 심했으나, 대선이 시작되자 오히려 질서정연한 모습을 보였다. 선거 결과 제퍼슨이 승리를 거두었다. 공화당 대표였던 제퍼슨과 애런 버는 각각 73표를 얻어 애덤스의 65표를 앞질렀다. 이로써 연방당은 패배했지만, 선거는 아직 끝나지 않았다. 제퍼슨과 애런 버의 표가 같았기 때문이다. 이와 같

▲ **독립선언문 토론**

필라델피아에서 열린 제2차 대륙회의에서 제퍼슨은 독립선언문 작성의 총 책임자로 임명되었다. 그림은 토머스 제퍼슨과 벤저민 프랭클린, 존 애덤스가 함께 독립선언문을 의논하는 모습이다.

은 상황이 되면 헌법 규정에 따라 하원 의원들의 투표로 최종 당선자를 가리게 되었다. 연방당은 제퍼슨을 좋아하지 않았지만 애런 버를 더 싫어했기 때문에 결과적으로 제퍼슨이 대통령으로 당선되었다. 그 후 미국 국회는 '헌법 제12조 수정안'을 제정해서 선거인들이 대통령과 부통령을 각각 투표할 수 있게 했다.

연방당은 선거에서 패배했지만 어떤 반발도 하지 않고 묵묵히 결과를 받아들였다. 선거가 합법적으로 진행되었기 때문이다. 설령 선거 결과가 불만족스럽고 자신들의 이익에 피해를 준다고 해도, 합법

적으로 진행된 선거를 뒤집을 수는 없었다. 이 선거는 당파 간의 경쟁이며 각축전이고 미국 대중 정치의 산물이기도 했다. 동북부의 뉴잉글랜드는 연방당을 지지했고 정부가 국내 산업을 보호해주길 바랐지만, 남부는 제퍼슨의 세상이나 다름없었다. 이런 지역 정치는 지금까지도 이어지고 있다.

제퍼슨은 자신의 검소함과 절약 정신을 강조하기 위해 직접 걸어서 국회로 향했고, 단정하고 소박한 옷차림으로 취임식을 마쳤다. 1800년에 이루어진 평화롭고 질서정연한 정권 교체는 역사적으로 시사하는 바가 매우 크다. 제퍼슨 자신도 1800년 대선은 혁명과 같으며, 이것의 의미는 1776년의 독립 전쟁 못지않다고 평가했다.

영구평화를 위하여

프랑스 사회가 대혁명으로 한창 혼란에 휩싸여 있을 때, 독일에서는 지식 혁명이 일어났다. 프랑스 대혁명이 유럽에서 구체제를 무너뜨리고 자유와 평등, 박애의 새로운 관념을 전파했다면, 독일의 칸트는 고전 철학의 신기원을 개척했고 그가 주장한 영구평화는 인류가 탐구해야 할 이상이 되었다. 당시 철학자의 펜은 왕의 군대보다 훨씬 강한 영향력을 발휘했다.

위대한 철학자

▼ 칸트의 조각상

칸트를 이야기하자면, 대부분 사람이 그의 철학 사상인 '물자체', '선험적', '도덕률' 등을 먼저 떠올릴 것이다. 여기서 '물자체'란 어떤 현상에 대하여 그 현상의 원인 또는 바탕이 되는 참 실재實在로서의 그것이다. 곧 일체의 가능성과 경험을 초월한 경지에 있는 것으로, 사물의 본체를 일컫는다. 그리고 '선험적'이란 경험에 앞서서 인식의 주관적 형식이 인간에게 있다고 주장하는 것으로, 대상에 관계되지 않고 대상에 대한 인식이 선천적으로 가능하다는 것을 밝히려는 인식론적 태도를 말한다. 또 '도덕률'이란 모든 사람의 실천적 행동 기준으로 생각할 수 있는 법칙으로, 도덕법칙이라고도 한다. 칸트의 3대 비판[58]은 이미 독일의 고전철학을 연구하는 데 빼놓을 수 없는 부분이 되었다. 그러나 그의 저서를 읽고 지혜를 구하려던 사람들은 난해하고 어려운 그의 글에 뒷걸음질치기 일쑤다. 칸트의 사상 자체가 복잡하고 심오하다 보니 아마 간단한 말로는 그 내용을 정확히 전달하기가 어려웠을 것이다. 지금은 이해하기 어려운 내용이 칸트가 쓴 철학 저서들의 가장 큰 특징이 되었다.

칸트의 3대 비판은 거대한 유심론 철학을 완성했고, 후세 사람들에게 지식의 보고 역할을 했다. 그래서 칸트 이후의 철학자들은 철학적 사고와 창조 과정에서 그의 영향을 받았고, 프리드리히 셸링

---

58) 《순수이성비판》, 《실천이성비판》, 《판단력비판》

과 게오르크 헤겔, 쇼펜하우어 등 철학자들이 그의 철학서를 비판하거나 이해하는 과정에서 새로운 경계를 만들어내기도 했다. 특히 쇼펜하우어는 그의 저서 《의지와 표상으로서의 세계》의 서문에서 "세계는 나의 표상이며, 이것은 진리이다."라고 서술했는데, 이는 가장 칸트의 색채가 강한 발언이다. 이를 통해 칸트가 철학 분야에서 차지하는 지위와 영향력을 엿볼 수 있다. 주목할 만한 것은 이후 철학자들이 칸트의 사상을 추구하며 칸트의 문체까지도 모방했다는 점이다. 그래서 독일의 철학서는 대부분 난해하고 심오하며, 외국 독자들뿐만 아니라 심지어 독일 독자들마저 읽기가 쉽지 않다. 독일의 대문호 괴테는 철학의 순수 사고 때문에 독일의 사상이 난해하고 모호한 길을 걷게 되었으며, 이는 독일에 일종의 손해나 다름없다고 여겨 이러한 문체를 비판했다.

비록 칸트와 다른 독일 철학자의 철학서들이 난해한 문체로 쓰여 있지만, 독일 철학은 마치 끊임없이 쏟아져 나오는 화수분처럼 풍부한 사상을 담고 있다. 칸트가 철학 분야에 이처럼 위대한 공적을 남길 수 있었던 이유는 어린 시절의 교육 및 성장 배경과 큰 관련이 있다. 칸트는 그 시간을 통해서 철학은 자연과학 분야에 대한 기초가 없으면 현실적인 역할을 잃은 채 횡설수설 늘어놓은 사변[59]에 지나지 않는다는 것을 알 수 있었다.

학문 탐구에 바친 생애

칸트는 1724년에 프로이센 쾨니히스베르크[60]의 작은 마을에서 태어났다. 칸트의 할아버지가 스코틀랜드에서 가족과 함께 프로이센으로 건너왔으므로 칸트는 원래 스코틀랜드 혈통이다. 칸트의 아버지는 마구馬具 제조업자였으며, 칸트는 11명이나 되는 형제자매 중 넷째였다. 그가 어렸을 적에는 그 누구도 이 작은 아이가 훗날 쾨니히스베르크의 자랑거리가 될 줄은 생각도 하지 못했다.

칸트의 부모님은 성실한 신교도였고, 칸트 역시 어려서부터 엄격한 종교 교육을 받으며 자랐다. 그가 여덟 살 때 들어간 초등학교는 종교적 분위기가 가득한 곳으로, 매일 기도하고 찬송가를 불러야 했다. 칸트는 이런 종교 교육에 불만을 느꼈고, 이런 방식으로 학생들

59) 실천 수단으로서의 사유가 아니라 인식하고 설명하는 일을 목적으로 하는 사유
60) 지금의 칼리닌그라드

▲ **임마누엘 칸트**(1724~1804)
독일 지식 혁명의 개척자이자
독일 고전철학의 창시자이다.
서양 근세철학의 이원론과 선험
론, 불가지론의 대표 인물이며,
자연과학 분야에도 큰 업적을
남겼다.

을 가르친다는 것은 위선이며 진정한 신앙은 마음속에만 있는 것이라고 생각했다. 이후 프리드리히 2세가 왕에 오른 1740년에 칸트는 쾨니히스베르크 대학에 입학했다. 그의 전공이 무엇인지 아는 사람은 많지 않다. 그러나 그는 철학 강의에는 항상 모습을 나타냈다. 대학에 다니는 동안 영국의 경험철학 관련 저서를 두루 읽었고, 이를 통해 종교의 정신적 압박에서 서서히 벗어나게 되었다.

대학을 졸업하고 나서 칸트는 가정교사로 일했다. 당시 칸트의 아버지가 세상을 떠나면서 집안 형편이 어려워졌기 때문이다. 그래서 칸트는 루터교 목사 단체에 들어갈 기회와 높은 대우의 직업을 제안받고도 집안을 돌보기 위해서 모두 포기할 수밖에 없었다. 하지만 가정교사 일로는 생계를 꾸리기가 어려웠다. 이렇게 스스로 가장 기본적인 의식주 문제가 해결되지 않는 상황에서 결혼은 꿈도 꿀 수 없었다. 그래서 칸트는 오랫동안 결혼을 하지 않았다. 가정교사로 일하는 동안 그는 과학에 큰 열정을 느껴 물리학을 시작으로 천문학을 연구하며 《지구 노쇠론 Die Frage, ob die Erde veralte, physikalisch erwogen》이라는 책을 썼다. 그때 칸트는 태양 에너지를 모두 소비한 이후 지구의 운명이 어떻게 될 것인가를 우려했는데, 이런 그의 과학적 통찰은 당시에는 매우 신선한 발상이었다.

1755년에 칸트는 쾨니히스베르크 대학에서 박사 학위를 받고 강의할 수 있는 허가도 받았다. 하지만 그는 그저 강사였고, 수강하는 학생들에게서 보수를 받을 뿐이었다. 만일 칸트가 이때 자신의 3대

비판서처럼 어렵게 강의했다면 아마 수강하는 학생이 한 명도 없었을 것이다. 하지만 칸트의 수업은 생동감 있고 유쾌해 그가 강의하는 교실은 학생들로 발 디딜 틈이 없었다. 그는 박학다식하고 글 솜씨가 뛰어나서 많은 학생이 그의 수업을 좋아했고, 그 학생 중에는 훗날 독일 바이마르에서 유행한 고전주의의 대표 인물이 된 헤르더도 있었다. 헤르더는 칸트의 강의를 통해 배운 모든 것에 감사했고, 이로 볼 때 강사로서 칸트는 성공한 삶을 살았다고 할 수 있다.

과학 저서

1755년에 칸트는 《천계天界의 일반자연사와 이론》이라는 책을 출판해 우주 기원에 대한 '성운星雲설'을 주장했다. 이 학설은 이후 천문학자인 라플라스의 검토를 통해 '칸트-라플라스 성운설'이 되었고, 지금까지도 우주의 기원에 대한 학설 가운데 가장 신빙성 있는 것으로 평가받는다. 만일 칸트가 과학 쪽으로 연구를 계속했다면 그는 아마 유명한 과학자가 되었을 것이다. 이후 칸트는 자연과학에 관련된 많은 논문을 썼고, 그의 명성은 이미 다른 지역으로까지 퍼져 나갔다. 1770년 1월에 예나 대학에서 그를 임용하고 싶다는 연락이 왔는데, 칸트는 그 제안을 거절했다. 그리고 같은 해에 《감성계와 예지계의 형식과 원리들에 관하여 De mundi sensibilis atque intelligibilis forma et principii》라는 글로 쾨니히스베르크 대학에서 논리학과 형이상학과 교수가 되었다. 이때부터 칸트는 가난한 생활에서 벗어날 수 있었고, 철학 분야로 관심을 넓히기 시작했다.

영원한 평화를 위한 청사진

1795년에 대프랑스 전쟁이 맹렬하게 시작되었다. 그러나 연합군은 프랑스를 대적하기에 역부족이었고, 이에 독일과 스페인, 프랑스 3국은 바젤공의회에서 정전 협약을 맺었다. 이때 칸트 역시 비록 몸은 쾨니히스베르크에 있었지만 관심은 온통 프랑스 대혁명에 쏠려 있었고, 유럽의 여러 왕실을 놀라게 한 혁명에 큰 충격을 받았다.

1713년에 위트레흐트 조약이 체결되면서 스페인 계승 전쟁이 막을 내렸다. 그 후, 생 피에르 신부가 전쟁을 끝내고 그 속에서 질서를 확립하고자 각국 원수에 의한 국제연합 창설 및 국제재판소 설치를 주장하는 《영구평화론》을 썼다. 칸트는 이러한 생 피에르 신부의 뜻을 발전시켜 인류 평화의 길을 탐구한 《영구평화를 위하여》를 집필했다. 18세기는 전쟁이 끊이지 않던 시기였다. 유럽 각국은 거의 모두 전쟁을 하고 있었고, 전쟁의 규모는 갈수록 커지고 필요한 비용도 갈수록 많아졌으며 평화 조약은 그저 휴전을 서약하는 종이에 지나지 않았다. 당시 평화란 그저 아득한 꿈으로만 여겨졌다. 칸트는 철학자였지만 평화에 대해 상당히 낙관적이었다. 프랑스 대혁명의 불길이 유럽 전역에서 타올랐지만, 그는 여전히 인간의 이성과 평화를 믿었다.

칸트의 저서 《영구평화를 위하여》는 훗날 국제관계학 분야에서 경전이 되었고, 이론가들은 그의 책에서 무한한 영감을 얻었다. 다만, 안타까운 것은 일부 이론가가 그가 주장한 사상의 범위를 넘어서 '민주평화론'을 주장한 것이다. 그들은 민주주의 국가 간에는 전쟁이 발생하지 않는다고 말하며 이런 이론을 '발명'한 공을 칸트에게 돌렸다. 그러나 칸트의 책에서는 '민주평화론'이라는 말의 그림자도 찾을 수가 없다. 만일 칸트가 이런 이론가들의 책을 봤거나 그들이 자신에게 붙인 꼬리표를 봤다면, 실소를 터트리거나 크게 화를 냈을 것이다. 그러나 칸트의 사상을 연구하는 책들이 매우 다양하다는 것을 통해 그의 영향력과 입지를 다시 한 번 확인할 수 있다.

《영구평화를 위하여》를 쓸 때, 칸트의 마음속에는 불안함과 또 경건함이 가득했다. 그는 다른 사람들이 이 책을 보고 자신을 정치에 대해 아무것도 모르는 쓸모없는 학자라고 비판할까 봐 걱정했지만, 그런 한편으로 인간의 이성을 믿었고 이성적인 사람은 평화로 가는 길을 찾을 수 있다고 생각했다. 그는 세계의 영원한 평화를 위해 여섯 가지를 제안했다.

첫째, 미래의 평화에 해가 되는 비밀 조약을 맺지 않는다.

둘째, 계승이나 교환 방식을 이용해 나라를 사고팔지 않는다.

셋째, 상비군을 없앤다.

넷째, 전쟁에 사용되는 국채를 폐기한다.

다섯째, 다른 나라의 내정에 간섭하지 않는다.

여섯째, 암살 등 극단적인 방법으로 국가의 평화를 깨뜨리지 않는다.

그 밖에도 칸트는 공화국 연맹만이 영원한 평화를 보장할 수 있다고 여겼다. 공화국에서는 국민이 전쟁을 결정하기 때문이다. 국민이 전쟁을 선택한다는 것은 자신들이 전쟁에 참여한다는 의미이며, 자신들의 재산과 토지가 모두 전쟁에 사용되어도 좋다고 동의하는 것이기도 했다. 그래서 공화국의 국민은 나라 간의 분쟁과 분열을 전쟁으로 해결하는 것에 동의하지 않았다.

영원한 평화에 대한 칸트의 믿음은 마치 하늘에 뜬 북극성처럼 사람들에게 변치 않는 방향을 인도해주었다. 전쟁이 끊이지 않던 그 시절, 칸트는 인류에게 훌륭한 저서를 남겼고 이 책들은 인류를 평화로 인도할 뿐만 아니라 평화를 추구하도록 믿음과 용기를 주었다. "오랫동안 깊이 생각할수록 나에게 놀라움과 경외심을 주는 것이 두 가지 있다. 별이 빛나는 하늘과 내 마음속의 도덕률"이라는 칸트의 묘비명처럼 말이다. 그는 영원한 평화란 머리 위 하늘에 뜬 별과 같다고 여겼던 것일까? 비록 그 별은 멀리 있어 손끝에 닿을 수는 없지만, 더 가까이 다가가고자 노력해볼 충분한 가치가 있다.

▲ 칸트의 무덤

1804년 2월 12일, 칸트는 쾨니히스베르크에서 영원히 눈을 감았다. 그의 이웃들은 길게 줄을 서서 그의 마지막을 축복했다. 당시 날씨가 너무나 추워서 땅이 얼어붙는 바람에 관을 묻을 수가 없어 칸트의 시신은 16일이나 지나서야 땅에 묻힐 수 있었다.

세계사 7

역사가 기억하는 혁명의 물결

발행일 / 1판1쇄 2013년 1월 10일

편저자 / 궈팡

옮긴이 / 조유리

발행인 / 이병덕

발행처 / 도서출판 꾸벅

등록날짜 / 2001년 11월 20일

등록번호 / 제 8-349호

주소 / 경기도 고양시 일산동구 장항동 775-1 삼성마이다스 415호

전화 / 031) 908-9152

팩스 / 031) 908-9153

http://www.jungilbooks.co.kr

isbn / 978-89-90636-59-1

잘못된 책은 구입하신 서점이나 본사에서 교환해 드립니다.